리프는 이 책에서 자녀의 두뇌 발달을 위한 안전한 환경을 만들 수 있는 기초를 제공한다. 이 책에 소개된 방법과 실천으로 다음 세대의 미래는 달라질 것이다. 악순환의 고리를 끊고 싶은 사람이라면 반드시 읽어야 할 필독서다!
니콜 르페라(Dr. Nicole LePera), 『뉴욕 타임스』 베스트셀러 1위 『내 안의 어린아이가 울고 있다』(How to Do the Work, 웅진지식하우스) 저자

높은 회복 탄력성과 강한 정신력을 지닌 아이로 키우기 위한 필독서다! 리프는 정신 건강 의학을 실제로 적용할 수 있게 하는 훌륭한 방법을 알고 있다. 이 책은 모든 부모에게 도움이 될 것이다!
케이트 월시(Kate Walsh), 배우, 환경 보호 활동가, 뷰티 및 라이프스타일 회사 보이프렌드(Boyfriend LLC) 설립자

자녀를 양육하는 것이 그 어느 때보다 어려운 시대다. 그래서 이런 책이 더욱 소중하다. 이 분야의 훌륭한 리더인 저자는 당신이 육아라는 신성한 의무에 최선을 다할 수 있도록 도와줄 것이다.
데이브 아스프리(Dave Asprey), 바이오해킹의 선구자, 불릿프루프(Bulletproof) 설립자, 『뉴욕 타임스』 베스트셀러 4회 선정 작가, 『최강의 식사』(The Bulletproof Diet, 앵글북스) 저자

내가 이 책의 저자를 사랑하는 두 가지 이유는 다음과 같다. 먼저, 그녀는 나와 같은 남아프리카 사람이다! 둘째, 그녀는 아이들의 성장을 돕는 데 깊은 관심이 있다. 그녀가 쓴 이 책은 부모와 보호자가 건강한 아이, 즉 이 세상에 선한 영향력을 미치는 자녀를 양육하는 데 필요한 실용적인 질문과 접근법으로 가득 차 있다!
데미 리 티보(Demi-Leigh Tebow), 2017년 미스 유니버스 및 미스 남아프리카, 동기 부여 강사, 인플루언서, 자선가, 기업가

이 책은 우리 모두에게 필수이지만 좀처럼 얻기 힘든 삶의 기술과 능력을 다음 세대가 준비할 수 있게 한다. 이 책은 인간 존재가 맞닥뜨린 도전과 현재를 헤쳐 나갈 수 있는 구체적인 희망을 제시하여, 우리 아이들이 더 밝은 미래로 나아갈 수 있도록 돕는다.
앨리슨 스토너(Alyson Stoner), 배우, 아동 보호 사회복지사, 무브먼트 지니어스(Movement Genius) 설립자

저자는 복잡한 과학과 증거에 기반한 연구 결과를 간단하고 실행할 수 있게 만드는 재능이 있다. 정신 건강 위기를 극복하는 방법을 배우고, 가족에게 마음 관리라는 선물을 주고 싶은 사람이 꼭 읽어야 할 책이다.
루이스 하우스(Lewis Howes), 「뉴욕 타임스」 베스트셀러 작가, 『루이스의 특별한 수업』(The School of Greatness, 소소의책) 저자

우리는 아이들에 관한 질문과 걱정이 너무 많다. 이 책은 자녀의 정신 건강을 보장하는 놀라운 도구를 제공한다. 자녀뿐 아니라 부모들의 정신적 혼란도 바로잡게 될 것이다!
미셸 윌리엄스(Michelle Williams), 강연가, 작가, 가수

이 책은 자녀의 인지 기능, 회복 탄력성, 정신력을 길러줄 방법을 찾는 모든 부모를 위한 지침서다. 마음을 다스리도록 가르칠 때, 우리는 아이에게 삶의 주인이 되는 방법을 가르치는 것이다. 이 책을 통해 그 방법을 알게 될 것이다!
짐 퀵(Jim Kwik), 최고의 두뇌 코치이자 「뉴욕 타임스」 베스트셀러 작가, 『마지막 몰입』(Limitless, 비즈니스북스) 저자

이 책이 제시하는 뉴로사이클은 큰 감정을 탐색하는 혁신적인 5단계 접근 방식을 제공한다. 이는 아이에게 도움이 되는 만큼이나 부모에게도 도움이 된다.
멜리사 어반(Melissa Urban), 「뉴욕 타임스」 베스트셀러 『바운더리 북』(The Book of Boundaries) 저자

지금 시대에는 아이들을 정서적으로 강하고 회복력 있는 사람으로 키우는 것이 중요하다. 아이들을 정신적 어려움과 좌절감을 극복하고, 삶의 기복에 대처할 수 있는 사람으로 키우려는 모든 사람이 반드시 읽어야 할 책이다.
조던 하빈저(Jordan Harbinger), 〈조던 하빈저 쇼〉 제작자

저자는 발달하는 뇌의 과학적 중요성을 누구보다 탁월하게 이해하면서도, 깊은 공감과 동정심을 보여준다. 이 책은 유해하고 도전적인 문화 속에서 모든 아이가 건강하게 성장할 수 있도록 돕기 위해 부모뿐만 아니라 전문가들도 꼭 읽어야 할 훌륭한 지침서다.
사미 티미미(Dr. Sami Timimi), 영국 링컨대학의 소아 정신과 객원 교수이자 저자

이 책에서 리프는 간결하고 이해하기 쉬우며 사실에 근거한 정신 건강 전략을 제안하여, 아이들이 삶의 문제를 해결하고 정신 건강 문제에 대처하는 데 도움을 주고 있다. 이 책의 조언은 아이들이 성장 과정에서 마주하는 도전을 더욱 효과적으로 극복하도록 도울 것이다.
조애나 몬크리프(Dr. Joanna Moncrieff), 정신과 의사, 작가, 런던대학교 교수

리프는 풍부한 지혜와 경험을 종합하여 '과학적 증거를 바탕으로 어린이의 정신 건강 위기에 대처하는 마음 관리의 첫 단계'를 제시한다. 그녀는 기초를 철저히 다지고 부모에게 매일 사용할 수 있는 도구를 제공함으로 희망을 안겨준다. 이 도구로 훈련된 아이들은 강한 자기 조절력을 갖게 되어, 자연스럽게 하나님이 주신 방식으로 성장해갈 것이다.
로버트 터너(Dr. Robert P. Turner), MSCR, QEEGD, BCN, 사우스캐롤라이나 의과대학 임상 소아청소년과 부교수

이 책은 우리가 모두 갈망하는 내면의 평화와 정서적, 정신적 웰빙 그리고 만족스러운 삶을 향해 나아가기 위한 시의적절하고 매우 중요한 안내서다. 저자가 적절하게 제시해주는 강력하고 실제적인 도구를 통해 우리는 자신의 생각이 유발한 극심하고 소리 없는 고통을 단번에 극복할 수 있다. 가족과 자녀에게 평화라는 선물보다 더 좋은 선물이 어디 있을까?
킴벌리 스나이더(Kimberly Snyder), 「뉴욕 타임스」 베스트셀러 『당신은 당신 생각보다 훨씬 멋진 사람이다』(You Are More Than You Think You Are) 저자

교육 시스템이 우리에게 가르쳐줄 수 없는 두 가지가 있다. 그것은 우리 몸이 건강하게 작동하고 성장하는 방법과 마음이 건강하게 작동하고 성장하는 방법이다. 이 책은 우리가 아이들에게 몸과 마음을 어떻게 성장시킬 것인지를 가르쳐줄 수 있는 훌륭한 도구다. 이것은 글로벌 교육 시스템에 반드시 포함되어야 한다.
비셴 라키아니(Vishen Lakhiani), 마인드밸리(Mindvalley) 설립자이자 CEO, 베스트셀러 작가

이 책의 주제는 부모의 마음을 만져준다. 희망의 메시지를 듣고, 아이들의 정신 건강 관리를 도울 방법을 배우는 것은 부모에게 큰 위로가 된다. 리프는 부모와 보호자에게 과학적인 지식을 체계적으로 알려주고, 자녀가 삶의 어려움을 극복하고 자신만의 독특한 이야기를 만들어가도록 도와준다. 이 책을 강력히 추천한다.
콜린과 제이슨 와콥(Colleen and Jason Wachob), 마인드바디그린(Mindbodygreen)의 공동 창립자이자 공동 CEO

이 책에 나오는 실용적인 조언이 마음에 든다. 나의 세 자녀가 어릴 때 이 책을 읽었다면 얼마나 좋았을까? 만약 당신의 자녀가 불안, 우울, 따돌림 또는 어떤 정신적 문제를 겪고 있다면 이 책을 반드시 읽으라. 현실적인 전략을 제시하는 이 책을 통해 자녀는 인생에서 만나는 모든 일에 대처하는 법을 배우고, 자신감을 회복할 수 있을 것이다.
멜 로빈스(Mel Robbins), 「뉴욕 타임스」 베스트셀러 작가, 『5초의 법칙』(The 5 Second Rule, 한빛비즈) 저자, 여러 상을 수상한 팟캐스트 진행자

저자는 부모와 아이들이 알아야 할 유용한 지식이 풍부하다. 이 책은 아이들이 직면한 어려움으로 인해 최고의 삶을 살거나 꿈을 이루는 데 방해받지 않도록 도울 수 있는 훌륭한 안내서다.
네드라 글로버 타와브(Nedra Glover Tawwab), LCSW, 치료사, 「뉴욕 타임스」 베스트셀러 작가, 『나를 지키는 관계의 기술』(Drama Free, 매일경제신문사) 저자, 인간관계 전문가

계속 증가하는 세상의 도전은 그 어느 때보다 회복 탄력성과 완전한 기능을 유지할 수 있는 능력을 위협하고 있다. 감사하게도 저자는 우리가 삶의 장애물을 마주칠 때 평정심을 되찾고 중심을 유지하는 데 중요한 도구를 제공한다. 이 책은 많은 사람에게 도움이 될 것이다.
데이비드 펄머터(Dr. David Perlmutter), FACN, 「뉴욕 타임스」 베스트셀러 1위 작가, 『그레인 브레인』(Grain Brain, 시공사) 저자

어린 시절부터 회복 탄력성과 정신 건강을 키우기 위해 더 노력할 수는 없을까? 리프는 과학적으로 입증된 연구 결과와 감정을 관리하고 처리할 수 있을 만큼 정신적으로 건강한 어린이를 양육하는 방법을 제시하며 그 질문에 답한다. 우리는 이 책을 통해 악순환을 반복하는 대신 다음 세대를 위한 바람직한 변화를 시작할 수 있다.
윌 콜(Dr. Will Cole), 최고의 기능 의학 전문가이자 「뉴욕 타임스」 베스트셀러 『직관적인 단식과 직감』(Intuitive Fasting and Gut Feelings), 『케토채식』(Ketotarian, 테이스트북스) 저자

와, 오늘날의 모든 부모에게 놀랍도록 도움이 되는 책이다. 저자가 과학과 자신만의 독특한 개성을 살려, 마음 관리 도구를 사용하기 쉽게 만든 방식이 마음에 든다!
파피 제이미(Poppy Jamie), 베스트셀러 작가, 해피 낫 퍼펙트(Happy Not Perfect) 창립자, 팟캐스트 〈낫 퍼펙트〉(Not Perfect) 진행자

자녀가 세상에서 정서적, 정신적, 육체적으로 성공할 수 있도록 준비시키려는 부모나 보호자라면 반드시 읽어야 할 책이다. 이 책은 부모가 자녀에게 정신 문제를 관리하고 최고의 삶을 사는 데 필요한 도구를 제공하는 탁월한 안내서가 될 것이다!
에드 마일렛(Ed Mylett), 글로벌 기업가, 『'한 번 더'의 힘』(The Power of One More, 토네이도) 저자, 최고의 팟캐스트 진행자

정신적 혼란을 이기는
자녀로 세우라

캐롤라인 리프 지음
고동일 옮김

세상의 혼란을 견디고 마음의 건강을 지키는 아이

How to Help Your Child Clean Up Their Mental Mess

© 2023 by Caroline Leaf

Originally published in English under the title *How to Help Your Child Clean Up Their Mental Mess* by Baker Books, a division of Baker Publishing Group, Grand Rapids, Michigan, 49516, USA.
All rights reserved.

This Korean edition © 2023 by Timothy Publishing House, Inc., Seoul, Republic of Korea
Used and translated by permission of Baker Publishing Group, USA.

이 한국어판의 저작권은 Baker Publishing Group과 독점 계약한 (주)도서출판 디모데에 있습니다.
신 저작권법에 따라 한국 내에서 보호받는 저작물이므로 무단 전재와 무단 복제를 금합니다.

정신적 혼란을 이기는 자녀로 세우라

1쇄 발행	2023년 11월 24일
지은이	캐롤라인 리프
옮긴이	고동일
펴낸이	고종율
펴낸곳	(주)도서출판 디모데〈파이디온선교회 출판 사역 기관〉
등록	2005년 6월 16일 제 319-2005-24호
주소	서울특별시 서초구 서초대로 141-25(방배동, 세일빌딩)
전화	마케팅실 070) 4018-4141
팩스	마케팅실 02) 6919-2381
홈페이지	www.timothybook.com
ISBN	978-89-388-1701-3 (03230)

ⓒ 2023 도서출판 디모데 All rights reserved.〈Printed in Korea〉

정신적 혼란을 이기는 자녀로 세우라

남편 맥, 네 자녀 제시카, 도미니크, 제프리, 알렉시
그리고 사위 일라이와 제이에게 이 책을 바칩니다.
저의 연구와 글은 모두 여러분과의 관계에서
길어낸 깊은 지혜 덕분입니다. 우리가 공유하는 사랑은
시간보다도 오래 지속되는 사랑입니다.

이 책을 세상의 모든 부모와 자녀에게 바칩니다.
자신이 엉망이라고 느껴져도 괜찮다는 것을 알려주고 싶습니다.
우리가 함께 정돈할 수 있기 때문입니다.

차례

서문 _15

1부. 마음의 작용을 이해하는 열쇠
1장. 마음, 뇌, 신체의 연결 _23
2장. 생각이란 무엇인가? _35
3장. 경고 신호란 무엇인가? _41
4장. 슈퍼히어로 브레이니의 슈퍼파워: 뉴로사이클 _51
5장. 도움이 되는 지침 _61
6장. 자기 조절 능력 _73

2부. 자녀와 함께하는 뉴로사이클
7장. 두뇌를 준비하는 방법 _83
8장. 1단계: 인식 모음 _89
9장. 2단계: 반영 _95
10장. 3단계: 쓰기, 놀기, 그리기 _101
11장. 4단계: 재점검 _105
12장. 5단계: 능동적 목표 _115
13장. 뉴로사이클의 주기 _121

3부. 뉴로사이클을 삶에 적용하기

14장. 트라우마 _133

15장. 트라우마와 뉴로사이클 _153

16장. 정체성 문제 _173

17장. 정체성 문제와 뉴로사이클 _191

18장. 사회적 상호 작용 _207

19장. 사회적 상호 작용과 뉴로사이클 _219

20장. 라벨링: 꼬리표 붙이기 _227

21장. 꼬리표와 뉴로사이클 _241

22장. 수면 장애 _257

23장. 수면 장애와 뉴로사이클 _271

결론 _291

감사의 말 _293

주 _296

부록 _315

우리는 정신 건강의 위기가 아니라
마음 관리의 위기에 처했다.
지금은 우리 아이들의 아름다운 마음과
각자의 이야기를 존중해야 할 계절이다.

서문

　요즘은 우울증, 불안, 자살률 등 정신 건강 문제가 악화하고 있다는 뉴스를 매일 접하는 것 같다. 특히 어린이와 청소년의 정신 건강 위기에 대한 보도가 더 많아져서 마음이 무겁다.[1] 최근 미국의 외과 의사들이 청소년들의 정신 건강 보호를 위한 권고 사항을 발표하는 등 이 문제에 대한 관심이 높아지고 있다.[2] 상황이 좋지 않아 보이는데, 많은 젊은이도 정말 힘들다고 느낄 것이다.
　정신 건강 문제는 새로운 것은 아니지만, 세대마다 그 형태가 다르게 나타난다. 왕따를 예로 들어보자. 이 문제는 21세기에 나타난 것이 아니다. 하지만 지금은 아이들이 핸드폰, 태블릿, 컴퓨터를 통해 집에서까지 괴롭힘을 당하기 때문에 더 심각하다. 이제는 그 어디도 안전하지 않다. 기술 혁명의 도래로 인간의 사회적 상호 작용 방식이 크게 변했다. 이러한 변화는 아이들을 포함한 많은 사람이 자신과 주변 세계를 인식하는 방식을 바꿔놓았다. 그 결과, 우리는 점점 더 많은 시간을 온라인에서 혼자 보내게 되었으며, 모든 연령층에서 외로움과 고립감이 증가하고 있다.

세상은 변하고 있다. 부모든, 보호자든, 자기 자리를 찾으려는 연약한 어린이든, 때때로 우리는 겨우 물 밖으로 머리를 내밀고 있다는 느낌을 받는다. 요즘은 코로나와 같은 세계적으로 중요한 사건으로 인해 이러한 감정이 악화하여, 모든 것이 더 나빠 보이고 우리의 정서적 안녕을 더욱 긴장시킨다.

이러한 문제를 다루려면, 먼저 우리가 개인적인 문제가 있는 개인 이상의 존재임을 인식해야 한다. 우리는 공동체 속의 인간이다. 즉, 개인 차원과 공동체적 차원에서 정신 건강을 다룰 필요가 있는 것이다. 멘탈 스테이트 오브 더 월드 프로젝트(Mental State of the World Project)에 따르면, 개인주의와 성과 지향성에서 점수가 높은 나라들은 정신적 행복 지표가 낮은 경향이 있지만, 집단주의와 가족주의에서 점수가 높은 나라들은 더 나은 정신적 행복을 누리는 경향이 있다.3) 우리는 아이들을 단지 개인으로만 생각할 수 없다. 즉, 그들이 속한 환경을 고려해야 한다. 어른들이 정신 건강을 관리하는 방식과 이것이 아이들에게 미칠 수 있는 영향을 충분히 생각해야 하는 것이다.

우리는 아이들에게 우리가 사는 새로운 세계를 처리하고 탐색하는 방식을 가르치고 있는지 점검해봐야 한다. 아이들에게 마음을 관리하는 법을 보여주고 있는가? 우리의 아이들에게 삶의 기복을 헤쳐 나가도록 가르치고 있는가? 마음이 가는 곳에 생각과 삶이 뒤따른다는 것을 어린 시절부터 이해하도록 돕고 있는가?

이 과정은 부모로부터 시작한다. 우리가 정신 건강을 관리하는 방식이 우리 자녀가 정신 건강을 관리하는 방식의 모델이 된다. 성인이 관리하지 못한 스트레스가 자녀의 스트레스로 연결된다는 연구 결과가 있다. 따라서 자녀의 정신 건강에 도움이 되는 가장 좋은 방법은 부모가 자기 정신 건강에 힘쓰는 것이다.

이 책에서 제안하는 방법을 실천함으로써, 자녀에게 삶의 혼란에서 오는 정신적 고통을 성공적으로 헤쳐 나가는 방법을 알려주고, 폭풍 속에서도 평화를 찾을 수 있다는 사실을 보여줄 수 있다.

우리의 마음은 우리가 누구인지, 어떻게 생각하고 느끼고 선택하는지를 결정한다. 우리 마음은 우리가 아침에 일어나서 하루를 시작하는 방식, 우리가 다른 사람에게 온종일 비춰지는 방식, 우리가 가족, 친구, 선생님, 환경과 상호 작용하는 방식, 그리고 우리에게 일어나는 좋은 일과 나쁜 일을 관리하는 방식을 주도한다. 우리 마음은 몸이 세포를 형성하는 방식, 생물학적 건강, 음식에서 영양을 흡수하는 방식에도 영향을 미친다.[4] 마음은 '활력'과 관련한 모든 것을 통제한다. 음식을 먹지 않고 3주를, 물을 마시지 않고 3일을, 3분간 호흡하지 않고 살 수 있지만, 마음을 사용하지 않고는 3초도 살 수 없다.

만약 마음이 인간으로서 우리 '활력'의 원동력이라면, 우리 자신과 아이들이 삶의 변화를 관리할 수 있도록 돕는 마음 관리 기술을 이해하고 개발하는 데 엄청난 에너지를 쏟아야 한다. 마음을 제대로 관리하지 못하는 아이들은 극심한 감정적 혼란에 빠지기 쉽고, 그러한 혼란을 해결하려 할 때 압도되는 경향이 있다. 왜냐하면 그들은 무슨 일이 일어나고 있는지 이해하거나 자신이 겪고 있는 것을 전달하는 데 필요한 정신적 기술이 부족하기 때문이다.[5] 두려움과 압박감이 가득한 세상에서 그들이 안정적으로 항해할 수 있도록 돕는 것은 부모, 보호자, 그리고 교육자로서 우리가 해야 할 일이다. 이를 돕는 가장 좋은 방법은 그들에게 마음 관리라는 선물을 주는 것이다.

＊＊＊

이 책은 마음 관리를 통해 아이들의 정신 건강 위기에 대처할 수 있도록 과학적이며, 증거에 기반을 둔 첫 단계를 제시한다. 아이들이 성장하는 동안 최상의 삶을 살아갈 수 있도록, 쉽게 사용할 수 있는 간단한 마음 관리 방법을 알려줄 것이다. 또한, 그 과정에서 당신도 마음을 관리하는 몇 가지 방법을 배울 수 있을 것이다. 그로 인해 회복과 평안과 기쁨으로 가득한 삶을 살아갈 수 있을 것이다.

이 책의 핵심은 마음이 어떻게 기능하는지 이해하는 것이다. 생각이 어떻게 우리 성장에 영향을 미치는지, 뇌가 어떻게 환경과 결합하는지, 그리고 마음이 어떻게 이 과정을 주도하는지에 관해 이야기할 것이다. 또한 아이와 어떻게 쉽게 소통할 수 있는지, 마음을 관리하지 않으면, 마음이 얼마나 복잡해지는지, 그리고 이것이 두려움, 혼란, 슬픔, 압도되는 감정에 기여하는 신경 가소성을 통해 뇌를 어떻게 변화시키는지에 대해서도 명료하게 논의할 것이다.

이야기는 여기서 끝나지 않는다! 마음과 뇌는 의도된 마음 관리를 통해 언제든지 변화할 수 있다. 나는 거의 40년 동안 마음과 뇌가 어떻게 작동하는지 연구해왔으며, 뉴로사이클(Neurocycle)이라는 간단한 연구 기반 시스템을 개발했다. 뉴로사이클은 유해한 생각을 식별하고 63일의 주기에 걸쳐 이를 억제하여, 긍정적이고 건전하며 재개념화된 생각을 형성함으로써 작동한다. 이 책은 이 시스템을 아이와 함께 사용하는 방법과 아이에게 마음 챙김을 넘어 그들의 경험을 수용하고, 처리하고, 재개념화하는 방법을 가르치는 데 도움이 되는 단계, 운동, 그리고 실용적인 예시를 제공할 것이다.

이 책을 통해, 자녀의 정신적 안녕을 촉진하기 위해 안전한 환경을 조성하는 방법을 배우게 될 것이다. 또한 자녀가 자기 이야기를 표현하는 기술을 부모가 제공하는 방법도 배우게 될 것이다. 모든 문제를 해결하거나 자녀의 고통을 완전히 해소할 수는 없지만, 부모가 필요한 질문을 하고, 그들에게 적절한 도움을 주는 방법을 배울 수 있다.

자녀가 감정, 행동, 관점을 포함한 모든 면에서 더 효과적으로 자기 조절을 할 수 있도록 돕는 것은, 그들에게 마음, 뇌, 신체로부터 오는 메시지에 귀를 기울이고 이를 잘 활용하는 방법을 가르치는 것이다. 이를 통해, 아이들이 온라인과 실생활에서 보고 들은 것을 이야기하고 처리할 수 있는 공간이 만들어진다. 부모는 자녀가 불편한 상황을 직면하는 데 익숙해지도록 돕고, 슬픔이나 혼란을 두려워하지 않고 감정을 받아들이고 그 감정이 주는 메시지를 받아들이는 방법을 가르쳐야 한다. 이런 식으로 어린 시절을 병리화하지 않고, 아이들이 자신의 인간성을 포용할 수 있도록 도와야 한다.

이 책의 1부에서는 자녀가 마음의 기능을 이해하도록 돕는 방법을 배운다. 2부에서는 자녀가 뉴로사이클을 통해 마음을 관리하는 방법을 안내한다. 3부에서는 일상적인 어려움과 트라우마, 수면 장애 등과 같은 다양한 상황에서 뉴로사이클을 적용하는 방법을 배울 것이다. 이 여정을 돕는 캐릭터 '브레이니'(Brain-ee)를 소개하고자 한다.

브레이니는 내가 개발한 만화 캐릭터로, 자녀와 함께 정신 건강을 위한 여정을 걸어가면서 정신적 어려움을 더 쉽게 이야기할 수 있도록 도와준다. 브레이니는 책 전체에서 개념을 시각적으로 설명하는 데 사용되며, 자녀가 자기 감정과 현재 겪는 일을 이해하는 데 도움이 되는 훌륭한 도구가 돼줄 것이다. 우리 홈페이지 drleaf.com에서 봉제 인형 브레이니를 판매하고 있다. 부모들은 자녀에게 위로가 필요하거나 문제가 있을 때 소통하고 도움을 요청하는 방법을 가르치는 데 브레이니를 좋은 도구로 사용할 수 있을 것이다.

1부

마음의 작용을
이해하는 열쇠

1부에서는 마음과 뇌와 신체가 어떻게 연결되었는지,
생각과 기억에 대한 정의,
그리고 자기 조절의 중요성을 배우고,
그것을 부모가 자녀에게 가르칠 수 있도록 도울 것이다.

우리가 마음으로 경험하는 모든 것은
뇌와 신체를 거치기 때문에
마음을 관리하는 것이 매우 중요하다.
우리의 경험이 끼치는 영향을 관리하지 않으면,
우리의 정신적, 신체적 행복에
영향을 미칠 수 있다.

1장
마음, 뇌, 신체의 연결

이 장에서는 마음과 뇌와 신체의 연결이 어떻게 이루어지는지 소개하여, 아이가 자기 생각이 정신이나 신체에 어떤 영향을 미치는지 이해하도록 도와줄 것이다.

우리가 기억해야 할 점은 아이들이 종종 우리가 생각하는 것보다 훨씬 통찰력이 있다는 것이다. 하지만 아이들은 여전히 성장하고 발달하고 있기에, 자신이 관찰하고 경험하는 모든 것을 어떻게 다루어야 할지 모르는 경우가 많다. 아이들은 매일 마음과 뇌를 통해 흡수되는 방대한 정보에 압도당하기 쉽다.

마음을 관리하든 하지 않든, 아이들은 인간이라는 이유만으로 삶의 경험을 뇌의 신경망과 몸 전체의 신경망에 마음으로 연결한다. 이 과정은 마음, 뇌, 신체를 변화시키며, 아이의 정신적이고 신체적인 기능에 영향을 미친다. 우리는 정신 신경 생물학적 존재이며, 마음과 뇌와 신체는 복잡하게 연결되어 있다.

예를 들어, 아이가 불안하다고 가정해보자. 아이를 불안하게 만드는 '것'은 실제로 뇌의 기억 속에 있는 자극 반응으로 이루어진 물리적인 생각이다.[1] 마음은 이 생각에 대해 걱정하거나 불안해하는 행동으로 구성된다. 아이가 이 생각에 대해 더 많이 걱정할수록, 소화 불량이나 심장 두근거림과 같은 신체적인 병증을 포함하여, 감정적, 신체적 영향을 받을 수 있다.[2]

아이가 짜증 낼 때를 생각해보면, 어떤 느낌인지 이해할 것이다. 아이가 학교생활을 걱정하고 있는 상태에서 등교를 준비하는 상황을 예로 들어보자. 만약 아이가 매우 화를 낸다면, 이것은 아이의 생각에서 나오는 경고 신호다. 이 생각은 아이가 경험을 처리하는 방식에 따라 마음을 통해 뇌에 구축된 것이다.

이를 더 잘 이해하기 위해 정원을 생각해보자. 정원이 엉망이고 잡초로 가득 차면, 보기에도 좋지 않고 기분도 좋지 않다. 마음이 지저분한 정원과 같은 상태라면, 마음이 제대로 작동하지 않는 것처럼 느껴지고, 모든 것이 금방 어지러워질 것이다. 하지만 정원이 아름답고 생생하다면, 약간의 잡초나 폭풍우가 영향을 미칠 수는 있겠지만 정원의 장기적인 상태에는 영향을 미치지 않는다.

다행히도, 마음과 뇌, 신체에는 아이들이 마음속에 건강한 정원을 가꾸도록 가르치는 데 도움이 되는 훌륭한 시스템이 있다. 아이들이 마음을 관리하는 법을 배우면, 마음, 뇌, 신체의 연결이 제대로 작동하여 나이와 상관없이 경험이 자신에게 미치는 영향을 다룰 수 있다.

이는 마음, 뇌, 신체에서 보내는 신호를 관찰하는 데서 시작한다. 이러한 신호는 크게 감정, 행동, 신체 감각, 관점의 네 가지 주요 구성 요소로 분류할 수 있는데,[3] 이에 대해서는 3장에서 자세히 설명할 것이다. 마음 관리의 큰 부분은 이러한 신호에 주목하여 그것들이 어떤 이야기와 관련되는지 찾은 다음, 그 이야기가 우리 내부나 미래에 전개될 상황을 바꾸는 것이다. 이때 한발 물러서서 자신을 관찰하고 세상과 상호 작용하는 방식을 모니터링하는 데 도움이 되는 자기 조절이 반드시 필요하다.

마음의 이해

이러한 마음 관리의 과정을 이해하려면 먼저 마음을 이해해야 한다. 마음이란 우리가 깨어 있는 동안 주변에서 일어나는 모든 일에 반응하여 생각하고 느끼고 선택하는 방식을 의미한다. 마음으로 인한 생각, 느낌, 선택은 함께 작동하여, 삶의 경험을 '포착해서' 에너지화하여 뇌에 주입한다.

이러한 에너지는 뇌의 구조적 변화를 일으키는데, 이는 경험의 기억을 담고 있으며, 나뭇가지처럼 서로 모여 생각으로 형성된다. 이러한 변화는 신경 가소성이라고 알려진 과정을 통해 마음에 의해 주도된다.[4] 본질적으로, 마음은 우리의 경험을 뇌에 '생각나무'로 심는다.[5] 생각나무란 뇌 안의 축삭 돌기와 수상 돌기로 이루어진 뉴런이다.

이해를 위해 다음 두 그림을 참조하라. 첫째, 뉴런의 축삭 돌기와 수상 돌기 그림이다. 전체 뉴런은 생각나무이며, 수상 돌기는 생각나무 안에 있는 기억들을 나타낸다.

두 번째 그림은 우리 뇌 안에 있는 생각나무의 모습을 보여준다.

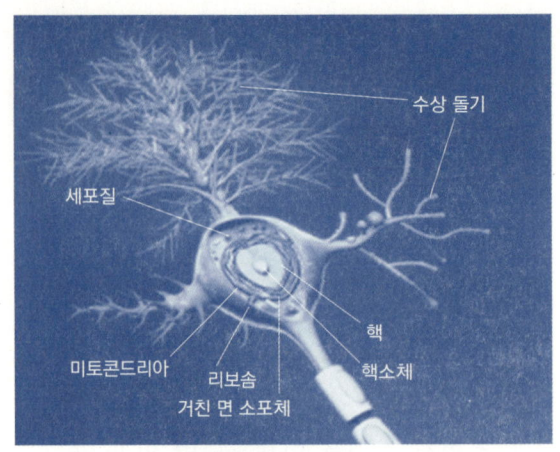

〈축삭 돌기와 수상 돌기〉

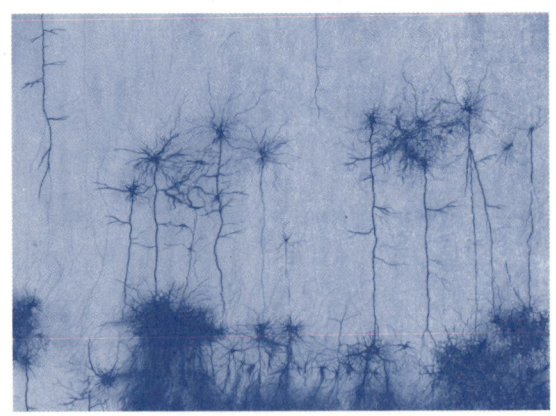

〈'생각나무' 또는 뉴런들의 집합체〉

마음은 뇌를 사용하여 경험한 것들을 저장한다. 즉, 삶의 사건과 상황을 '생각나무'로 저장하는 것이다. 우리는 깨어 있는 동안 이러한 경험에 대해 반응하고 대응하며, 잠을 자는 동안 그것들을 분류한다. 이것이 우리가 꿈과 악몽을 꾸는 이유다.6) 따라서 생각은 마음 활동의 결과물이다. 생각은 단백질과 화학 물질로 이루어진 물리적인 실체로서, 나무와 같은 뉴런 구조로 뇌의 정신적 공간을 차지하며, 마음과 몸의 세포들에서도 중력장으로 작용한다.

이것이 뇌가 종종 신경 가소성 반응자로 묘사되는 이유다. 우리 마음이 자극받을 때마다, 뇌는 신경 화학적, 유전적, 전자기적인 변화를 포함한 다양한 방식으로 반응한다. 그 결과 뇌의 구조가 성장하고 변화하여, 새로운 물리적 생각을 구축하거나 연결한다. 뇌는 절대 똑같지 않다. 우리가 경험하는 모든 순간마다 뇌도 변화한다. 그리고 뇌가 변하면 신체도 변화한다.

마음은 우리의 일상적인 경험을 뇌와 신체에 구축하고, 우리가 잠들어 있는 동안 이를 고정한다. 따라서 마음은 단순히 쉬지 않고 작동하는 기계가 아닌, 뇌와 신체를 운영하는 매우 복잡한 동력이다. 마음은 뇌와 신체에 '나타나' 우리의 감각이 된다. 마음은 우리의 정체성과 독특성이 형성되는 곳이다. 우리가 누구인지 인식하는 곳이며, 우리의 의식이 있는 곳이다.

마음과 뇌와 신체의 연결을 보자면, 뇌와 신체는 물질로 이루어진 물리적인 부분이지만, 마음은 전자파와 중력장과 같은 에너지로 이루어진 부분이다.7) 이들은 분리되어 있지만 서로 뗄 수 없는 관계다. 왜냐하면 이들이 모두 함께 작동해야 세상에서 살아 있는 인간으로서 기능하기 때문이다. 이는 우리가 마음으로 경험하는 모든 것이 뇌와 신체를 거쳐 간다는 것을 의미한다. 그리고 이것은 바로 마음 관리가 매우 중요한 이유다. 만약 우리가 경험이 끼치는 영향을 관리하지 않는다면, 그것은 우리의 정신적, 신체적 행복에 영향을 줄 수 있다.

마음 자체는 세 부분으로 구성되었으며, 가장 큰 부분이 바로 무의식이다. 무의식은 거대하며, 절대 잠들지 않는다. 그것은 매우 지능적이고, 믿을 수 없을 정도로 빠르며, 동시에 여러 가지 일을 처리하여 우리가 생존하고 기능을 유지할 수 있게 한다. 무의식은 모든 기존의 생각, 그리고 거기서 파생된 기억을 감시하고, 항상 우리를 걱정시키거나 우리에게 영향을 미치는 것들을 찾아 그것을 고치고 균형을 회복하게 도와준다.

무의식이 우리를 걱정스럽게 하는 생각을 발견하면, 무의식과 의식 사이의 다리 역할을 하는 마음의 두 번째 부분인 잠재의식을 통해 그것을 올려보낸다. '기하 정보처리 이론'(Geodesic Information Processing Theory)이라고 부르는 내 이론에 따르면, 무의식은 연중무휴로 24시간 내내 작동하며 우리를 움직인다. 그것은 의식적인 마음에 정보를 공급하고, 이 정보는 우리의 느낌과 말과 행동, 우리의 신체에서 느끼는 감각, 그리고 우리의 관점을 포함하는 '상징적인 결과물'로 나타난다('상징적인 결과물'은 우리가 외부에 보여주는 모든 표현이나 행위적 결과물을 의미함—역주).[8]

24시간 내내 작동하는 무의식과 달리 마음의 세 번째 부분인 의식은 몸이 깨어 있는 동안에만 활성화하며, 무의식보다 훨씬 느리게 작동한다. 무의식은 우리가 노출되는 모든 것의 약 90-95퍼센트를 처리하지만, 의식은 5-10퍼센트만 집중하고 처리할 수 있다.[9]

위에서 언급한 바와 같이, 무의식의 주요한 역할 중 하나는 신경망의 모든 정보를 점검하여 유해한 부분을 찾아내고, 의식적으로 인식하게 만드는 것이다. 여기서 의식적인 마음이 뛰어난 역할을 한다. 무의식적인 마음에서 이러한 유해한 생각을 가져와 해체하고 재구성하여 우리의 정신과 신체 건강에 영향을 미치지 않게 하는 것이다. 우리가 자기 조절을 통해 마음을 관리하는 법을 배울수록, 의식과 무의식 간의 이러한 역동적인 상호 작용, 즉, 우리 안에 내장된 정신 건강 보호 시스템을 활성화할 수 있다![10]

뉴로사이클

내가 연구하고 개발한 과학적 마음 관리 시스템인 뉴로사이클(신경 주기)이 이 책의 기반이 되었다. 이 시스템은 당신의 자녀가 마음의 여러 부분 간의 소통을 발전시키고, 마음이 뇌와 신체에 어떻게 영향을 미치는지를 이해하도록 도와줄 것이다. 이 시스템은 아이가 무의식에서 오는 메시지를 이해하는 방법, 유해한 생각과 기억이 강화되어 정신 건강에 영향을 미치지 않도록 예방하는 방법을 알려줄 것이다.

최근의 임상 연구에서 관찰한 바와 같이, 마음을 관리하고 인식을 바꿀 때, 우리는 뇌의 반응, 생리학 그리고 세포의 건강 상태를 바꿀 수 있으며, 이는 뇌와 신체 간의 상호 작용으로 인해 마음에 다시 영향을 미치게 된다.[11]

마음 관리는 아이의 회복 탄력성을 키우는 가장 효과적인 방법이다. 이를 통해 아이는 자신에게 일어난 일에 집중하는 대신 대처하는 방법에 더 많은 주의를 기울일 수 있기 때문이다. 마음 관리는 아이가 자기 인생 경험을 단순히 진단하고, 모호한 증상들에

근거해 이름을 붙이는 대신, 더 넓은 문맥 안에서 이해하도록 돕는다. 그것은 현대 생물학적 정신 건강 시스템을 넘어 생물학, 공동체, 심리, 개성과 이야기를 포함한 전인격을 다룬다.

우리의 삶은 우리 경험의 산물로서 개인의 이야기가 된다. 우리가 자녀에게 필요를 충족할 수 있는 정신적 도구를 줄 때, 아이 자신의 이야기를 할 수 있는 도구를 주는 셈이다. 우리에게 일어나는 일을 항상 바꿀 수는 없지만, 그것이 우리에게 미치는 영향이나 영향을 미치는 방식을 바꿀 수는 있으며, 그 사실을 아이에게 가르칠 수 있다.

아이들의 타고난 회복 탄력성

회복 탄력성은 아이들이 사물을 보는 관점을 적극적으로 배우는 것을 포함한다. 그들은 자신의 정체성과, 그들의 삶의 경험에 대한 전문가다. 어른으로서 우리는 자녀의 독특함을 검증하고 지원하여, 아이가 자기만의 이야기를 수용하고 처리하며 재개념화할 수 있도록 도울 책임이 있다.

실제로, 삶의 위험과 긴장이 늘 있을 수밖에 없고 불가피한 점이라는 사실을 감안할 때 부모, 보호자 그리고 선생님은 아이들이 다양한 삶의 경험에서 배우고 성장하며, 타고난 회복 탄력성을 개발할 수 있도록 도울 책임이 있다. 물론, 우리는 아이들이 어른이 될 때까지 보호해야 하지만, 동시에 아이들이 실패와 고통스러운 경험을 다룰 수 있는 능력을 갖추도록 도와주어야 한다. 왜냐하면 이것들은 삶의 불가피한 부분이기 때문이다.

아이들을 보호한다는 것은 우리 없이도 아이들이 스스로 자기 삶을 관리할 수 있도록 가르친다는 것을 의미한다. 만약 실패와 상처의 경험이 지속적이고 회복할 수 없는 손상을 줄 것이라는 메시지를 아이들에게 투여한다면, 아이들의 회복 탄력성에 부정적인 영향을 미치는 것이다. 그레그 루키아노프(Greg Lukianoff)와 조너선 하이트(Jonathan Haidt)가 쓴 책 『나쁜 교육』(The Coddling of the American Mind)에서 언급했듯이, 우리는 "모든 위험에서 아이들을 보호하는 것에 과도하게 집착해왔고", 이는 여러 면에서 아이들이 삶의 도전에 대처하는 능력을 억제하고 있다. 아마도 이것이 오늘날 세계적으로 발견되는 "청소년 우울증, 불안, 자살률의 급격한 증가 원인 중 하나일 것이다."12)

마찬가지로, 나심 니콜라스 탈레브(Nassim Nicholas Taleb)의 책 『안티프래질』(Antifragile)에서는 회복 탄력성을 이해하는 방법으로 '안티프래질'(충격을 받을수록 강해지는 성질—역주) 개념을 설명한다.13) 우리의 면역 체계가 질병이 존재함으로 방어 체계를 구축하는 것과 마찬가지로, 인간은 도전을 통해 회복하고 학습하며 적응하고 성장한다. 도전이 없이는 우리 본성에 내장된 '안티프래질'(또는 회복 탄력성)이 경직되고 취약해지며 부족해질 수 있다. 우리가 모든 나쁜 일에서 아이를 보호하려는 것은 그의 정신 건강을 돕는 태도가 아니다. 위험과 스트레스는 삶의 자연스러운 부분이며, 우리는 자녀가 자기 삶의 경험을 통해 성장하고 배울 수 있는 내재적 능력을 개발하도록 도와주어야 한다.

다행히도, 우리는 정신 건강 문제에 관해 이야기하는 것이 흔한 시대에 살고 있다. 점점 더 많은 사람이 아이들과 어른들이 정신적으로 어려움을 겪는 것이 정상이고, 모든 사람이 때로는 도움이 필요하다는 사실을 알아가고 있다. 그 결과, 이제는 정신 건강 문제에 관해 자유롭게 이야기할 수 있게 되었고, 종종 감추어져 오해받던 부분이 이해되고 관리될 수 있는 상황이 되었다.

날마다 우리는 어떻게 인간으로서 기능하는지 깨닫고, 마음, 뇌, 신체가 서로 연결된다는 사실과 그것이 우리에게 언제나 희망을 준다는 것을 더 많이 배우고 있다. 나이와 상관없이, 우리에게는 변화할 수 있는 엄청난 능력이 있다.

한 가지 기쁜 소식은,

마음을 관리하여

삐쩍 말라 볼품없는 생각나무를

건강하고 튼튼한 나무로

만들 수 있다는 것이다!

2장
생각이란 무엇인가?

이번 장에서는 당신의 자녀가 이해할 수 있는 간단한 용어로 '생각'이 무엇인지 설명할 것이다. 다음 예시는 당신이 자녀에게 이러한 개념을 간단하고 의미있게 설명할 수 있도록 작성되었지만, 아이의 필요와 학습 수준에 맞게 단어를 조정할 수 있다. 자녀에게 생각이 무엇인지 설명하기 전에 이번 장을 여러 번 읽고 어떻게 말할지 미리 준비하라.

〈브레이니는 생각이 무엇인지 궁금해해요.〉

생각나무란 무엇인가?

❖ **아이들에게 설명하는 예시**

내가 경험하는 모든 것은 뇌 안에 기억으로 남아요. 친구들과 놀 때, TV를 보거나 선생님 말씀을 들을 때, 이 모든 것이 기억되어 뇌 속에 저장되지요. 이러한 기억들이 큰 생각으로 합쳐져 나무와 같은 형태를 이루는데, 이 나무들은 바로 나만의 특별한 이야기예요. 다른 사람들과 나는 '생각나무'가 서로 달라요!

〈생각하는 브레이니〉

우리는 모두 많은 이야기를 가지고 있어요. 매일매일 우리에게 많은 일이 벌어지기 때문이에요. 이 말은 우리 뇌가 큰 숲과 같아서 수많은 생각나무가 자라고 있다는 뜻이에요. 숲에 있는 많은 나무가 행복한 생각나무인데, 학교에서 친구들과 신나게 노는 것 같은 경험을 했기 때문이에요. 하지만 어떤 생각나무는 슬픈 이야기를 담고 있어요. 자전거를 타다가 다치거나, 다른 사람이 한 무례한 말을 듣고 펑펑 울게 된 것 같은 슬픈 경험을 했기 때문이죠.

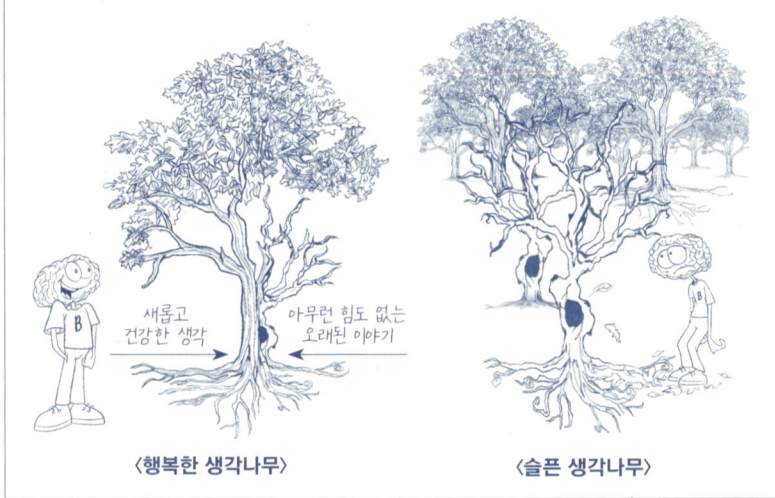

〈행복한 생각나무〉   〈슬픈 생각나무〉

뿌리, 줄기, 가지

자녀가 이 부분에서 다루는 개념을 더 잘 이해할 수 있도록 씨앗을 심어 식물을 함께 키워보는 것도 좋다. 씨앗을 작은 병이나 화분이나 정원에 심고, 함께 식물을 키우는 과정을 통해 정신 건강에 대한 상호 작용을 경험해볼 수 있다. 이 예시는 6세 이상을 대상으로 하며, 3-5세 아이들에게는 행복한 나무와 슬픈 나무 그림을 사용하여 이해를 돕는 것이 좋다. 어떤 일이 일어나서 슬픈 나무가 생겨났는지 그 원인을 설명하고, 우리가 함께 슬픈 나무를 행복한 나무로 바꿀 수 있다고 말해준다.

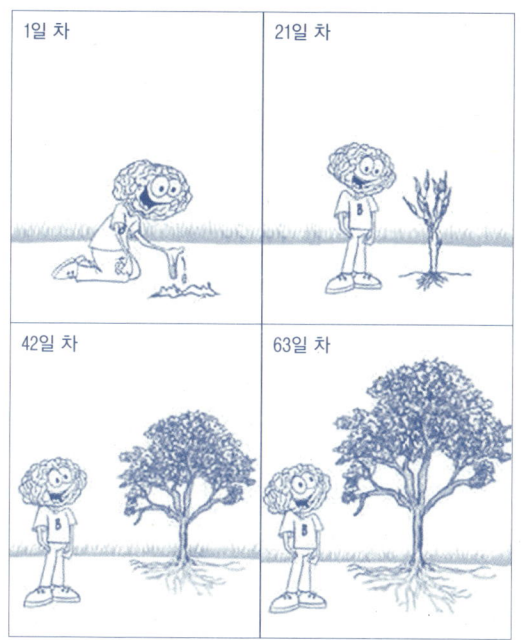

〈시간이 지나면서 생각나무가 자라는 모습〉

❖ **아이들에게 설명하는 예시**

나무는 땅에 심어진 씨앗에서 자라나요. 먼저 뿌리가 자라고, 그다음 줄기, 그리고 가지가 나오지요. '생각나무'도 같은 방식으로 성장해요. 먼저 뿌리가 생기고, 그다음 줄기, 그리고 가지가 나와요. 생각나무의 뿌리는 내 이야기에 대한 자세한 기억이고, 이 기억들이 뇌에서 생각나무를 유지시켜요. 줄기는 나의 마음, 뇌, 몸이 이야기를 이해하는 방식이에요. 생각나무의 가지들은 내가 이야기를 이해하고, 어떻게 반응하는지를 보여주지요. 가지들은 사람들이 이 이야기를 통해 나를 바라보는 방식과 내가 나 자신을 보는 방식이에요.

우리가 느끼고 말하고 행동하는 모든 것은 생각나무에서 나와요. 예를 들어, 슬픔이나 행복과 같은 감정도 생각나무에서 나오지요. 우리가 말하는 모든 단어와 놀이, 그림 그리기, 영화 보기, 달리기, 싸움 등 우리가 하는 모든 일도 마찬가지예요.

사실 생각나무 없이는 우리는 아무것도 할 수 없고, 느낄 수도 없고, 말할 수도 없어요! 나무가 성장하기 위해 물과 영양분이 필요한 것처럼, 우리 머릿속의 생각나무도 성장하기 위해 물과 영양분이 필요해요. 차이점은 내 생각나무를 위한 물과 음식은 나의 생각, 느낌, 선택, 즉 마음이라는 거예요.

정말 멋진 나무죠! 이 나무들은 내가 느끼고, 말하고, 행동할 수 있도록 도와줘요. 또 내 혀에 말을 만들라고 명령하고, 몸에 자전거 타는 행동을 하라고 지시하기도 해요. 예를 들어, 학교에서 글자나 곱셈 같은 새로운 개념을 배우는 순간을 생각해볼까요? 글자나 수학 공식 같은 새 지식을 배우면, 이것이 생각나무가 되어 나의 뇌 안에 자라나요.

그리고 이 지식을 연습하면서 이 나무는 더욱 튼튼해져요! 사실, 새롭게 배운 지식을 계속 연습하다 보면, 내 나무는 뿌리와 가지가 더 많이 자라게 되고, 더 크고 튼튼하고 건강해져요.

그런데 생각나무는 학교에서 놀림당하는 것과 같은 나쁜 일이 있을 때도 우리 머릿속에 자라나요. 이런 일을 겪으면 슬픔을 느끼게 되고, 나쁜 생각을 할 수도 있어요. 이런 생각나무는 그다지 예뻐 보이지 않지만, 좋은 소식이 있어요. 우리는 이 못난이 나무를 건강해지게 할 수 있어요!

〈슈퍼히어로 브레이니〉

슬픈 생각나무를 건강하게 만드는 방법을 알려줄 브레이니를 소개할게요(책의 맨 뒤 부록 1 참고). 브레이니는 왜 슬프거나 화가 나는지를 이해하고 상황을 더 좋게 만들 방법을 알려줄 친구예요. 그런데 한 가지 비밀이 있어요. 브레이니는 어떻게 슬픈 생각나무를 건강하게 바꿀 수 있는지 가르쳐줄 슈퍼히어로예요! 우리는 브레이니의 특별한 초능력인 '뉴로사이클'을 배우게 될 거예요.

이 뉴로사이클을 실천하면, 우리도 진짜 슈퍼히어로가 될 수 있어요!

아이들의 부정적인 경험은 항상 그들의 기억 속에 남아 삶에 영향을 미치게 된다. 따라서 그 경험을 아예 없었던 것처럼 '지우는' 것은 불가능하다는 점을 명확히 해야 한다. 그 대신, 뉴로사이클을 통해 그들이 부정적인 생각과 경험을 관리하도록 도울 수 있다. 우리의 목표는 아이들이 부정적인 경험으로 자기 자신을 규정짓지 않도록 그들이 하는 경험을 새롭게 인식하게 하는 것이다.

〈브레이니가 생각나무의 숲을 즐겁게 산책하고 있어요!〉

경고 신호는 우리 삶에 어떤 일이
일어나고 있다는 것을 알려주는 메신저다.
아이의 행동 뒤에는 항상 '원인'이 있고,
아이의 경고 신호는 그 '원인'을 가리킨다.

3장
경고 신호란 무엇인가?

경고 신호는 우리 삶에 어떤 일이 일어나고 있다는 것을 알려주는 메신저다. 아이의 행동 뒤에는 항상 '원인'이 있고, 아이의 경고 신호는 그 '원인'을 가리킨다. 이 신호들은 그들의 정신적 행복에 영향을 미치는 생각나무와 관련이 있다.

만약 우리가 이러한 경고 신호에 주의를 기울인다면, 아이들의 상태와 연관된 생각나무를 의식적으로 인지하게 된다. 이 과정에서 우리는 생각나무의 가지들에 있는 더 많은 신호에 대한 정보를 발견할 수 있다(다음 쪽의 그림을 참고하라). 이러한 변화가 일어나면, 생각나무는 변화하고 약해지므로, 아이들이 생각나무를 관리하고 바꾸는 데 도움을 줄 수 있다.

경고 신호는 네 가지로 나뉜다. 첫 번째 가지는 감정적인 경고 신호를 나타내며, 이는 아이들이 느끼는 감정인 슬픔, 기쁨, 분노 등을 포함한다. 두 번째 가지는 행동적인 경고 신호를 나타내며, 이는 아이들이 말하고 행동하는 것을 의미한다. 세 번째 가지는 몸에서 느끼는 감각을 포함하며, 아이들이 체감하는 신체적인 감각을 나타낸다. 네 번째 가지는 아이들이 자신에 대해 생각하고 자기 삶을 어떻게 바라보는지를 나타내며, 이는 관점에 관한 경고 신호라고 할 수 있다.

이 네 가지 경고 신호는 메신저 역할을 한다. 이 신호들은 당신에게 자녀의 정신 건강에 대한 정보를 전달한다. 자녀에게 이러한 신호에 주의를 기울이는 방법을 가르침으로써, 이 네 가지 신호에 더욱 집중하고 이 신호들이 가리키는 것과 이것이 자녀의 정신 건강에 어떤 의미가 있는지를 파악하는 여정을 시작하게 될 것이다.

이러한 신호들을 해석하고 그 이면에 있는 생각을 연구하는 데는 시간이 걸리지만 때로는 이 과정이 빠르게 진행될 수도 있다. 문제가 큰 트라우마인지, 작은 트라우마인지, 아니면 그냥 일상적인 문제인지에 따라 시간이 조금 더 걸릴 수도 있다.

자녀가 이러한 신호들을 해석하는 데 도움을 주면서, 특정 생각나무의 뿌리, 즉 이야기의 근원을 찾는 법을 가르칠 수 있다. 뿌리에 도달하는 것은 아이가 그 경험을 자신에게 유익한 방식으로 재구성하는 과정을 시작할 수 있게 해준다. 이는 아이가 그 생각나무를 여전히 자기 이야기(또는 생각나무 숲의 일부)로 여기지만, 이를 자신이 더 잘 다룰 수 있는 방식으로 바라볼 수 있게 됨을 의미한다. 이 과정에서 핵심은 자녀에게 어려운 삶의 요소를 관리하는 법을 가르치는 것이

〈브레이니가 경고 신호 가지들을 수집하고 있어요!〉

다. 그래야만 그가 마주하는 도전에 완전히 압도되거나 꺾이지 않을 수 있다.

이 과정이 처음에는 복잡해 보일 수 있지만, 연습을 통해 점점 쉬워지고 엄청난 힘을 얻을 수 있다. 예를 들어, 아이가 자신이 느끼는 불안감의 근원과 그것에 대처하는 방법을 이해하기 시작할 때, 재구성된 생각에서 나오는 새로운 신호는 '걱정스러운 감정' 대신 '평온한 감정'이 될 수 있다. 이 과정에서, 아이는 어떤 이유로 마음과 몸이 그렇게 느꼈는지를 더 잘 이해하게 될 뿐만 아니라, 행동과 관점에 대한 더 많은 통찰력을 얻게 될 것이다.

네 가지 경고 신호 살펴보기

이 책의 2부에서도 논의하겠지만, 경고 신호를 탐색하는 과정은 뉴로사이클의 본질적인 부분이다. 이 과정을 통해 아이는 자신과 세상을 보는 방식이 자신이 경험한 바에 영향을 받으며, 생각으로 관점을 바꿀 수 있다는 것, 즉 자신이 무력하지 않다는 사실을 깨달을 것이다. 아이는 정신적으로 고통스러운 상태일 때 이를 인식하고 관리할 수 있는 시스템을 갖추게 될 것이다.

아이가 삶에 대한 반응을 처리할 때 정서적으로 안전하고 인정받는다는 느낌이 얼마나 필요한지는 아무리 강조해도 지나치지 않다. 이것이 뉴로사이클이라는 강력한 마음 관리 도구의 가치다. 뉴로사이클은 단순히 행동을 교체하기 위한 게 아니라, 아이가 특정한 방식으로 행동하는 이유를 이해하고 그것을 관리하는 데 도움을 주는 과학적인 기법이다. 네 가지 신호를 통해 확인할 수 있듯이 이는 단순한 인식 이상의 것이다. 뉴로사이클은 자녀가 보이는 행동의 근원을 찾고 바꾸는 데 필요한 정신적 도구를 그에게 제공한다.

만약 아이가 정신 건강 문제로 어려움을 겪고 있다면, 뉴로사이클은 그 문제가 자신의 본성 때문이 아니라 자기 경험 때문에 생긴다는 점을 알려준다. 아이는 자신의 감정, 행동, 신체 감각, 관점 때문에 혼란스럽거나 압도당하지 않고, 이러한 신호들을 받아들여서 마음을 바꾸는 데 활용하도록 격려받을 것이다. 아이들은 삶의 혼란 속에서도 메시지를 발견하게 될 것이다!

> ❖ **아이들에게 설명하는 예시**
>
> 좋은 소식이 있어요! 내 감정이나 행동, 말이나 신체 감각이 마음에 들지 않는다면, 나 자신만의 슈퍼파워인 뉴로사이클을 통해 나를 불행하게 하는 생각나무를 찾아서, 좋게 바꾸고 건강하게 만들 수 있어요. 그러면 더 행복해질 거예요!
>
> 뉴로사이클이라는 슈퍼파워를 활용해 불행한 생각을 찾기 위한 첫 번째 단계는 '경고 신호'라고 불리는 것을 찾는 거예요. 이러한 신호들은 생각나무의 가지예요. 먼저, 생각나무의 그림을 살펴보세요. 여기서 찾아야 할 경고 신호는 다음과 같아요. 내가 어떻게 느끼는지, 무엇을 말하고 행동하는지, 신체에서 어떤 감각을 느끼는지, 그리고 현재 삶에 어떤 감정을 느끼는지예요. 이러한 경고 신호는 무언가가 잘못되었음을 알려주는 거예요. 이것은 마치 관심을 끌려고 생각나무가 잎사귀를 흔드는 것과 같아요. 이 신호에 주목하면 불행한 생각과 관련한 생각나무의 뿌리를 찾을 수 있어요.

다음은 이 네 가지 경고 신호를 요약한 표와 다양한 연령대 아이들에게 이 신호를 설명하는 방법에 관한 예시다.

경고 신호	뉴로사이클을 할 때 연령에 따라 물어볼 수 있는 질문	증상
감정	3-5세: "슬프니? 화가 나니?" 등 6-10세: "어떤 감정을 느끼니?"	슬픔, 분노, 좌절, 짜증, 죄책감, 수치, 불안, 우울, 공포, 혼란
행동	3-5세(행동, 태도, 말): "네가 ○○을 하는 걸 봤어. 왜 그렇게 하는 건지 알고 싶어. ㅁㅁ 때문에 ○○을 하는 거니?" 6-10세: "뭐하고 있니?" "무슨 말을 하는 거니?" "어떻게 말하고 있니?"	아주 빠르게 말하거나 천천히 말함, 말을 많이 하지 않음, 감정적인 단어를 많이 사용함, 발작, 야뇨증, 형제자매나 친구와 싸움, 기운이 없음, 소리 지름, 물건 던짐, 울음, 고함과 분노가 가득한 말, 놀고 싶어 하지 않음
신체 감각	3-5세: "△△을 생각하면, 몸 어디가 아프거나 불편한 느낌이 드니?" 6-10세: "네 몸은 어떻게 느끼고 있니?" "슬플 때, 화날 때, 기쁠 때 몸이 어떻게 느껴지니?"(예를 들어, 친구가 함께 놀아주지 않을까 걱정해서 배가 아픈 경우)	배탈, 두통, 혀가 입천장에 붙은 느낌, 어깨와 목 근육의 긴장, 오한
관점	3-5세: "눈이 나쁜 사람들이 안경을 끼는 것을 알고 있지? 네 생각은 안경과 같아서, 색안경을 착용한 것처럼 세상을 다른 방식으로 보게 만든단다. 네 생각은 세상을 어둡게 보이게 하니? 밝게 보이게 하니? 아니면 상황이 무서워 보이니? 무섭지 않게 느껴지니?" 6-10세: "네 생각은 세상을 어떻게 바라보게 만드니? 지금까지 일어난 일들이 하루를 어떻게 바라보게 하니? 이 생각이 너를 더 행복하게 하니? 아니면 덜 행복하게 하니? 더 혼란스럽게 하니 아니면 덜 혼란스럽게 하니?" "세상에 대해 어떻게 생각하니? 네 삶에 대해서는 어떻게 생각하니?"	두려움, 혼란, 과도한 경계, 경계 부족, 짜증, 분노, 우울

* 부모를 위한 추가 설명: 아이에게 관점이라는 개념을 설명하기 어려울 수 있다. 관점은 종종 아이의 감정과 관련 있으며, 특정 기간(몇 분, 몇 시간, 며칠, 심지어 몇 달)에 걸쳐 어떤 것을 바라보는 태도, 사고방식, 또는 세상과 삶을 인식하는 방식과 관련이 있다. 아이의 다른 관점을 인정하는 일은, 그가 자기 경험을 토대로 세상을 바라보며 독특한 의견을 형성하는 특별한 존재임을 인정하는 것을 의미한다.

네 가지 경고 신호

감정

행동

신체 감각

관점

건강한 생각나무와 건강하지 않은 생각나무의 차이점

다음은 건강한 생각나무와 건강하지 않은 생각나무의 차이를 아이에게 설명하는 방법이다. 아이의 이해 수준에 맞게 단어를 적절히 조정할 수 있다.

> ❖ **아이들에게 설명하는 예시**
>
> 우리 머릿속의 생각나무는 어떻게 생겼나요? 슬픔이나 불행한 이야기라면, 못생긴 모습일 거예요. 심지어 가시가 달렸을 수도 있어요. 그래서 그런 생각과 관련된 기억을 떠올리면 가시에 찔릴 때 아픈 것처럼, 마음과 몸이 아플 수 있어요.
>
> 하지만 행복한 이야기라면 예쁘고 푸른 나무일 거예요. 사랑하는 사람들과 함께 있거나, 좋아하는 일을 하거나, 장난감을 가지고 노는 것은 모두 행복한 경험이에요. 이런 경험은 머릿속에 예쁘고 푸른 나무가 자라게 하고, 기분을 좋게 해줘요. 마음이 행복하거나 신나는 생각나무의 이야기를 몸에 말해주면, 매우 좋은 기분이 들어서 펄쩍펄쩍 뛰게 되고 웃고 싶어져요.
>
> 하지만 누군가가 못되게 굴었거나, 무서운 꿈을 꾸었거나, 나쁜 일이 생기면, 머릿속에 못생긴 나뭇가지(경고 신호)가 자라요. 학교에서 누군가가 괴롭히거나 학교 숙제가 너무 어려웠을 때, 배가 아팠던 적이 있나요? 이것은 머릿속에 못생긴 생각나무가 자라도록 어떤 일이 일어났기 때문이에요. 그러면 배가 아플 수도 있어요. 마음이 뇌와 몸의 모든 부분에 그 못생긴 생각나무에 대해 말해줘서 몸이 슬프다고 알려주기 때문이지요. 이건 내 잘못이 아니에요. 왜냐하면 나에게 일어난 일 때문에 그 나무가 자라난 것이기 때문이지요. 하지만 이런 상황은 우리를 불안하거나 불행하게 할 수 있어요.
>
> 이야기의 규모가 크고 오래 지속될수록 생각나무도 더 커져요. 예를 들어, 다른 친구들이 오랫동안 나를 괴롭혔다면, 그 나무는 상당히 커져서

나쁜 영향을 미칠 수도 있어요. 하지만 우리는 이 불행한 나무들을 바꿀 수 있어요! 우리는 매우 특별한 존재이기 때문에, 싫어하는 나무들을 고쳐서 좋게 만들 수 있어요. 우리 머릿속에 있는 생각 숲의 모양은 우리가 결정할 수 있어요. 만약 생각나무가 우리를 두렵게 하거나, 화가 나게 하거나, 불행하게 하거나, 다치게 한다면, 우리는 나무를 고칠 수 있어요. 정말 나쁜 생각나무라면 뿌리까지 파내서 좋게 바꿀 수 있어요. 그러면 그 나무들은 더 튼튼하고 새롭고 예쁘고 푸른 생각나무로 자라나서 더 좋은 기분을 느끼게 해줄 거예요.

우리를 행복하게 해주는 예쁜 생각나무에 더 많은 가지가 생기게 할 수도 있어요. 이 나무들은 우리 뇌와 몸을 더 건강하게 해줘요. 마음으로 물을 많이 줄수록 훨씬 더 건강하게 느끼게 될 거예요. 브레이니의 놀라운 슈퍼파워인 뉴로사이클을 통해 이 모든 것을 배울 수 있어요.

〈브레이니가 아프고 시든 생각나무와
건강하고 푸른 생각나무를 바라보고 있어요.〉

뉴로사이클은 뇌의 신경 가소성을 조절하는 데
도움을 주는 체계적이고 의도적인 과정이다.
이 과정은 우리에게 어지러운 마음과 뇌를
다루는 방법을 가르쳐주어
정신 건강을 관리하는 법을
습득하도록 도와준다.

4장
슈퍼히어로 브레이니의 슈퍼파워: 뉴로사이클

뉴로사이클이란 무엇인가?

뉴로사이클은 뇌의 신경 가소성을 조절하는 데 도움을 주는 체계적이고 의도적인 과정이다. 이 과정은 우리에게 어지러운 마음과 뇌를 다루는 방법을 가르쳐주어 정신 건강을 관리하는 법을 습득하도록 도와준다. 일상적인 어려움과 트라우마를 관리하고 뇌에 새로운 습관을 형성하는 데 뉴로사이클을 사용할 수 있다.

뉴로사이클 시스템은 30년 이상의 연구와 마음, 뇌, 신체의 연결, 사고의 과학(생각이 어떻게 형성되는지, 생각은 무엇인지, 생각이 어떻게 우리의 기능을 좌우하는지) 그리고 우리가 어떻게 이 모든 것에 영향을 미칠 수 있는지에 대한 임상 응용에 기초하고 있다. 뉴로사이클의 과학적 내용에 대해 자세히 알고 싶다면, 나의 책 『어지러운

마음을 정리하라』(*Cleaning Up Your Mental Mess*, 국내 미출간)를 참고하라.

뉴로사이클의 5단계를 진행하기 전에 뉴로사이클이 활성화하는 신경 가소성의 변화에 대비하여 마음과 뇌와 신체를 준비하는 것이 중요하다.

뇌 준비 활동

뇌 준비 활동은 뇌와 신체의 신경 화학적, 전자파를 안정시키도록 돕는 것이다. 이런 해소형 활동이 중요한데, 지속적이고 부담스러운 스트레스를 경험하면 마음과 뇌의 연결이 순식간에 혼란스러워져 명확하게 생각하거나 행동하기가 어려워지기 때문이다. 마음과 뇌와 몸을 진정시킴으로써 우리에게 영향을 미치는 근본적인 원인을 파악할 수 있다.

〈브레이니가 호흡 운동을 해요.〉

이제 다섯 가지 단계를 살펴보도록 하자.

뉴로사이클의 5단계

뉴로사이클의 힘은 단순함에 있다. 바르게 사용할 경우 마음과 뇌가 작동하는 방식에 큰 변화를 일으키는 5단계 과정이다.
5단계는 다음과 같다.

1. **인식 모음**: 생각나무와 관련된 경고 신호를 인식한다. 즉, 감정적으로나 신체적으로 어떻게 느끼고 있는지, 어떻게 행동하고 있는지 그리고 어떤 관점으로 보고 있는지를 인식하는 것이다.
2. **반영**: 왜 그런 감정을 느끼는지를 깊이 생각해본다.
3. **쓰기, 놀기, 그리기**: 통찰력을 얻기 위해 생각을 정리한다. 이 단계의 활동은 연령대에 따라 다르며, 어린아이의 경우 놀기와 그리기 옵션이 추가된다.
4. **재점검**: 삶, 관계, 반응, 태도 등에서 특정 패턴을 찾아본다.
5. **능동적 목표**: 원하는 생각의 패턴을 강화하기 위해 행동을 취한다. 이 행동은 이전의 해로운 사이클을 대체하는 새롭게 개념화된 패턴을 구축하는 데 도움이 된다.

뉴로사이클의 처음 세 단계인 '인식 모음', '반영', '쓰기, 놀기, 그리기'는 생각을 의식적인 마음으로 가져오는 체계적인 과정이다. 이를 통해 아이는 이전의 생각이 자신에게 미치던 힘을 약화시킬 수 있다. 그런 다음, '재점검' 단계는 평가를 통해 이 통제력을 더욱 약화하고, 문제를 수용하며, 그 영향을 이해한 후 재설계한다. '능동적 목표'는 이 새롭게 개념화된 생각을 실천을 통해 구현하는 데 도움을 주며, 지나치게 고민하거나 반복적인 생각에 빠지지 않도록 도와준다. 이 모든 과정이 아이의 정신적 회복력을 강화하는 데 기여한다.

아이들을 위한 비유

다음은 아이에게 뇌 준비 활동을 소개하고 이야기할 수 있는 간단한 방법이다. 이 자료를 자주 참고하면 도움이 될 것이다.

❖ **아이들에게 설명하는 예시**

가끔 우리의 생각나무와 가지를 제어하기가 어려울 때가 있어요. 마치 숲에 큰 폭풍우가 몰아쳐서, 모든 것이 획획 움직이거나 가지가 바람에 부러지거나 벼락에 나무가 불타는 것처럼 말이지요. 때로 슬픈 일이나 끔찍한 일이 일어나면, 그 상황을 제어하기가 어려운 게 정상이에요.

다행히도, 머릿속에 폭풍우가 내리칠 때 우리가 상처받지 않을 방법이 있어요. 생각의 숲에 피난처를 만들거나 우산을 사용해서 마음을 폭풍에서 안전하게 지

〈뇌 준비 활동은 생각의 숲에 피난처를 짓거나 우산을 펴는 것과 같아요. 이 활동은 폭풍에서 나를 안전하게 지켜줄 거예요.〉

> 키는 것이지요. 숨 고르기 운동이나 마음을 진정시켜주는 다른 활동은 곤란한 상황이 왔을 때 '감정과 기타 경고 신호의 폭풍'에서 안전한 피난처나 우산 같은 역할을 해줘요. 물론 그 피난처나 우산에 영원히 머무를 수는 없지만, 이러한 행동은 폭풍이 진정될 때까지 기다릴 여지를 주고, 그 후에 우리는 생각나무를 건강하게 만드는 작업을 시작할 수 있어요.

이제 자녀와 함께 뉴로사이클에 관한 이야기를 나눌 간단한 방법을 설명할 것이다. 이 자료를 자주 참고하면 도움이 될 것이다.

❖ **아이들에게 설명하는 예시**

모든 사람의 마음에는 아픈 생각나무가 있어요. 이 그림처럼요.

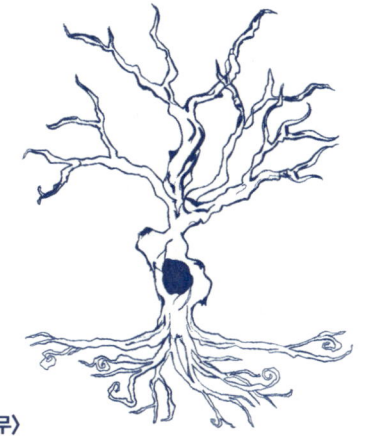

〈아픈 생각나무〉

하지만 우리는 브레이니의 슈퍼파워인 뉴로사이클을 사용할 수 있어요.

〈브레이니의 슈퍼파워: 뉴로사이클〉

뉴로사이클을 통해 우리는 건강한 생각 나무를 키울 수 있어요. 이 그림처럼요.

아까 이야기했던 생각나무를 기억하나요? 나무의 **뿌리**는 우리가 경험한 것들의 기억이에요. 즉, 우리에게 일어났던 이야기죠.

줄기는 뿌리에서 의미를 만들고, 뿌리를 가지로 변화시킵니다. 줄기는 뿌리에서 어떤 종류의 가지가 자랄지를 결정해요. 뿌리가 아프고 지저분하다면, 가지도 아프고 지저분할 거예요.

생각나무의 **가지**를 통해 자신에게 일어

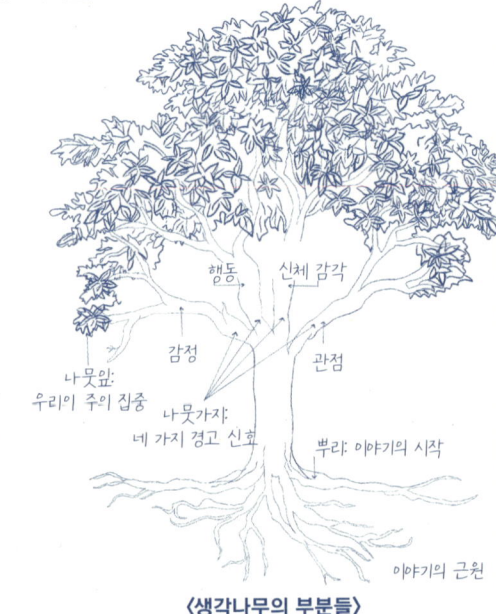

〈생각나무의 부분들〉

난 일을 어떻게 보고 이해하는지, 또는 자신을 어떻게 보는지에 관한 정보를 얻을 수 있어요. 이것이 바로 네 가지 경고 신호예요. 때로 이 나무는 건강하지 않고 우리를 슬프게 만들기도 해요. 그래서 뉴로사이클이라는 슈퍼파워를 사용해서 이 건강하지 않은 생각나무를 고쳐야 해요.

그 방법은 다음과 같아요. 먼저 생각나무의 **경고 신호**(가지)를 더 주의 깊게 관찰해서 어떤 기분을 느끼고 있는지 알아내는 인식 모음 단계가 필요해요. 생각나무의 '증상'을 관찰하고 설명하는 것과 비슷하지요. 예를 들어,

- "걱정스럽고 답답해요"(감정 경고 신호).
- "누구와도 얘기하고 싶지 않고 그냥 울고 싶어요"(행동 경고 신호).
- "배가 아파요"(신체 감각 경고 신호).
- "학교 가기 싫어요"(관점 경고 신호).

반영과 **쓰기**, **놀기**, **그리기** 단계는 증상이 가리키는 이야기를 이해하는 데 도움이 돼요. 다음과 같은 질문을 스스로 던져보세요.

- "왜 걱정되고 답답한 기분이 드는 걸까?"
- "왜 누구와도 얘기하고 싶지 않고, 울고만 싶은 걸까?"
- "왜 배가 아픈 걸까?"
- "왜 학교 가기 싫은 걸까?"

재점검 단계는 이 건강하지 않은 나무와 지저분한 뿌리를 고칠 방법을 찾는 데 도움이 돼요. 나무가 건강하게 자랄 수 있도록 고치는 과정이에요! 이 단계에서는 슈퍼파워인 뉴로사이클을 활용하여 감정과 생각을 탐색하고, 나에게 일어난 일을 더 좋아지게 만들 방법을 찾아보는 거예요. 예를 들어, 학교에서 문제가 잘 풀리지 않아 울었는데, 친구들이 비웃고, 선생님이 나에게 소리를 질러서 좌절하는 일이 있었다고 해봐요. 하지만 우리는 슬퍼해도 괜찮다는 사실을 알고 있고, 어려움이 있다고 문제를 다시 안 풀 것도 아니죠. 왜냐하면 이 문제를 풀 수 있도록 집에서 엄마가 도와주실 테고, 다음번에는 분명 더 잘 해낼 수 있거든요. 다음 날 선생님께 숙제한 것을 가져가서 내가 무엇을 배웠는지 친구들에게 보여줄 때 사람들에게 내가

문제를 잘 해결할 수 있다는 것을 보여줄 수도 있고, 때로 어떤 문제가 힘들어서 우는 것도 괜찮은 일이라는 사실도 알려줄 수 있어요. 우리는 충분히 실수할 수 있어요. 그러나 그렇다고 바보는 아니에요. 그렇게 실수해가며 배우는 거죠!

능동적 목표는 생각나무가 건강해지도록 매일 '약을 복용'하는 것과 같아요. 예를 들어, 오늘 하루 동안 "나는 바보가 아니고, 배우는 중이야"라고 여러 번 말하기로 다짐할 수 있어요.

아이와 함께 뉴로사이클을 진행할 때 기억해야 할
가장 중요한 점은 바로 유연성이다.
특히 어린아이와 이것을 진행할 때는
너무 규칙에 얽매이지 않도록 노력하고,
자신과 아이에게 인내심을 가지는 것이 중요하다.
이 모든 과정은 스트레스를 줄이려고 설계된 것이지,
스트레스를 받으려고 하는 것이 아님을 기억하자.

5장
도움이 되는 지침

발달 단계

다음은 이 책에서 다루는 연령별 발달 단계에 대한 간단한 개요를 제공한다. 연령별로 분류하여 그 시기 아이들이 어떻게 생각하고 느끼며 선택하는지에 대한 기본적인 설명과 일반적인 사회적, 언어적 기술을 적었다. 물론 이는 아이에 따라 달라질 수 있다. 각 단계에서 뉴로사이클을 하는 일반적인 방법도 설명했다.

발달 단계 및 세부 사항

만 3-4세[1)]

- **마음(생각, 감정, 선택)**: 3-4세 어린이는 일반적으로 자기 마음, 몸, 감정이 자신의 것임을 인식한다. 슬픔, 행복, 두려움,

분노 등과 같은 기본 감정의 차이를 이해하기 시작한다. 무의식이 의식보다 더 빠른 속도로 발달하기 때문에 실제로 표현할 수 있는 것보다 더 많은 것을 이해한다.[2]

• **사회적 상호 작용**: '내 것'과 '네 것'이라는 개념을 이해하기 시작하며, 더 많은 것을 공유하고 상상력이 풍부해진다. 이 시기에는 상상의 친구가 흔히 나타나며, 환상과 현실을 구별할 수는 있지만, 종종 환상을 사용해서 현실을 이해한다. 이는 무의식이 매우 빠르게 발달하기 때문이다. 독립심이 강해지고, 일반적으로 매우 활동적이며, 연극이나 게임 형식의 시연에 잘 반응한다. 상상 속의 것들에 두려움을 품게 되고, 다른 사람들의 행동에 더 신경을 쓰며, 친숙한 사람에게 애정을 표현할 수 있으므로, 이러한 요소들이 아이들의 태도를 형성하는 데 영향을 미친다. 상상력, 놀이, 또는 실제 사례를 사용하여 아이들에게 공감의 개념을 보여줄 수 있다.

• **언어**: 자기 몸을 포함하여 모든 것에 호기심이 왕성하며, 언어가 크게 발달한다. 일반적으로 이 시기의 아이들은 세 단어에서 여섯 단어로 이루어진 문장을 구성할 수 있다. 성인의 말을 꽤 많이 이해하며, 매우 취약하지만, 자신의 가치와 자아에 대한 통찰력을 지니고 있다.

• **이 연령대에 적절한 활동**: 이 연령대에는 시연, 연극, 실제 물건을 사용하라. 신발 상자 네 개를 가져와 잘 덮어둔다. 그다

음, 잡지, 색칠 공부 책 등에서 네 가지 경고 신호인 감정, 행동, 신체 감각, 관점을 나타내는 그림을 잘라내라. 갓난아이의 얼굴뿐만 아니라 더 나이가 많은 아이와 성인의 얼굴 사진도 준비한다. 자녀와 함께 그림을 그리거나 물건과 장난감을 사용해도 좋다. 이 모든 준비 과정을 아이와 함께 활동처럼 진행할 수 있다. 2-4세 아이들은 우리가 이해하는 것보다 훨씬 더 많은 감정적 개념을 꽤 통찰력 있게 이해한다. 하지만 아직 자신의 느낌을 완전히 설명할 수 있는 언어적 단서는 부족하다. 따라서 부모가 동작, 연극, 장난감, 그림, 음악, 동화책 등을 활용하여 자신을 표현할 방법과 단어를 알려줘야 한다.

만 5-6세[3)]

- **마음(생각, 감정, 선택)**: 이 시기에는 대부분 아이가 학교에 입학하기 때문에, 지적 능력, 사회성, 놀이가 점차 복잡해지며, 서로 다른 개성을 지닌 사람들과 상호 작용이 더 많아진다. 더 깊은 수준에서 주변 세계를 이해하고 파악하기 때문에, 상상 놀이를 하는 동안 더 복잡한 생각과 감정을 표현하기 시작한다. 감정을 이해하고 조절하는 방법을 개발하기에, 감정을 강하게 표출하는 폭발적인 행동이 줄어든다. 또한 사회적인 단서를 더 잘 포착하고, 지속해서 폭발하는 행동이 자신에게 유익하지 않다는 것을 이해하게 된다. 또한 이 시기의 아이들은 인내심을 가지고 추론하는 경향이 있다. 기본적인 감정을 이해할 수 있으며, 더 명확하게 표현한다.

- **사회적 상호 작용**: 5-6세 아이에게 가족은 여전히 가장 중요한 공동체이지만, 이 시기 아이는 더욱 독립심을 키우고 가정 밖에서 친구들과 교류하기 시작한다. 또한 진정한 공감 능력을 발휘하여, 적극적으로 관계망을 형성하며 확장할 수 있다(2세 이상의 아이에게도 공감 개념을 가르칠 수 있다). 이 연령대 아이는 더 복잡한 놀이 패턴을 발달시키며, 친구들과 더욱 다양하게 상호작용한다. 혼자 하는 놀이나 함께 하는 놀이에서 더 복잡한 이야기를 만들어내거나 과제를 협력하여 해결하려고 시도한다. 부모와의 상호 작용 역시 아이들이 자신의 감정을 이해하고 대화를 나누는 능력이 발달함에 따라 변화한다.

- **언어**: 5-6세 아이는 말하는 빈도가 증가하고 언어를 사용하여 더 많은 아이디어를 표현할 수 있다. 혼잣말을 많이 하며, 주변 성인들의 말을 듣고 관찰하면서 대화가 복잡해진다.

- **이 연령대에 적절한 활동**: 놀이, 장난감, 미술 활동은 아이가 더 복잡한 감정을 이해하는 데 도움이 된다. 뉴로사이클의 각 단계에서 더 복잡한 감정을 표현하기 위해 이러한 물건이나 놀이를 활용할 수 있다. 뉴로사이클의 5단계와 관련하여 그림을 그리거나 상호 작용하며 감정과 생각의 의미에 대한 복잡한 대화를 나눌 수 있다. 레고나 더 복잡한 어린이 장난감과 같은 다양한 종류의 미술과 공예 활동을 활용하여 뉴로사이클을 진행해도 좋다. 아이가 이 과정에 익숙해지면 더 많이 참여하고 주도적으로 이끌어나가려 할 것이다.

만 7-8세[4]

- **마음(생각, 감정, 선택)**: 7-8세 아이는 더 독립적이며 자신의 미래와 사회 속 위치에 대해 생각하기 시작한다. 자기 자신과 주변 세계를 보는 방식, 즉 자기만의 독특한 신념 체계에 대한 이해도가 높아지기 시작한다. 이는 부모님이나 가까운 친척들의 신념에 영향을 받은 것일 수 있다. 환상과 현실을 구별할 수 있기에 논리, 감정, 이성에 대한 이해도가 높아지게 된다. 또한 어떤 감정이나 문제에 대한 해결책을 찾으려는 욕구도 갖게 된다.

- **사회적 상호 작용**: 이 시기에는 친구들에게 인정받는 것이 매우 중요하다. 일상적인 작은 일에 책임을 지려 하며, 학교, 친구, 영화, 게임, 책 등에 대해 더 많이 이야기한다. 또한 행동에는 감정이 녹아 있고, 사람들이 종종 감정을 통해 의사소통한다는 것을 이해하고 추론할 수 있다. 이 시기는 공감 능력을 강화하고 신체적 표현 뒤에 더 깊은 의미가 있다는 것을 가르치기에 적절하다. 아이는 일반적으로 사람들이 세상을 서로 다르게 보고 경험한다는 것을 이해할 수 있으며, 이를 활용하여 다른 사람과 더 깊은 수준으로 상호 작용하거나 상대방의 의사나 행동을 이해할 수 있다.

- **언어**: 언어에 대한 이해가 향상되어, 자신을 더 잘 표현하고, 생각과 감정을 잘 이야기할 수 있다. 또한 다른 사람들의 감정을 더 잘 인식하고, 이를 잘 전달할 수 있다. 일반적으로 읽기

능력과 이해력이 발달했기에, 이 연령대를 위해 출간된 감정과 관련된 책을 많이 읽게 하는 게 도움이 되며, 주변 세계와의 연관성을 더 잘 이해할 수 있다.

• **이 연령대에 적절한 활동**: 사회적 상호 작용이 활발해진다. 일반적으로 이 연령대의 아이들은 부모와 함께 참여하기를 바란다. 주변 세계에 대한 호기심이 증가하고, 논리력이 발달하기 때문에 뉴로사이클에 매우 잘 반응한다. 네 가지 경고 신호를 보여주는 사진을 함께 자르고, 각 경고 신호 상자에 들어갈 예시를 작은 종잇조각에 작성해보는 것이 도움이 될 수 있다. 또한, 이 연령대 아이는 5-6세보다 글쓰기에 능숙하므로 가능한 한 함께 작업하는 것이 좋다.

대화 주제에는 더 심각한 감정이나 아이가 자주 접하는 주제가 포함될 수 있다. 이 연령대는 폭력, 상처, 또래 집단의 압력, 성(性)을 이해할 수 있다. 질문을 많이 할 수 있으므로, 아이에게 마음을 열고 정직하게 대화하는 것이 중요하다. 이 모든 주제는 세부 사항을 언급하지 않고도 이야기할 수 있다. 또한 다양한 감정이나 행동에 대해 이야기할 때, 상징이나 은유를 사용해서 아이에게 소개하는 것도 좋은 방법이다.

만 9-10세[5]

• **마음(생각, 감정, 선택)**: 이 시기는 일반적으로 아이가 청소년기에 진입하는 시기다. 많은 아이가 이 시기에 사춘기를 경험

하며, 세상을 느끼고 경험하는 방식이 극적으로 변한다.

사실 사춘기를 경험하든 경험하지 않든, 이 시기의 아이들은 훨씬 더 복잡한 감정을 경험한다. 이해력이 증진되어 규칙에 대해서 더 많이 질문하는데, 이것이 항상 부정적이지만은 않다. 심층적인 사고력을 발휘하여 일관성이 없거나 이해하기 어려운 부분을 파악하고 검토하는 것이기 때문이다.

이 연령대의 많은 아이가 자기 몸을 더 잘 알게 되고, 자기 몸이 어떻게 보이고 느껴지는지를 더 잘 이해하게 된다. 또 '신체 이미지'를 형성하고, 자신이 세상 속에서 어떤 위치에 있는지에 대한 개념을 형성하기 시작한다. 그래서 아이가 어떤 체형이든 격려하고 수용해줌으로써 더욱 긍정적인 '신체 이미지'를 형성하도록 도와주는 것이 매우 중요하다.

- **사회적 상호 작용**: 이 시기에는 또래 집단의 압력이 실제로 큰 영향을 미치기 시작한다. 그래서 아이들은 어떻게 행동하고 말하며 생각할지를 결정하기 위해 주변 사회를 주목한다. 친구 관계는 더욱 복잡해지고, 친구들과의 감정적 연결도 더욱 깊어진다. 이 과정에서 공감 능력이 발달하며, 다른 사람들과 상호 작용하고, 다른 사람들이 자신과 다른 경험을 할 수도 있다는 것을 깊이 이해하게 된다. 이 시기는 아이에게 다른 사람의 관점을 이해하려고 노력하도록 가르치기에 좋다.

- **언어**: 일반적으로 더 길고 복잡한 대화를 나눌 수 있으며, 항상 정교한 어휘를 사용하진 않더라도, 알고 있는 것을 잘 표현

할 수도 있다. 언어의 상징성을 더 잘 이해하며, 신념 체계와 세계관도 더 잘 이해할 수 있다. 또한 정의, 사회 규칙과 같은 다른 복잡한 주제에 관해서도 긴 대화를 나눌 수 있다.

• **이 연령대에 적절한 활동**: 자율성과 자기 결정력을 촉진하는 기술을 활용하라. 뉴로사이클을 몇 차례 거치면서, 아이는 부모의 도움을 받아 스스로 이 과정을 주도하는 능력을 개발할 수 있다. 이때 중요한 점은 아이의 사생활을 존중하는 것이다. 부모의 관찰과 도움 없이 아이 스스로 기록하고 해결하고 싶은 부분이 있을 수 있는데, 이를 인정하고 허용해줘야 한다. 또한 토론할 때 부모와 반대되는 의견이라도 아이가 자유롭게 말할 수 있는 개방적인 환경을 조성하여 더 원활하게 소통할 수 있게 한다.

뉴로사이클 과정을 함께 혹은 아이 혼자 진행할 때, '비판하지 않는 영역'을 만들어보라. 이 영역에서는 아이가 자신의 감정과 삶을 이해하고, 거의 모든 것을 자유롭게 표현하고 기록할 수 있다. 이를 통해 아이는 자기 감정을 느끼고 분석하며 해체한 후, 어떻게 나아가야 하는지 의식적으로 결정하는 자율성을 기를 수 있다. 부모는 자녀와 함께 이러한 대화에 참여하며 많은 것을 배울 수 있다. 또한 '미친' 것처럼 보이는 감정을 정상적인 경험으로 받아들일 수 있는 공간을 마련하는 좋은 방법이기도 하다.

이 과정에서 아이의 관심사에 초점을 맞춘 활동을 해보라. 이 시기 아이는 스포츠, 영화, 책, 취미 등과 같은 특정한 관심사를 가질 수 있다. 또 더 구체적인 불안이나 우울감과 같은 감정을 드러내기도 한다. 아이가 자기 감정과 해결책을 탐구하도록 격려하

> 는 것이 중요한데, 그럼으로써 아이는 평생 이어질 자기 조절 습관을 형성할 수 있다.

뉴로사이클 커뮤니케이션의 세 가지 열쇠

아이와 함께 뉴로사이클을 진행하는 것은 아이의 마음 관리 기술을 발전시키고 정신 건강을 증진시킬 수 있도록 도와줄 좋은 기회다. 더불어, 이것은 아이와 깊이 연결되는 데도 큰 역할을 하는 중요한 일이다.

이 책에서는 뉴로사이클 커뮤니케이션의 핵심 요소를 '뉴로사이클 커뮤니케이션의 세 가지 열쇠'라고 부를 것이다. 이 시스템은 부모와 아이 사이에 신뢰를 촉진하는 특정 유형의 상호 작용을 활용하여, 아름답고 오래 지속되는 관계를 구축하는 데 중요한 역할을 한다.

열쇠 1: 편견 없이 아이의 고민을 수용하고, 그것에 대응하라. 이렇게 할 때 아이는 이해받고 있다고 느끼며, 독특한 인간 존재로서 존중받는다고 느낀다. 예를 들어, 자녀가 부모에게 불량한 태도를 보이는 이유가 사실은 다른 이유로 짜증이 나서 그런 것일 수도 있다. "너 태도가 나쁘구나!"라고 반응하는 대신, 당신이 본 대로 설명해보라. "유독 짜증을 많이 내는구나. 왜 그러니?" 이렇게 반응하면, 아이는 자신이 비판받는 것이 아니라 이해받고 있다고 느끼며, 대화할 마음이 생길 것이다. 이러한 상호 작용은 뉴로사이클의 인식 모음 단계를 비롯한 전반적인 과정에서 중요한 역할을 한다.

열쇠 2: 아이가 원하고 필요하다고 하는 것에 관심을 표현하라. 바쁜 일상 속에서 자녀에게 요구하고 지시하기는 쉽다. 하지만 자녀가 필요하다고 하는 것과 원하는 것을 묻는 것도 중요하다. 이렇게 자녀에게 필요한 것이 무엇인지 확인하고, 당신이 자녀를 얼마나 소중히 여기는지를 보여줄 수 있다.

열쇠 3: 아이가 마음을 닫지 않고 자신의 관점과 시각을 표현하도록 장려하라. 아이의 생각을 이해하기 위해 주의 깊게 들어주라. 이는 협력적이고 지원하는 관계를 형성하여 아이의 비판적 사고력과 직관력, 공감 능력을 키우는 데 도움이 된다.

자기 조절력은 아이들에게 가르칠 수 있는
가장 강력한 기술이다.
자기 조절력은 평생 지속 가능한
회복 탄력성을 만드는
가장 확실한 방법이기 때문이다.

6장
자기 조절 능력

뉴로사이클의 5단계를 통해 우리는 자기 조절력을 발전시킬 수 있다. 이는 우리의 정신 건강을 유지하고 향상하는 데 중요한 역량이다. 자기 조절력은 우리가 마음을 다루는 방식을 관리하는 것을 의미한다. 1장에서 언급한 대로, 마음은 우리가 생각하고 느끼며 선택하는 방식이고, 자기 조절력은 이러한 생각, 감정, 선택을 관리하는 방식이다. 3장에서 다룬 네 가지 경고 신호를 살펴보고 관리함으로써 자기 조절력을 강화할 수 있다.

옆의 그림은 브레이니가 네 가지 경고 신호를 살펴보며, 어떤 기분인지, 무엇을 하는지, 몸에 어떤 느낌이 드는지, 태도가 어떤지, 자신이 왜 이런 모습을 보이는지를 궁금해하는 모습이다.

〈브레이니가 '내 모습이 왜 이럴까?'라고 궁금해해요.〉

우리는 깨어 있는 동안 생각, 감정, 선택을 스스로 조절하는 법을 배울 수 있다. 이는 자기에게 집착한다거나 감정을 점검하기만 한다는 의미가 아니다. 오히려 자기 조절력은 우리가 현재 어떻게 행동하고 있는지 멀리서 관찰하고, 필요한 대로 조정하는 의도적이고 계획적인 선택이다. 이는 단순히 인식하는 것 이상을 의미한다. 우리는 인식한 것을 활용하기 위한 추가적인 조처를 해야 한다. 이는 순간적으로 또는 장기간에 걸쳐 우리 생활에 지장을 초래하는 패턴을 다루는 데도 도움이 된다.

뉴로사이클은 아이가 자기 조절력을 개발하는 데 도움이 된다. 이 마음 관리의 과정을 통해 아이는 자신의 생각나무와 마주하고, 이를 다룰 방법을 배우게 된다. 뉴로사이클은 아이가 고민에 직면하고 대처하는 데 도움을 주는 유용한 도구다.

실제로 뉴로사이클의 체계적인 자기 조절 과정은 우리의 타고난 회복력을 강화하는 데 기여한다. 이는 유연성과 관련이 있으며, '가능성의 사고방식'이라고도 부를 수 있다. 이 사고방식은 '나는 이 일을 해내기 위해 내가 할 일을 할 것이다. 나는 이 일을 극복할 것이다. 이런 일이 발생했으니, 어떻게 대응할 수 있을까?'와 같은 생각도 해당한다. 이러한 사고방식은 아이가 미래의 위기, 도전, 감정적인 분출에 적응하는 데 도움이 되며, 희망을 품고 자기 결정력을 갖추는 데도 도움이 된다.

이러한 과정이 중요한 이유는 우리가 특정한 방식으로만 믿어야 한다고 생각할 때 종종 자기 생각에 갇힐 수 있기 때문이다. 가능성의 사고방식은 한 가지 일을 해결하는 다양한 방법이 항상 존재한다는 것을 인식하는 것이다. 무언가가 특정한 방식으로 이루어지지 않거나 계획대로 되지 않더라도 꼼짝 못 할 필요가 없다. 인생 여정에서 우리는 목표에 집중하면서 다양한 가능성 중에서 선택할 수 있다. 다양한 가능성을 고려함으로써 실패하더라도 좌절감을 느끼지 않을 수 있다.

처음에는 자녀가 뉴로사이클을 이해하고 사용하는 과정에서 부모와 함께 공조 조절(co-regulating)을 하게 된다. 공조 조절은 부모와 자녀 사이의 편안하고 감각적인 교류로, 자녀가 자기 생각을 관찰하고 이해하며 그에 따른 감정, 행동, 신체적 감각, 관점을 관리하는 데 도움이 되는 지원, 협력적인 코칭, 모델을 제공하는 것이다. 자녀의 자기 조절력이 발전함에 따라 공조 조절 역할도 변화하게 된다. 도움을 주는 것을 그만두는 것이 아니라, 주도적인 역할에서 지원하는 역할로 바뀐다.[1]

아이는 뉴로사이클을 진행하면서, 자신이 경험하는 어려움이 현실이라는 사실을 인식하고, 부모가 자신의 고통을 인정하고 이해해준다는 것을 깨달으면서 혼자가 아니라고 느끼게 된다. 또 도움을 요청하는 것이 괜찮다는 사실을 깨닫고, 마주한 문제를 해결하고 고통을 극복하며 자신을 관리하는 방법을 배울 수 있다.

안타깝게도, 많은 어른이 어린 시절 자신의 경험을 해석하는 법을 배우지 못했다. 그 결과, 그들은 정신적인 고통을 억누르고 외면했으며, 이로 인해 삶의 다양한 영역에서 정신 건강이 악화했다. 이것은 놀라운 일이 아니다. 억누르고 처리되지 않은 문제와 트라우마는 우리를 다양한 정신적, 신체적 문제에 취약하게 만든다. 압력이 쌓여 마치 화산처럼 폭발하면, 그 영향을 받아 자신에 대한 부정적인 생각과 말, 행동으로 이어진다. 이는 우리에 대한 경고 신호다. 순간적으로 상황에 대처하고 이러한 감정을 억누르고 행동하지만, 장기적으로는 지속할 수 없으며 오히려 상황이 악화할 수 있다.

다행히도, 이 책에서 제시하는 마음 관리 기술을 활용하여, 아이에게 자기 조절 능력을 선물할 수 있다. 어릴 때부터 가르치면, 아이는 나이와 상관없이 인생에서 부딪히는 다양한 어려움에 어떻게 대처할지 배우게 될 것이다.

뉴로사이클을 아이에게 설명하는 한 가지 좋은 방법은, 생각나무로 가득한 숲을 걷는 것에 비유하는 것이다. 특히 어린아이에게는 이미지나 장난감을 이용하여 설명하는 것이 좋다.

이 그림의 브레이니처럼, 우리 마음속에 각자의 숲이 있다고 설명하라. 이 숲을 정원사처럼 돌봐야 한다고 알려준다. 슬픈 나무나 행복하지 않은 나무가 있을 때, 우리는 그 나무를 돌보아 건강하고 튼튼하게 만들 수 있다. 마치 잡초를 제거하거나 나무에 물을 주는 것처럼 말이다. 영양분이 충분한지 확인하면 더 튼튼하게 만들 수 있다.

예를 들어, 아이가 형제나 자매와 싸워서 매우 화가 나 있을 수 있다. 그러면 그 싸움을 떨쳐버리기 어려워서, 며칠 후에 다시 싸움을 일으키고 과거의 싸움을 언급할지도

〈브레이니가 생각나무의 숲을 거닐고 있어요.〉

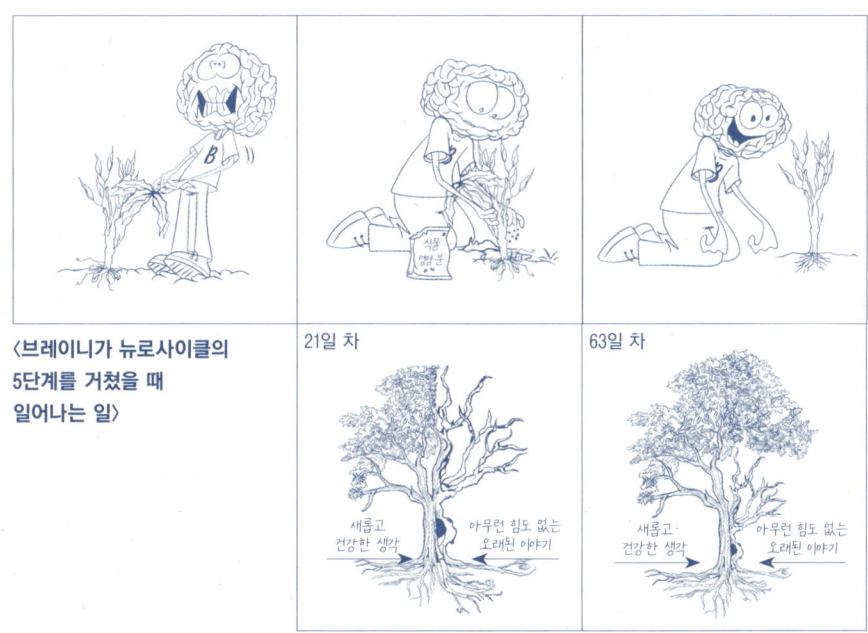

〈브레이니가 뉴로사이클의 5단계를 거쳤을 때 일어나는 일〉

모른다. 아직도 그 일을 불쾌해하는 것이 분명하다. 기본적으로 이러한 상황은 행동에 영향을 미친다. 이때 당신은 아이에게 첫 번째 싸움의 기억이 머릿속에 자라는 생각나무라고 설명할 수 있다. 이 생각나무는 지저분하고 가시가 많으며, 잎이 시들어 있다. 그러나 아이가 '마음의 정원사'로서, 뉴로사이클을 이용하여 이 나무를 고칠 수 있다고 설명해주라.

아이에게 설명할 때, 이 과정이 슬픈 나무를 제거하거나 파괴하는 것이 아님을 이해시키는 것이 중요하다. 자신의 경험을 잊어야 한다거나 없애야 하는 게 아니다. 사실, 우리는 그렇게 할 수 없다. 우리의 이야기는 영원히 사라지지 않고 그저 변화할 뿐이다. 아이는 그 나무를 다른 시각으로 바라보거나 재구성하여 함께 살아가는 방법을 배우고 있다. 그 나무가 머릿속의 생각나무 숲을 혼란스럽게 하는 일은 더는 없게 되는 것이다.

앞의 그림에서 볼 수 있듯이, 첫 번째 그림에서 브레이니는 생각나무를 없애려고 노력하지만, 그것은 사라지지 않고 오직 썩은 뿌리만 드러낸다. 두 번째 그림에서 브레이니는 먼지를 제거하고 썩은 뿌리에 식물 영양분을 뿌려 치료한다. 세 번째 그림에서는 고쳐진 뿌리를 다시 심어 나무가 건강하게 자라도록 한다. 네 번째 그림에서는 21일이 지난 후 거의 회복된 상태를 보여준다. 마지막으로, 다섯 번째 그림에서는 63일이 지나 모든 것이 완전히 회복된 상태다.

나무를 재설계하려면 뿌리를 살펴봐야 한다. 앞에서 언급했듯이, 뿌리는 생각나무가 생기게 된 이야기의 근원이나 경험에 대한 기억이다. 당신은 아이에게 무엇이 나무를 지저분하게 만들고 아프게 하는지 알기 위해 생각나무 주위를 파고들어 뿌리를 검사해야 한다고 설명할 수 있다.

아이는 뉴로사이클 단계를 거치면서, 사실상 지저분한 뿌리를 '고치는' 중이다. 만약 63일 동안 이 작업을 반복한다면(새로운 생각이나 기억을 형성하는 최소의 시간, 13장 참고), 나무는 다시 자라고 건강해질 것이다. 얼마나 해롭고 심각한지

〈브레이니는 이제 오래된 이야기를 제어할 수 있게 되어 기분이 좋아졌어요.〉

에 따라 63일의 주기를 여러 번 반복해야 할 수도 있다. 하지만 왼쪽 그림에서 보듯이, 시간이 지나면서 옛 나무의 기억인 경험은 여전히 남아 있지만, 더 작아져서 건강한 나무와 같은 힘을 갖지는 않을 것이다. 이것이 경험을 재구성한다는 의미다. 우리는 자녀에게 일어난 일을 잊거나 지우도록 가르치는 것이 아니라 삶의 혼란을 관리하는 방법을 찾도록 가르치고 있다.

어떤 생각과 그에 따른 감정은 다른 것보다 처리하는 데 더 긴 시간이 걸릴 수 있다. 왜냐하면 어떤 경험은 우리가 생각하고 느끼며 선택하는 방식에 더 큰 영향을 미치기 때문이다. 이것은 정상적인 일이다. 중요한 것은 아이에게 슬픔이나 다른 감정을 경험하는 것이 괜찮다고 알려주는 것이다. 앞에서 언급한 대로, 아이에게 이러한 감정을 무시하거나 억압할 필요가 없다는 것을 알려줌으로써, 아이는 자신의 마음이 겨울 숲과 같다는 것을 이해하게 된다. 이 감정은 영원히 계속되지 않을 것이며, 봄이 곧 다시 찾아오리라는 것을 알게 될 것이다.

〈뉴로사이클을 한 뒤 훨씬 기분이 좋아진 브레이니〉

2부

자녀와 함께하는 뉴로사이클

2부에서는 뉴로사이클을
당신 자신에게 사용하는 방법 그리고
자녀에게 가르쳐서
정신 건강을 관리하게 하는 방법을 배울 것이다.
기억하라!
뉴로사이클은 당신과 당신의 자녀가
정신 건강 영역에서 자유를 누리는 데
필수인 슈퍼파워다!

마음과 두뇌와 신체를 진정하면,
우리에게 영향을 미치는 원인에 접근할 수 있다.

7장
두뇌를 준비하는 방법

이렇게 생각해보자. 대부분 가정에서는 상처나 찰과상이 생겼을 때 즉각 치료할 수 있도록 구급상자를 마련해둔다. 하지만 우리는 종종 정신 건강에 대한 대비는 간과한다. 자녀와 함께 '정신을 위한 구급상자'를 구비해두는 것은 정신 건강의 중요성을 알려주는 좋은 활동이 될 수 있다. 이 상자에 당신과 자녀가 지치거나 상황에 압도당하는 순간에 정신 건강을 관리하는 데 도움이 될 만할 것들을 채워 넣으라. 이 상자를 일반 구급상자 옆에 보관하면, 정신 건강이 신체 건강만큼이나 중요하다는 사실을 상기할 수 있다. 예를 들어, 아이가 좋아하는 그림이나 잠깐이나마 주의를 다른 곳으로 돌릴 수 있는 물건(피젯스피너나 귀여운 스티커 등)을 넣으면 된다. 또 아이가 좋아하는 장소에서 찍은 사진이나 좋아하는 사람과 함께 찍은 사진, 좋아하는 장난감, 아이를 진정시키는 책을 준비해도 좋다.

다음은 뉴로사이클 전후나 필요한 경우 아이와 함께 손쉽게 할 수 있는 뇌 준비 활동이다.

1. 심호흡

3-10세 아이들을 위한 간단하면서도 효과적인 스트레스 해소 운동으로는 심호흡이 있다. 아이가 따라 하기 가장 좋은 심호흡법은 3초 동안 깊게 숨을 들이마신 후 7초 동안 천천히 내쉬게 하는 것이다. 이를 세 번에서 다섯 번 정도 반복한다. 서서, 앉아서, 누워서 어떤 자세로든 시도할 수 있다. 아이가 가장 편안한 방식을 선택하면 된다.

〈브레이니가 호흡 운동을 해요.〉

설명: "손을 배 위에 얹어봐. 자, 내가 셋을 셀 동안 숨을 아주 크게 들이마시고, 일곱을 셀 동안 최대한 강하게 내쉬는 거야." 더 어린아이는 숫자를 따라가기 어려울 수 있으므로, 그저 깊게 숨을 들이마시고 공기를 힘껏 내쉬는 것만 따라 하라고 말하면 된다.

실제로 어떻게 하는지를 먼저 보여주는 것도 좋다. 깊게 숨을 들이마시는 모습을 보여주고 "자, 이제 같이 해볼까? 이렇게 하면 기분이 훨씬 나아질 거야"라고 말한다. 아이가 이 호흡법을 익힐 때까지 몇 번 반복해서 연습해보라.

2. 동작

특히 아이들에게는 동작이 큰 도움이 된다. 왜냐하면 동작을 통해 엔도르핀, 세로토닌, 아드레날린과 같은 화학 물질이 분비되어 에너지 대사가 증가하며 뉴로사이클에 집중하는 데 도움이 되기 때문이다.

설명: 이 활동을 시작하기 전에 아이와 함께 몇 분 동안 즐길 수 있는 동작을 선택하라. 이미 아이가 알고 있는 좋아하는 동작을 제안하거나, 아이에게 직접 어떤 동작을 선택하라고 요청해도 좋다. 예를 들어, 팔 벌려 뛰기, 줄넘기, 춤추기, 발을 까딱거리거나 발가락을 꼼지락거리기, 거실을 돌아다니는 것과 같은 간단한 동작을 고려해볼 수 있다. 일부 동작을 수행하는 과정에서 서로 어색할 수도 있지만, 걱정하지 말라. 함께 웃고 즐기며 잠시 장난스러워져도 괜찮다.

아이에게 자신의 몸에서 이런 동작들이 어떤 느낌을 주는지 집중하게 하라. 아이가 흥분되거나 피곤하거나 재미있는 느낌을 받는지 확인하라. 이는 아이에게 몸의 느낌에 집중하는 능동적인 명상과 같은 것이다. 이와 같은 동작을 더 자주 하면서, 현재의 순간에 몸과 마음이 함께하는 법을 가르칠 수 있다.

이런 유의 의도적이고 지시적인 움직임은 자기 몸과 몸으로 할 수 있는 일에 집중하게 함으로써, 아이가 겪고 있는 어려움에서 생각을 전환할 수 있도록 도움을 준다. 이는 뉴로사이클의 첫 번째 단계인 인식 모음을 준비하는 훌륭한 방법이다.

이 활동은 필요한 만큼 계속할 수 있으며, 아이가 더 평온한 마음 상태에 도달할 때까지 움직이는 것이 핵심이다.

3. 창의적인 활동

창의적인 활동은 뉴로사이클을 수행하기 전후에 마음, 뇌, 신체를 진정시키고 압박감을 해소하는 방법이다. 또한 압도되는 감정을 해소하는 데도 탁월한 실질적인 방법이다.

설명: 먼저 아이에게 자신이 좋아하는 창의적인 활동을 선택하도록 요청하라. 그림 그리기, 카드 만들기, 플레이 도우나 레고 등 다양한 활동 중에 아이가 선호하는 것을 고르게 한다.

아이가 좋아하는 세 가지 활동이나 추억을 그림으로 그리거나 색칠하거나 모양으로 만들어서 표현하게 하라. 이러한 창의적인 시각화는 아이가 기쁨을 느끼는 것에 주의를 집중하게 하며, 순간적으로 압도되는 감정을 관리하는 데 도움이 된다.

아이가 행복한 생각이나 기억을 창의적으로 시각화함으로써 뇌에 건강한 신경망을 구축하게 된다. 이 신경망은 마치 필요한 순간에 의지할 수 있는 지원 시스템이나 보험 같은 역할을 한다. 아이는 본질적으로 회복 탄력성을 키우게 된다!

아이와 함께할 수 있는 뇌 준비 및 해소 활동의 다른 예시로는 아이에게 자신에 대한 긍정적인 표현을 가르치는 것, 아이가 안정감을 느끼는 명언이나 기도문을 반복해서 말하게 하는 것, 음악을 감상하거나 아이가 즐기는 악기를 연주하게 하는 것 등이 있다. 위 목록은 단지 예시를 든 것일 뿐이며, 함께할 수 있는 해소 활동은 훨씬 더 다양하다.

중요한 점은 아이가 즐거움과 안정을 느낄 수 있는 활동에 초점을 맞추는 것이다. 그런 다음 이러한 경험을 활용하여 아이의 마음과 뇌, 그리고 몸을 안정시키는 독특한 방법을 창조해야 한다. 이를 통해, 아이는 집중력을 높이고 뉴로사이클을 수행할 준비를 할 수 있다.

아이가 집중하기 어려워하거나 감정적인 상태일 때는 이 과정을 빨리 하려고 조바심 내거나 아이에게 짜증을 내지 않도록 조심하라. 마음이 급하거나 짜증이 나면 마음과 뇌에 유해한 전자기 에너지가 증가한다. 그러면 건강하지 않은 나무가 자라고, 문제가 더 악화될 수 있다. 우리 주변에 번지는 부정적인 에너지는 우리를 오염시키고 상황을 명확하게 판단하지 못하게 한다.

인식 모음 단계는 아이가 어려운 감정을 인식하고
이름을 붙이는 방법을 배우는 데 도움이 된다.
이를 통해 아이는 감정의 강도를 완화하고
더 효과적인 자기 조절을 할 수 있게 된다.

8장
1단계: 인식 모음

뉴로사이클의 1단계인 인식 모음은 일반적인 인식 수준을 넘어, 특정 정보에 집중하는 의도적인 인식 과정을 의미한다. 인식 모음 단계에서는 아이에게 감정, 행동, 신체 감각, 관점에 대한 네 가지 경고 신호에 특히 집중하는 법을 가르쳐야 한다. 아이가 이를 수행하는 동안, '무엇'과 '어떻게'와 관련된 다양한 질문을 하도록 장려하는 것이 중요하다. 이를 통해 정보를 얻어 아이가 자기 마음의 상태를 이해하고, 정신 건강을 개선할 수 있게 된다.

3-6세 아이와 함께 뉴로사이클의 1단계를 진행하려면 시연과 연극을 활용하는 것이 좋다. 네 개의 상

〈브레이니가 네 가지 경고 신호 가지를 모으고 있어요.〉

자(신발 상자가 적합하다)를 꾸미고 각각의 상자에 사진을 넣는다. 각 상자에 들어갈 사진은 네 가지 경고 신호 중 하나를 나타내야 한다. 첫 번째 상자는 감정을 나타내는 사진으로, 『브레이니 컬러링 북』(국내 미출간)에서 제공하는 감정 사진을 활용하거나 잡지, 다른 컬러링 북, 인터넷에서 찾은 사진을 출력하여 사용할 수 있다. 가능한 한 다양한 감정을 나타내는 사진을 찾아 상자에 넣는다. 두 번째 상자는 행동을 나타내는 사진으로, 장난감을 던지거나 울고 있는 사람 등의 이미지를 사용한다. 이것도 관련 이미지를 찾아서 넣으면 된다. 세 번째 상자는 신체 반응을 나타내는 사진으로, 배가 아프거나 머리가 아픈 것처럼 신체 통증을 나타내는 이미지를 넣으면 된다.

관점을 나타내는 네 번째 상자에는 사진을 넣는 대신 색상이 선명하고 예쁜 선글라스와 어둡거나 망가진 선글라스를 각각 한 개씩 넣는다. 그런 다음 아이에게 현재 삶이나 특정 상황을 어떻게 바라보고 있는지를 나타내는 선글라스를 하나 선택해서 써보라고 한다. 이를 통해 아이가 지금 상황을 나쁘고 무섭게 보는지, 아니면 괜찮다고 생각하는지를 확인할 수 있다.

7-10세 아이의 경우 사진뿐만 아니라 종이에 쓴 글씨도 상자에 넣을 수 있다. 관점은 종종 아이들에게 설명하기가 가장 어려운 경고 신호 중 하나이기 때문에, 아이의 이해를 돕기 위해 3장에 나오는 두 개의 선글라스를 든 브레이니의 그림을 보여줘도 좋다(부록 2 참고).

상자 안에는 어린아이뿐 아니라 좀 더 큰 아이와 어른의 얼굴 사진을 넣는 것이 좋다. 그러면 아이는 이러한 문제가 나이와 상관없이 모든 사람에게 일어날 수 있다는 사실을 이해하게 된다. 또한 상자 안에는 당신과 아이가 함께 그린 그림, 물건, 장난감 등도 넣을 수 있다.

뉴로사이클을 시작하기 전에 아이와 함께 이러한 상자를 만드는 것은 재미있는 뇌 준비 활동이 될 수 있다. 이를 통해, 아이는 더욱 흥미를 느끼며 적극적으로 뉴로사이클에 참여하려는 의지를 다질 수 있다. 또 이 과정이 의무로 해야 하는 일이나 강요당하는 일이 아닌 게임처럼 재미있는 활동으로 느껴질 수 있다.

아이가 이 단계에 적응하는 데 시간이 걸리더라도 걱정할 필요는 없다. 최근 연구에 따르면, 2-4세 정도의 유아는 감정적 개념을 상당히 잘 이해할 수 있으며, 이는 우리가 생각하는 것보다 더 높은 수준이다.[1] 하지만 아이들은 이러한 개념을 온전히 설명하고 이해하기 위한 언어적 단서가 부족한 경우가 많기에 우리 어른이 개입해야 한다. 우리는 아이에게 단어를 제공하고, 동작, 규칙, 장난감, 사진, 음악, 이야기책 등을 사용해 아이가 자신을 표현하는 다양한 방법을 배우도록 도와줄 수 있다.

인식 모음 단계의 활동

1. 이번 장 앞부분에 나오는 경고 신호의 가지를 모으고 있는 브레이니의 이미지를 보여주며, "너를 슬프게 하는 어지러운 생각나무의 가지에 무엇이 있는지 알아볼 거야"라고 말한다.
2. 집 안의 편안한 장소에 네 개의 경고 신호 상자를 놓아두라. 경고 신호 상자를 한 번에 하나씩 열고 자녀가 정서적, 신체

적으로 느끼는 느낌, 행동, 관점을 가장 잘 나타내는 그림이나 사물을 선택할 수 있도록 돕는다.

3. 아이가 헷갈려하면, 브레이니가 경고 신호인 나뭇가지를 줍는 모습을 상기시키고, 질문을 던져 이 과정을 유도하라(도움이 필요하면, 부록 2의 네 가지 경고 신호 예시를 참고하라).

예를 들어, 슬픔을 표현하는 감정 상자에서 사진을 꺼내 이 감정이 아이가 느끼는 것과 같은지 물어볼 수 있다. 아이의 느낌과 가장 잘 맞는 감정을 찾기 위해 다른 사진을 모두 살펴보거나 빈 종이에 다양한 표정의 얼굴을 그려 넣는 방식으로 감정을 추가해야 할 수도 있다. 필요하다면, 나중에 함께 더 많은 사진을 찾거나 그릴 수도 있다고 알려줘야 한다. 혹은 다양한 다른 감정을 표현하는 사진을 찾거나, 아이가 더 복잡한 감정을 이해하게 될 때마다 사진을 추가할 수도 있다. 서로 다른 감정을 나타내는 사진이나 물건은 많을수록 좋다! 처음부터 아이를 이 과정에 참여시키면, 상자에 넣을 사진이나 물건을 스스로 찾아내기 시작할 것이다. 감정의 복잡성에 대한 감각이 발달함에 따라, 아이가 정기적으로 이 작업을 수행하도록 격려하라. 이를 통해 아이는 자신의 감정을 처리할 만한 안전한 공간이 있다는 것을 알게 될 것이다. 7-10세 아이들의 경우, 단어를 더 많이 적어 넣거나, 직접 그 감정을 적어보라고 유도할 수 있다. 아이마다 효과적인 방법을 사용하면 된다. 이 활동은 네 개 상자 모두에서 할 수 있다.

4. 이 작업을 수행하는 데는 약 5-15분이 걸린다. 아이에게 시간이 필요하면 더 주고, 그만하고 싶어 하면 언제든지 중단하

면 된다. 다음번에 중단했던 곳부터 다시 시작하면 된다. 만약 아이가 화를 내면 잠시 휴식을 취하고, 아이를 달래는 데 도움이 되는 진정 활동을 함께한다(7장 참고).

반영 단계는 매우 중요하다.

이 과정이 생각을 약화해 변화되게 하기 때문이다.

9장
2단계: 반영

반영 단계란?

반영 단계는 아이가 네 가지 경고 신호 뒤에 숨겨진 깊은 의미를 발견하도록 도와주는 단계다. 우리는 본질적으로 아이에게 자신의 감정, 행동, 신체 감각, 관점 뒤에 숨겨진 이유를 찾기 위해 신호의 세부 사항, 즉 생각나무의 가지를 검사하는 방법을 가르치고 있다.

상황 사진이 많이 들어 있는 반영 상자를 만드는 것도 도움이 된다. 예를 들어, 어른이 아이에게 소리를 지르는 상황, 소란스러운 아이들로 가득한 교실에 있는 선생님, 누군가가

〈브레이니는 자신의 경고 신호에 대해 고민하며, 그 신호가 무엇을 의미하는지 알아내려고 노력하고 있어요.〉

괴롭힘당하거나 놀림당하는 상황 등을 포함할 수 있다. 이는 반영 상자에 넣을 수 있는 예시 중 일부이며, 아이가 이런 개념을 이해하는 데 필요한 다른 사진이나 물건을 추가할 수 있다. 아이가 더 많은 사진과 물건을 찾으면서 이 과정을 계속해서 발전시키는 것이 중요하다.

6-10세의 경우도 마찬가지로, 종이에 적힌 단어와 문구를 추가해도 좋다. 하지만 모든 상황을 예측하기는 어렵기에, 아이와 함께 뉴로사이클을 진행하면서 새로운 내용을 추가하는 것이 좋다. 현재 아이가 경험하고 있는 것을 바탕으로 새로운 내용을 추가해보라.

아이에게 다음과 같이 설명하면 도움이 된다. "반영 단계는 브레이니가 뿌리 주변의 흙을 파서 뿌리를 드러내고, 뿌리에 무슨 일이 일어나고 있는지 살펴보는 것과 비슷하단다." 이렇게 뿌리가 드러나면 나무가 흔들려서 건강하지 않은 가지들이 땅에 떨어지게 된다. 이를 모아 분석하면 나무를 개선하는 방법을 찾기가 쉬워진다. 이 과정은 생각을 약화해 변화할 수 있게 하는 매우 중요한 단계다.

반영 단계의 활동

1. 이 장 시작 부분의 브레이니 그림과 부록 2에 나오는 네 가지 경고 신호 그림을 보여주며 이렇게 말해보자. "브레이니가 가지를 바라보고 있구나. 우리도 브레이니처럼 마음에 있는 복잡한 생각나무의 가지에 무엇이 있는지 자세히 알아볼 거야.

그러면, 우리가 왜 슬프거나 화가 나는지, 두렵거나 불안하거나 혼란스러운 기분을 느끼는지를 이해하게 될 거야."

2. 다음으로 인식 모음 단계를 수행할 때 경고 신호 상자에서 아이가 선택한 사진들을 사용하여 묻고 답하고 토론하는 과정을 시작해보라. 각 네 가지 신호에 관해 언제, 어디서, 누가, 왜, 어떻게 같은 질문을 던진다. 2단계에서는 1단계에서 수집한 정보를 확장하여 경고 신호에 대한 더 자세한 설명을 얻을 수 있다. 예를 들어, 감정을 시작으로 "왜 이런 감정을 느끼는 것 같니?"라고 물어보라.

그런 다음 아이에게 몇 가지 선택지를 제시하라. 아이가 특정한 감정을 느끼는 이유를 말로 설명하기 어려워하는 경우 이렇게 질문할 수 있다. "누가 너의 마음을 상하게 하는 말을 해서 슬픈 거니? 그래? 그 사람이 뭐라고 했는데?" 그 후에, "장난감을 사용해서 무슨 일이 있었는지 보여줄 수 있겠니? 아니면, 그 일이 일어난 상황을 보여주는 사진을 찾아볼까?"와 같은 질문을 해보라.

3-6세 아이와 함께할 때는 연극이나 장난감을 활용하여 질문하면 좋다. 때로 아이가 질문에 답하기 어려워하면, 좋아하는 장난감이나 상상 속 친구가 대답하게 하는 것도 괜찮은 방법이다. 아이가 자신에게 일어난 일과 거리를 두어 부담을 덜 수 있기 때문이다. 아이가 자연스럽게 이런 방법을 사용할 수도 있지만, 그렇지 않을 때는 위에 언급한 방법을 시도해볼 수 있다. 만약 브레이니 인형이 있다면, 인형을 활용하여 아이와 함께 활동할 수 있다.

3. 이제 행동 경고 신호에 초점을 맞추어 앞에서 설명한 과정을 반복하라. "네가 슬플 때 _____(감정 경고와 관련된 이유 설명) 때문에 놀기 싫어하는 것 같아"와 같이 말한다. 이러면 아이가 신호들 사이의 연결을 이해하도록 도울 수 있다. 이러한 대화를 자주 나누다 보면, 아이 스스로 이 활동을 더 많이 하려고 할 것이다.

4. 다음으로, 신체 감각 경고 신호에 대해 이야기한다. 브레이니 그림을 보여주고 다음과 같은 질문을 던져 이전 과정을 반복한다. "슬픔(또는 다른 감정)이 몸에서 어떻게 느껴지니? 배가 아프거나 당기는 느낌이 드는 건 슬퍼서일까?" 이때 함께 몸으로 표현하고 시연해보는 것도 좋다.

5. 마지막으로, 관점 경고 신호에 집중한다. 아이가 자신의 경험을 어떻게 바라보고 이해하고 있는지를 알기 위해, 자신에게 가장 적합하다고 생각하는 선글라스를 착용하게 하거나, 브레이니가 착용하고 있는 선글라스 중 하나를 가리키게 한다. 그리고 아이가 겪은 일이 친구, 학교, 형제자매, 가족 또는 자신에 대해 어떻게 느끼게 하는지를 설명하거나 연기해보게 하라.

6. 이 과정은 약 5-15분 정도가 소요된다. 더 많은 시간을 사용해도 괜찮다. 아이가 이 단계를 이해하는 데 도움을 주기 위해 인식 모음 장에서 설명한 내용을 활용할 수 있다.

7. 아이가 그만하고 싶어 하면, 언제든지 중단해도 좋다. 다른 시간 또는 다른 날 이어서 진행하면 된다. 아이가 화를 내면 쉬자고 말하고, 진정 활동을 하여 아이를 달랜다(**7장 참고**).

언제나 아이가 감정을 처리할 수 있는 안전한 공간을 조성하고, 감정을 처리하는 데 필요한 시간을 충분히 주라.

8. 모든 연령대에서 중요한 점은, 아이가 자기 감정을 표현하도록 돕는 것이다. 이를 위해 아이가 말한 문장을 다시 명확하게 표현하거나 내용을 더 발전시킨 후에, "이 감정이 지금 네가 느끼고 있는 감정이니? 아니라면, 내가 이해할 수 있게 도와줄래?"라고 물어보라. 이렇게 하면 아이는 자기 말을 누군가가 경청하며 인정하고 있고, 자신이 말할 수 있는 안전하고 편견 없는 공간이 있다고 생각할 것이다.

쓰기와 그리기는 마음의 혼돈을 정리하기 위해
마음을 종이 위에 담는 활동이다.
이는 매우 중요한 단계다.
아이가 억누른 생각을 표현하도록 도와주지 않으면,
그 생각들이 뿌리를 내리고
더 많은 정신적, 신체적 고통을
일으킬 수 있기 때문이다.

10장
3단계: 쓰기, 놀기, 그리기

쓰기, 놀기, 그리기란?

쓰기, 놀기, 그리기 단계는 종종 반영 단계와 함께 진행된다. 반영 단계는 감정 신호 뒤에 숨어 있는 이유를 밝혀주고, 쓰기, 놀기, 그리기 단계는 언제, 어디서, 누구와, 어떻게 감정이 발생했는지를 드러내는 데 도움을 준다.

쓰기, 놀기, 그리기 단계는 매우 흥미로운 과정이다. 이 단계를 통해 과거에 있었던 생각을 다시 떠올리게 된다. 이에 따라 아이는 자신의 감정, 경험, 반응을 더 명확하게 이해하게 되고, 미처 인식하지 못했던 고민이나 자신이 보인 반응과 행동 사이의 연관성을

〈브레이니는 자신의 경고 신호와 그 뒤에 숨겨진 의미를 기록해요.〉

알게 될 수도 있다.

쓰기와 그리기는 마음의 혼돈을 질서 있게 정리하는 과정으로, 마치 마음을 종이에 담아내는 것과 같다. 이 단계는 매우 중요한데, 아이가 억압된 생각을 표현하지 못하면 그 생각이 뿌리를 내려 정신적이고 신체적인 고통을 초래할 수 있기 때문이다. 특히 나이가 어린 아이들은 놀이나 장난감을 통해 역할 놀이를 하거나 상상력을 발휘하는 방식으로 자기 생각을 '쓰고' 표현한다. 이런 뉴로사이클 과정을 통해 아이는 자신이 겪는 일을 더 잘 이해하게 될 것이다.

쓰기, 놀기, 그리기 단계의 활동

1. 3단계의 목적은 아이가 1단계와 2단계를 진행하면서 발견한 네 가지 경고 신호를 인식하고, 이를 확장해가는 것이다. 따라서 이 단계는 다른 두 단계 직후에 수행하거나 2단계와 함께 진행하는 것이 좋다.
2. 이 장 시작 부분에 글을 쓰는 브레이니 그림과 부록 2의 네 가지 경고 신호 그림을 보여주며 이렇게 말한다. "우리는 오늘 브레이니와 함께 글을 쓰고, 놀고, 그림을 그릴 거야. 이 활동이 너를 슬프게 하는 것을 찾을 수 있도록 도와줄 거야." 아이는 노트나 종이에 자기 생각을 적거나, 발견한 점을 묘사하는 그림을 그리거나, 놀이로 표현할 수 있다. 하지만 이것이 단순한 스트레스 해소 활동과는 다르다는 점을 아이가 이

해하는 것이 중요하다. 어떤 방법을 선택하든, 아이는 의도적으로 표현하고자 하는 내용과 그 이유에 집중해야 한다.

3. 아이에게 의식의 흐름대로 떠오르는 것들을 적어나가거나 그림으로 표현하도록 격려하라. 그 순간에는 아이의 글이나 그림을 이해하기 어려울 수도 있다. 그래도 아이가 자기 생각을 마음껏 표현할 수 있도록 도와주라. 표현이 명확하고 분명하지 않다고 걱정하지 말라! 재점검 단계에서 정리할 수 있을 것이다. 처음에는 조금 어수선해 보일 수 있지만, 쓰기는 생각을 조직화하고 좌뇌와 우뇌를 모두 활성화하는 데 매우 중요한 역할을 한다.

재점검 단계는 아이가 경험을 받아들일 수 있도록
도와주는 동시에 그 경험을 새롭게 다시 해석하여
더는 그 경험에 감정과 기능이 통제되지 않게 하는 데
목적이 있다.

11장
4단계: 재점검

재점검 단계란?

이 단계에서는 아이가 스스로 자기 이야기를 다시 설계하고, 생각나무의 지저분한 뿌리를 정리하여 그것이 더는 아이의 정신 건강에 부정적인 영향을 미치지 않도록 도와준다. 이 단계는 아이가 경험을 받아들일 수 있도록 돕는 동시에, 그 경험을 새롭게 다시 해석하여 더는 그 경험에 감정과 기능이 통제되지 않게 하는 데 목적이 있다. 이를 통해 아이는 자신에게 일어난 일을 새로운 시각에서 생각할 수 있게 되며, "그래. 이런 일이 있었고, 이 일이

〈브레이니가 생각나무를
건강하게 할 방법을 찾고 있어요.〉

내 생각, 감정, 행동에 영향을 미치고 있어. 하지만 어떻게 대처할 수 있을까? 어떻게 내 이야기를 수정할 수 있을까? 어떻게 생각나무의 뿌리를 건강하게 정리할 수 있을까?"라는 질문에 답하게 될 것이다.

이 단계에서는 아이의 대처 방식이 다른 사람들에게 어떤 영향을 미치는지 살펴봐야 한다. 이를 통해 아이는 자기 삶에 대한 반응이 관계에도 영향을 미친다는 것을 이해하게 된다. 이는 공감 능력과 자기 조절 능력 발전에도 영향을 미치는 중요한 부분이다.

재점검 단계의 활동

1. 이 장 시작 부분에 브레이니가 자기 생각을 다시 점검하는 그림을 아이에게 보여주며 다음과 같이 말한다. "이 생각나무를 다르게 바라보는 방법을 찾아보려고 해. 그래, 이런 일이 있었지만, 어떻게 하면 더 좋아지게 할 수 있을까? 어떤 방법으로 이 생각나무를 고쳐서 건강하게 만들 수 있을까?"
2. 아이와 함께 이 단계를 시각화하는 두 가지 방법이 있다. 첫째, 고통스러운 트라우마나 해로운 경험에서 확립된 패턴이 있다면, 이것을 독이나 가시가 있는 못생긴 나무로 시각화할 수 있다. 이 나무는 주변 토양과 다른 생각나무에 상처를 입히고 있다. 이 경우, 아이는 그 생각나무를 파내고 나무뿌리를 고쳐서 가시가 자라지 않게, 땅이 오염되지 않게 해야 한다. 이 과정이 완료되면, 아이는 생각나무를 다시 심을 수 있고,

그 나무는 더 아름다운 방식으로 다시 자라나 건강한 생각나무가 될 것이다. 이는 아이에게 재구성 과정을 설명하는 좋은 방법이다. 아이가 기억하는 경험은 이야기의 일부이며, 절대 사라지지 않을 것이다. 아이는 나무를 베는 것도, 완전히 새로 심는 것도, 독이 퍼지게 내버려 두는 것도 원하지 않을 것이다. 이것이 4단계에서 나무가 자라는 방식을 고치는 이유다. 아이는 나무를 삶을 살아가는 데 해를 끼치지 않는 것으로 바꾸고 있다. 자신에게 상처를 주는 고통스럽고 독이 있는 가시들을 없애고 생각나무를 고쳐서, 나중에 떠올려도 그다지 고통스럽지 않은 것으로 다시 자라도록 치료하고 있다.

〈브레이니가 건강해진 새로운 생각나무를
행복하게 바라보고 있어요.
이제 과거의 이야기는 약해지고 힘이 없어요.〉

다시 심긴 생각나무는 과거와 평화롭게 지내는 수용적인 느낌이 특징이다. 이는 브레이니가 시든 나무와 녹색이 무성한 나무를 바라보는 그림으로 표현된다. 과거의 이야기는 새롭게 재구성된 생각과 연결되어 있다. 하지만 이 푸르름이 가득한 새로운 나무는 더 크고 강력하며, 과거의 이야기는 그림자처럼 남아 있지만, 더는 나무에 해를 끼치지 않는다.

두 번째 시각화 방법은 심각한 트라우마와 같은 수준은 아니지만 해로운 사건들을 시각화하는 것이다. 이러한 경험은 당장은 고통스러울 수 있지만, 트라우마가 되는 경험만큼 강력하거나 발달된 상태는 아니며, 우리의 행복을 파괴할 정도는 아니다. 이 이미지는 시들어가는 나뭇잎, 부러진 가지, 썩어가는 뿌리를 둔 나무다. 심지어 나무를 파먹는 벌레도 있을 수 있다. 이 모든 것은 인식 모음, 반영 및 쓰기, 놀기, 그리기 단계에서 확인했던 일이다.

아이가 재점검 단계를 거치면, 나무를 가지치기하고, 토양에 비료를 주며, 나무에 물을 주어, 벌레들과 시든 잎사귀, 부러진 가지, 썩어가는 뿌리를 제거한다. 이제 재구성된 나무가 자라면서 건강한 초록색 잎사귀가 나게 된다. 부서지고 건강하지 못했던 예전 생각나무에 대한 기억은 여전히 남아 있지만, 그 기억은 그저 희미한 형상이 되어 아이에게 상처를 주고 걱정과 두려움을 안겨준 옛이야기를 보여줄 뿐이다. 이 건강하지 못했던 생각나무는 이제 아이에게 어떠한 힘도 행사하지 못한다.

3. 아이는 이전 3단계에서 쓰거나 그린 내용을 다시 검토하고,

자신이 본 내용을 설명하는 방식으로 4단계를 진행할 수 있다. 아이의 생각을 더욱 명확하고 조직적으로 정리하기 위해 화살표, 원, 상자 또는 다른 방법을 사용하여 사진, 그림, 정보를 추가할 수 있다. 이것은 '뿌리를 뽑고 잎을 치료하는' 과정이다.

아이가 이 일을 하는 동안, 아이의 이야기가 어떻게 자신과 다른 사람들에게 영향을 미쳤는지 알아볼 수 있게 도와줄 수 있다. 아이가 느끼고, 말하고, 행동하는 방식이 어떻게 바뀌었는지, 그래서 몸에서 어떤 느낌을 받았고, 다른 사람들에게 어떻게 행동했는지를 이해하도록 도와줄 수 있다. 이 과정에서 3장에 나오는 네 가지 경고 신호 그림(혹은 부록 2)을 사용하여 아이 행동의 의미와 그것이 미친 영향에 관해 대화할 수 있다.

유리잔에 물을 가득 채워 넘치게 하거나, 풍선이 터질 때까지 물을 채워 아이들의 뇌에 건강하지 않은 생각나무가 있는 느낌을 시각적으로 보여줄 수도 있다. 또 아이와 함께 작은 화산을 만들어 폭발하는 '용암'이 경고 신호를 나타내며, 그 폭발을 막는 방법은 생각나무를 건강하게 만드는 것이라고 설명할 수도 있다.

4. 이제, 대처 메커니즘인 경고 신호가 아이의 삶뿐만 아니라 아이가 사랑하는 사람들의 삶에 미치는 영향 그리고 아이가 어떻게 다르게 행동할 수 있는지를 볼 수 있도록 도와주라. 예를 들어, 아이의 감정 붕괴는 아이 자신을 끔찍하고 혼란스럽게 만들며, 사랑하는 사람들(부모, 형제자매, 친구 등)까지

도 슬프게 한다. 다른 사람들이 영향받는 것이 아이의 잘못이 아니라는 것을 강조하고, 사람들이 아이를 사랑하기 때문에 아이의 행동이 다른 사람들에게 영향을 미친다는 것을 강조하라.

이 연습은 아이에게 죄책감을 느끼게 하거나 벌을 주기 위해 고안된 것이 아니다. 이는 아이가 자신을 인식하고, 자기 말과 행동이 주변 사람들에게 어떤 영향을 미치는지, 이것이 좋은 일이 될 수도 있고 나쁜 일이 될 수도 있다는 사실을 이해하도록 가르치기 위한 것이다. 다른 사람들과의 관계에 대한 자기 인식은 중요하다. 이는 자기 조절과 공감 능력 발달에서 중요한 역할을 한다.

5. 이 단계에서 자녀가 잘한 일은 모두 칭찬해주라. 아이가 용기를 내어 말한 것이 훌륭하다고 강조한다. 상한 감정에 관해 이야기하는 일이 쉽지 않으며, 이에 대한 해결책을 함께 찾아갈 것이라고 말해주라. 아이가 혼자가 아니라는 사실을 잊지 않게 하라. 아이는 통제력과 자율성을 느끼게 되고, 자신이 인정받는다는 느낌을 받게 될 것이다.

6. 그런 다음 아이의 삶에 미치는 영향을 무력화하기 위해 상황을 인식하고 이해하는 데 효과적인 방법을 찾아볼 수 있다. 이것이 바로 '생각나무를 건강하게 하는' 단계다. 이것으로 고난이 완전히 해결되지는 않겠지만, 아이가 그것을 관리하고 앞으로 나아갈 방법을 찾는 데는 도움이 된다.

예를 들어, 아이가 학교에서 겪는 어려움 때문에 속상해하고 있다면, 다음과 같이 말할 수 있다. "읽는 법을 배우느라 힘든 건 괜찮아. 그런 어려움은 당연한 거야. 우리는 모두 서로 다른 어려움을 겪거든. 하지만 네가 힘들 때, 자기 기분을 무시하거나 글을 배우지 않으려고 하는 건 도움이 되지 않아. 그래서 우리는 상황을 더 좋게 하고, 너의 생각나무를 튼튼하고 건강하게 만들고 싶은 거란다."

누구나 아이가 문제를 피하거나 도망치는 등의 부정적인 대처 전략에 집착하거나 얽매이지 않기를 바랄 것이다. 그래서 시간이 아무리 오래 걸려도 아이가 자기 어려움을 직시하고 이겨낼 능력을 키워줄 언어와 환경을 만들어내도록 도와야 한다.

7. 여기서는 아이가 생각나무를 건강하게 만들기 위한 해결책이나 방법을 찾도록 도와줄 것이다. 이야기를 재구성하는 것은 핵심적으로 이야기와 경험의 고통 요소에 대항하는 대안적인 시각을 찾는 방법이다. 지금까지 아이와 함께 진행해온 단계들을 통해 아이의 근원 이야기가 더 명확해지면 아이가 문제를 다른 관점에서 바라보는 대안적인 방법을 찾도록 도움을 줄 수 있다.

당신은 아이가 겪은 '고통의 에너지'를 '회복의 에너지'로 바꾸도록 도와주고 있다. 아이의 이야기에서 고통을 제거해주고 있는 것이다. 여전히 감정적인 부분은 남아 있지만, 그것은 이미 한번 다루었던 감정이다. 물론, 생각나무가 회복하는 데는 시간이 걸린다. 아이의 손을 잡고 한 걸음씩 앞으로 나아가면서 이를 보여줄 수 있다. "이게 진전이야. 한 번에 조금씩 나아가는 거지. 이렇게 우리는 생각나무를 건강하게 만들어갈 거야." 또한 아이가 이러한 단계를 수행하는 데 필요한 해결책을 찾도록 도와줄 수 있다.

앞의 예시에서는, 아이가 읽기에 어려움이 있다고 해서 나쁘거나 어리석다는 의미가 아니라고 설명하는 것이 중요하다. 인생에서 각자 다른 어려움을 겪는 것이 자연스러운 일이라고 말해준다. 또 아이가 읽기를 배우는 데 도움을 주겠다고 말하고, 다양한 학습 방법 가운데 아이에게 가장 적합한 방법을 찾아주겠다고 약속하라. 아이가 지금 겪고 있는 상황을 이해하기 쉽게 설명해줄 수도 있다. 예를 들어, 다음과 같이 말할 수 있다. "너의 뇌에 작은 상처가 있는데, 그 상처가 치료되면 읽을 수 있게 될 거라고 친구들에게 말해주렴. 마치 넘어져서 다친 것처럼, 그 상처도 치유되는 데 시간이 걸린단다."

8. 재점검 단계를 시각적으로 보여주는 좋은 활동은 크레용, 장난감, 음식, 블록과 같이 부서져도 상관없는 물건들이 들어 있는 상자를 사용하는 것이다. 접시나 꽃병, 컵과 같은 것도 사용할 수 있지만, 아이가 다칠 수도 있으므로 깨졌을 때 다치지 않을 부드러운 물건을 선택하는 것이 좋다. 아이가 당신의 감독하에, 지정된 곳에서 바닥에 물건을 던질 수 있도록 허용하라. 이는 억눌린 에너지를 해소하는 데 도움이 된다. 그런 다음 아이가 조각들을 모아 물건을 다시 조립하는 동안 옆에 앉아 도움을 주라. 반짝이가 들어 있는 어린이용 안전 접착제나 다양한 색상과 그림이 있는 마스킹 테이프를 사용해보라. 이것은 금, 은 또는 백금이 들어 있는 접착제로 깨진 도자기나 꽃병을 수리하는 일본의 예술인 '킨츠기' 원리

를 활용한 것이다. 이 원리는 결함, 불완전함, 그리고 삶이 우리를 예상치 못한 방향으로 이끌 때 발생하는 혼돈을 받아들이고 그로부터 성장하는 것이다. 쿠키나 와플과 같은 음식을 활용한다면, 다양한 색상의 아이싱이나 시럽을 이용해 조각들을 붙일 수 있다.

이 활동이 끝나면 새롭게 고쳐진 물건을 감상한다. 그리고 우리에게 일어난 일이 우리를 상처받게 할 수는 있지만, 뉴로사이클을 통해 고장 난 부분을 치유하고 이미 일어난 사건을 더 나아지게 할 수 있다는 것을 설명하라. 새로운 생각나무는 아름다운 모습으로 달라졌다. 그렇다. 나무는 다른 모습이지만 실제로는 더 좋아진 것이다. 아름다움으로 채워진 균열은 우리가 여기까지 오기 위해 겪은 과정을 보여준다.

이 활동은 시간이 많이 소요되고 정리가 필요한 작업이므로, 몇 번만 진행하는 것을 권장한다. 가능하면 재건된 물건을 특별한 곳에 보관하여 자녀에게 어려운 상황을 극복하고 더 나은 결과를 이뤄냈다는 것을 상기시킴으로써, 다음 도전 역시 극복할 수 있다는 자신감을 심어주라.

능동적 목표는 아이가 문제에 대한
새로운 사고 방식을 연습하고,
회복 탄력성을 기르는 효과적인 방법이다.
이는 의도적으로 주의를 분산시켜
아이의 기분을 좋게 하고,
마음의 혼란을 통제하여
온종일 긍정적인 마음을 유지할 수 있도록 도와준다.

12장

5단계: 능동적 목표

능동적 목표란?

능동적 목표는 뉴로사이클의 마지막 단계다.

능동적 목표 단계에서는 간단한 자기 격려 문구를 만들고, 이를 기반으로 한 단순하고 즐거운 행동을 수행한다. 이 과정을 하루에 여러 차례 반복하여 재개념화된 생각나무를 강화한다. 이 활동의 목적은 두 가지다.

1. 아이가 온종일 문제에 대해 지나치게 생각하고 집착하게 하지 않기 위해.
2. 재개념화된 생각나무가 아이의 뇌에 연결되어, 아이의 사고와 행동에 강한 영향을 미치는 습관이 되게 하기 위해.

〈브레이니가 능동적 목표를 연습하고 있어요.〉

아이의 능동적 목표는 아이가 자기 생각에 대해 더 많은 통찰력이 생기면서 점진적으로 변화할 것이다. 아이는 며칠 동안 똑같은 능동적 목표를 반복하고, 나중에 다른 방식을 추가할 수도 있고, 자기 생각에 대해 더 자세히 알게 되면서, 이를 완전히 바꾸고자 할 수도 있다.

능동적 목표는 아이가 문제에 대한 새로운 사고 방식을 연습하고, 회복 탄력성을 기르는 효과적인 방법이다. 이는 의도적으로 주의를 분산시켜 아이의 마음을 좋게 하고, 마음의 혼란을 통제하여 온종일 긍정적인 마음을 유지할 수 있도록 도와준다. 또한 우울감과 불안감이 증폭되는 지나친 자기 집착을 피하는 데도 도움이 된다.[1]

능동적 목표 활동 단계

1. 이 장 시작 부분에 나오는 "할 수 있어!"라고 외치는 브레이니 그림을 보여주며 아이를 격려한다. 아이에게 슈퍼파워인 뉴로사이클로 브레이니처럼 할 수 있다는 사실을 상기시키라.
2. 부모가 주도하여, 아이가 하루 동안 도전할 수 있는 몇 가지 능동적 목표를 만들어보는 것이 도움이 될 수 있다. 이 능동적 목표는 아이가 1단계부터 4단계까지 학습한 요소들을 모두 포함하도록 구성되어야 한다. 아이에게 선택할 수 있는 몇 가지 옵션을 제안하고, 필요에 따라 변경할 수 있다.
3. 능동적 목표는 피드백과 모니터링 과정의 역할도 하므로 아이가 자기 조절, 자기 인식 기술을 개발하는 데 도움이 된다.

능동적 목표는 절대적이지 않고 아이의 감정 변화에 따라 조정할 수 있다. 아이가 어떤 일을 하고 나서, "내가 잘했나? 기분이 더 좋아졌을까?"와 같은 질문을 하도록 유도하고, 아이가 긍정적인 대답을 한다면 그 방향으로 계속 나아가도록 격려하라. 그렇게 대답하지 않았다면 "다른 방법에는 무엇이 있을까?"라고 물으며, 계속해서 다른 방법을 시도해보기를 장려하라. 날마다 아이가 전날 어떤 능동적 목표 활동을 했는지 확인하고, 같은 목표를 유지할지 아니면 변경할지를 결정하도록 권장한다. 만약 아이가 능동적 목표 방식을 변경하길 원한다면, 그것이 완벽하진 않았지만 올바른 방향으로 나아가게 도왔을 것이라고 말해주라.

4. 아이가 능동적 목표를 구성하는 데 3-5분 정도가 소요되고, 실제로 실천하는 데는 약 1분이 걸린다. 부정적 감정을 일으키는 요소를 해소하는 활동까지 할 경우에는 더 많은 시간을 할애할 수 있다. 휴식이 필요하면 중단하고, 하루가 지나기 전에 능동적 목표 단계를 반복하면 된다.

5. 아이가 해당 문제에 대한 생각에 사로잡히거나, 그럴 기미가 느껴질 때마다 능동적 목표를 실천해야 한다. 이러한 상황이 발생하지 않더라도, 매일 적어도 일곱 번 정도의 능동적 목표를 의도적으로 실천하는 것이 좋다. 이는 새롭게 재구성된 생각의 흐름을 강화하는 데 도움이 될 것이다. 핸드폰이나 다른 기기에 알림을 설정하여 아이와 함께 이를 실천하는 것을 권장한다.

원하는 경우, 뉴로사이클 앱을 다운로드하여 아이와 함께 63일 동안 뉴로사이클을 진행할 수도 있다(앱 스토어에서 'Neurocycle'을 검색하라. 영문 콘텐츠이며 뉴로사이클 진행 시 유료로 이용할 수 있다). 이 앱은 각 5단계에 대해 안내하며, 이 장과 이전 네 장에서 설명한 과정을 더 자세히 알려준다. 또한 이 뉴로사이클 앱은 날마다 뇌에서 일어나는 변화, 특별한 뇌 준비 기술과 능동적 목표를 수행하기 위한 알림 설정 옵션을 제공한다. 일일 알람은 사용자의 선호도에 따라 하루에 일곱 번까지 설정할 수 있다.

생각을 바꾸고 습관을 형성하는 데는
21일이 아니라 63일이 걸린다는 것을
반드시 기억해야 한다.

13장
뉴로사이클의 주기

뉴로사이클은 효과가 즉각 나타나는 과정이 아니라 63일의 주기로 활용하도록 설계되었다. 뉴로사이클은 정해진 시간 동안 해로운 사건과 상황을 합리적이고 체계적으로 평가할 수 있게 한다. 이를 통해 새로운 신경 네트워크를 연결하여 마음 관리를 강화하는 데 도움을 준다. 새롭게 재구성된 건강한 생각의 흐름, 즉 새로운 생각나무를 자라게 하고 안정화하는 데는 시간이 필요하다. 이 과정을 거쳐 의미 있는 변화가 일어난다.

뉴로사이클은 시간이 지남에 따라 아이가 지배적이고 파괴적인 사고 패턴을 새롭고 안정적인 생각과 기억으로 전환하는 과정이다. 간단히 말해, 아이가 63일의 주기를 반복하

〈브레이니가 뉴로사이클을 진행한 날짜를 세고 있어요.〉

며 행동을 변화시키고, 회복 탄력성을 길러줄 새롭고 지속 가능한 습관을 형성하도록 돕는 것이다. 아이와 함께 해결하고자 하는 문제마다 한 번의 주기 전체를 수행해야 한다.

뉴로사이클 시스템의 두 가지 주요 시간대

〈뉴로사이클 시스템〉

뉴로사이클 시스템에는 두 가지 주요 시간대가 있다.

1. 트라우마나 해로운 습관과 같이 패턴이 확립된 경우: 기존 패턴의 신경 회로를 변경하거나, 건강하지 않은 생각의 흐름을 바꾸기 위해서는 뉴로사이클을 63일 주기로 매일 활용해야 한다.
2. 위기의 순간 혹은 필요한 경우: 뉴로사이클을 마음 관리 방법으로 활용하여 아이의 마음과 뇌와 신체를 진정시키고, 매 상황을 명확하게 파악하여 결정하게 할 수 있다. 아이가 이 방법을 많이 연습할수록, 습관을 형성하고 트라우마를 치료하기 위한 63일 주기를 더 쉽게 수행할 수 있을 것이다.

이미 확립된 패턴을 바꿀 때는 하루아침에 모든 것을 해결하려 하지 말라. 63일의 과정을 거치며 짧은 호흡으로 집중하여 진행하는 것이 더 효과적이고 안정적인 신경 회로의 재구성, 즉 새로운 사고의 흐름을 형성하는 데 도움이 된다.[1)]

63일 동안 매일 7-15분씩 5단계의 뉴로사이클을 수행하는 것이 가장 이상적이다. 예를 들어, 아이가 전학이나 이사 혹은 가족과 친구들 사이에서 큰 변화를 경험한 경우, 적응하는 데는 약 63일이 필요할 것이다. 매일 뉴로사이클을 활용하는 첫 21일 동안 생각이나 행동의 변화가 나타날 수 있다. 하지만 이러한 변화가 자리 잡으려면, 이어지는 42일 동안 아이가 계속 뉴로사이클을 활용해야 한다.

아이는 일상적으로 하는 행동에 뉴로사이클을 연결하여 수행할 수 있다. 예를 들어, 머리를 빗거나 옷을 입는 등의 일상적인 행동을 하면서 능동적 목표의 문장을 말하는 것이다. 이렇게 일상생활과 뉴로사이클을 연결하여 매일 새로운 생각을 떠올리도록 훈련

할 수 있다. 아이가 매일 일곱 번의 능동적 목표를 수행하도록 격려하라. 새로운 생각을 효과적으로 강화하기 위해 이렇게 연습하는 것이 중요하다.

학대나 왕따 같은 트라우마와 관련된 극도로 심각한 상황이라면, 63일보다 더 많은 시간이 필요할 수도 있다. 상황마다 독자적인 어려움이 있을 것이다. 트라우마가 복잡할수록 그와 관련된 해로운 문제가 더 발생할 가능성이 있으며, 아이와 함께 뉴로사이클을 진행하는 데 더 많은 시간이 걸릴 것이다.[2]

더 다루기 쉬운 상황도 있다. 예를 들어, 일시적인 정신 건강 문제나 사소한 위기 상황이 발생한 경우다. 아이가 잠들기 싫어서 짜증을 내거나, 형제와 싸워서 속상해하거나, 쇼핑몰에서 나가고 싶어서 화를 낼 수도 있다. 이러한 상황에서는 아이와 함께 약 1-5분 내에 5단계를 완료하여 빠르게 뉴로사이클을 진행할 수 있다.

인내심을 가지고 유연하게 대처하라

생각을 바꾸고 습관을 형성하는 데는 21일이 아니라 63일이 필요하다는 사실을 기억하는 것이 가장 중요하다. 21일은 습관을 형성하고 행동을 변화시키는 마법 같은 숫자로 알려져 있지만, 행동이 굳어져 있거나 확립된 경우에는 실제로 더 많은 시간이 필요하다.[3] 생각과 그에 따른 행동을 안정적이고 체계적인 방식으로 조금씩 재구성할 때, 우리 모습에 실제적인 변화가 서서히 나타난다. 그래서 뉴로사이클은 63일 주기로 매일 사용할 수 있도록 설계되었다. 새로운 신경 회로가 형성되는 데는 며칠이 아니라 몇 주가 걸리며, 이 신경 회로는 바로 생각나무가 '자라나는' 곳이다.

많은 성인과 어린이가 과거의 사고와 행동 패턴으로 다시 돌아가는 이유는, 과거의 생각을 해체하고 새로운 생각으로 대체하는 데 필요한 시간을 모르기 때문이다. 내 연구를 비롯한 많은 연구에서 새로운 습관이 형성되어 삶에 변화를 보이기까지 평균 63-66일이 필요하다는 결과를 내놓았다.[4] 복잡한 트라우마나 유해한 습관 같은 경우에는 63일 주기를 여러 번 반복해야 할 수도 있다. 이 기간을 아이에게 설명할 때 아래의 그림을 활용할 수 있다.

〈1일 차의 생각나무〉　　〈21일 차의 생각나무〉　　〈63일 차의 생각나무〉

아이와 함께 뉴로사이클을 진행하면서 기억해야 할 핵심 사항은 유연성이다. 마음 관리 시스템에는 정해진 시간이 있지만 어린아이에게는 융통성을 발휘해야 한다. 너무 무리하지 말고 자신과 아이에게 인내심을 갖도록 노력하라. 뉴로사이클은 스트레스를 증가시키는 것이 아니라 스트레스를 줄이도록 설계되고 구성되었다.

　뉴로사이클을 실행하는 예상 시간은 신경 가소성과 마음 관리 시스템의 과학적 근거에 기반한다. 또한 3-10세 아이들이 실제로 정신 건강 문제에 집중할 수 있는 시간을 고려하여 설정되었다. 7-10세 아이들은 대략 15분 정도 걸릴 수 있겠지만, 3-6세 아이들은 5분 정도가 적당하다.

　그러나 언제나 예외가 있다! 어떤 날은 상황이 좋아서 더 긴 시간을 할애하여 45분 동안 진행할 수 있다. 하지만 15분 동안 인식 모음 단계도 넘어가지 못하는 날도 있다. 때로는 5분 안에 5단계를 빠르게 진행할 수도 있지만, 스트레스 해소 활동만 하거나 특정 단계에서 막히는 경우도 있다. 하루 동안, 심지어 며칠 내내 당신이 할 수 있는 일이라고는 무언가가 진행 중이라는 것을 인지하고 아이를 안아준 후 다음 날까지 기다리는 것뿐일 수도 있다. 특히 뉴로사이클을 일상생활에 도입하고 일상으로 자리 잡는 기간에는 더욱 그럴 것이다.

　자녀와 함께 뉴로사이클 과정을 진행할 때, 한 번에 45분을 넘어가지 않도록 노력해야 한다. 마음 관리 과정에는 에너지가 소모되기 때문이다. 단, 앞서 제시한 창의적인 활동을 진행하는 경우에는 예외로 한다. 추가적인 활동(예를 들어, 경고 신호 상자 만들기 혹은 자체적으로 고안한 활동)에는 별도로 시간을 할애해야 한다. 아이가 이런 시간을 통해 뉴로사이클 과정을 더 즐길 수 있도록

재미있는 상호 작용 활동을 만들라.

아이가 부정적인 사고에 사로잡히지 않게 하는 것도 중요하다. 항상 건설적으로 마무리하려고 노력해야 한다. 이는 뇌의 신경 가소성과 의식이 희망찬 방향으로 움직일 수 있도록 도와준다.[5] 뉴로사이클을 진행하면서 옆의 슈퍼히어로 브레이니 그림(혹은 부록 1)을 보여주고 아이를 자주 격려해주라.

63일 후의 변화

63일 동안 뉴로사이클을 진행하면서 아이들은 독성 생각나무와 관련된 상황을 재개념화하는 방법을 배우게 될 것이다. 이 과정을 거치고 나면 아이들은 더 이상 독성 생각나무에 얽매이지 않을 것이다. 앞의 그림에 있는 63일 차의 브레이니처럼 말이다. 이전의 생각은 여전히 남아 있지만, 나무는 완전히 다른 모습으로 변했다. 오래된 생각나무는 작고 약해져서 힘을 잃어버린 상태다.

이 과정이 끝나면, 새로운 생각이 주도권을 가지게 된다. 아이가 63일 동안 새로운 생각나무를 성장시키고 안정화하는 데 시간을 투자했기 때문에, 예전의 생각이 더 이상 아이의 생각과 행동에 영향을 미치지 않는다. 뉴로사이클을 통해 아이는 체계적으로 오래된 생각나무를 약화시킬 것이고, 오래된 생각나무는 아이를 통제하던 힘을 잃을 것이다.

일상의 루틴 형성하기

　자녀와 함께 뉴로사이클 과정을 진행하면서 일상적인 패턴을 만드는 것이 정말 중요하다. 가능한 한 같은 장소에서 같은 시간에 일정한 활동을 하면, 새로운 습관을 형성하고, 스트레스가 감소되며, 정신 건강을 잘 관리할 수 있다.[6]

　일상의 루틴을 만들면, 아이의 자기 조절력과 회복 탄력성을 키우는 데도 도움이 된다. 아이가 뉴로사이클을 꾸준히 실천할수록 마음 관리 기술이 자동화되어 다른 상황에도 적용할 수 있을 것이다.[7] 강렬한 감정이 끓어오르거나 예민한 상태에 놓일 때 의지력과 동기 부여가 감소하기 쉬운데, 뉴로사이클을 꾸준히 하면 의지력과 동기 부여에 의존하지 않고도 아이는 자기 마음을 잘 관리할 수 있다.[8] 우리 성인들도 잘 알고 있듯이 행동을 반복해서 통제하고 올바른 선택을 하기 위해 똑같은 일을 반복하는 것은 몹시 피곤하다!

　마음 관리가 무의식적으로 실행되는 자동화 상태로 만드는 것은 매우 중요하다. 마음 관리가 자동으로 이루어지면, 아이는 이전에 자극을 받았던 상황과 비슷한 상황에 맞닥뜨려도 다른 방식으로 대응할 수 있다. 아이가 생각 없이 반응하는 것처럼 느껴질 수도 있지만, 실제로는 그렇지 않다. 그 반응은 오히려 오랜 시간에 걸쳐 새롭고 건강한 생각나무가 마음을 통해 뇌에 심겨져서 변경된 뇌 구조에 더 안정적으로 자리 잡았다는 뜻이다. 이런 변화 덕분에 이제 아이는 자동으로 새로운 행동 패턴을 보이게 된다. 생각나무 숲에 폭풍우가 치는 장면을 떠올려보라. 새롭게 자라난 생각나무는 폭풍을 견딜 만큼 강해져서 피난처를 제공할 수 있다. 그렇다. 나쁜 일이 일어나고 있지만, 이제 아이는 상황을 어떻게 헤쳐 나가야 할지 알고 있기 때문에 더욱 자신감을 갖게 된다.

자녀에게 자전거 타는 법을 가르친다고 생각해보자. 처음에는 균형을 잡지 못해서 보조 바퀴를 달고 타다가 점점 익숙해지면서 보조 바퀴 없이도 자전거를 탈 수 있을 것이다. 이런 과정을 거쳐 자신 있게 자전거를 타는 아이는 자신이 무엇을 하고 있는지 의식하지 않는다. 하지만 아이 안에서는 많은 일이 벌어지고 있다. 아이의 마음과 뇌의 신경망에서 지능적이고 능동적인 자기 조절이 일어나며, 이러한 생각나무는 자동화된 습관으로 발전하게 된다. 이 학습 과정에 대해서는 나의 책 『생각하고 배우고 성공하라』 (*Think, Learn, Succeed*)에서 더 깊이 있게 다루었다. 이제 자신만만하게 자전거를 타는 아이는 의도적으로 생각해서 자전거를 타지 않는다. 아이의 마음과 뇌와 몸은 오랜 시간 연습을 통해 형성된 사고 패턴을 따라갈 뿐이다. 아이와 부모가 함께하는 뉴로사이클의 작동 원리도 그와 같다. 아이와 함께 이런 놀라운 능력을 쌓아가는 일에 대해 이야기해보라. 마음과 뇌는 참으로 놀라운 일을 한다.

3부

뉴로사이클을 삶에 적용하기

3부에서는 아이들이 일반적으로 맞닥뜨리는
다섯 가지 도전 상황에 뉴로사이클을 적용한 예시를 살펴볼 것이다.
여기에서는 자녀가 정신적 회복력을 키우고
정신 건강을 개선하도록 돕는 것을 목적으로 한다.

트라우마는 우리를 변화시키고,
정신적, 신체적인 피해를 낳을 수 있다.
하지만 우리는 뇌와 몸과 마음이
트라우마와 관련된 사건을 받아들이는 방식을
변화시킬 힘을 지니고 있다.

14장
트라우마

개인의 트라우마 경험과 치유 과정은 천차만별이다. 누구에게나 도움이 되는 마법 같은 해결책은 없다. 진정한 치유가 이루어지려면 시간과 노력을 들여야 하고, 나를 불편하게 하는 일에 직면하려는 의지가 필요하다. 다행히도 트라우마를 극복하는 일에는 마감 기한이 없다. 각자 자기에게 적합한 방식으로 극복하면 된다. 트라우마는 해로운 습관과는 다른 방식으로 마음과 뇌에 영향을 미친다. 트라우마는 자신도 모르는 새 외부에서 가해지는 충격으로, 감정적으로나 육체적으로 약하게 하고, 지치게 하며, 불안감을 느끼게 한다.

트라우마에 대한 이해를 돕기 위해, 팀(가명)이라는 훌륭하고 용감한 여덟 살 난 아이와 그의 멋진 부모와 여동생에 관한 이야기를 들려주고 싶다. 이 이야기는 3부에서 살펴볼 다양한 주제를 다루고, 실제 상황에서 뉴로사이클을 어떻게 적용해야 할지를 보여준다. 그런데 이 이야기에는 신체적, 감정적, 성적 학대에 대한 언급이 포함되어 있어 일부 독자에게는 충격을 줄 수 있다. 혹 마음이 어렵다면 다른 장을 먼저 본 후 다시 돌아와도 좋다.

이 이야기를 세 부분으로 나누어 설명하려고 한다. 엄마의 이야기, 팀의 이야기, 아빠의 이야기를 살펴볼 것이다. 이렇게 하면 각각의 관점에서 사건을 볼 수 있고, 아이와 함께 뉴로사이클을 할 때 어떤 효과를 얻는지도 알 수 있다. 또한 5장에서 설명한 커뮤니케이션의 세 가지 열쇠를 통해 아이의 정신적 회복력과 관계를 개선하는 방법을 더 잘 이해할 수 있을 것이다.

엄마의 이야기

뉴로사이클에 관한 우리 가족의 이야기는 아들 팀이 어린 시절에 겪은 트라우마 때문에 수면 장애와 신경적인 문제로 많은 어려움을 겪었던 것에서 시작된다. 우리 부부는 팀을 네 살 때 입양했다. 생모와 함께 있는 동안 팀은 육체적 학대와 영양 및 위생 관리 소홀, 의료 보호 거부 그리고 성적 학대와 같은 여러 형태의 트라우마를 경험했다.

이러한 사건을 겪은 팀은 교정 수술을 여러 차례 받았다. 더불어 언어 지연에 대한 치료, 감각 처리 및 조정 지연 문제를 위한 작업 치료 그리고 행동 문제와 트라우마 해결을 위한 상담 등 다양한 형태의 치료를 받았다.

이렇게 다양한 치료를 받았지만, 우리 아들은 여전히 수면 및 행동 문제로 어려움을 겪었다. 아이는 열감, 다리 통증, 악몽의 고통을 호소하며 매일 밤 네 시간 이상 연속해서 잠을 자지 못했다. 또한 야뇨증 문제로 여러 번 어려움을 겪었다.

불규칙한 수면과 팀이 겪었던 일에서 기인한 행동 문제 때문에 전통적인 학교에서의 학습은 불가능했다. 매주 우리 부부는 학교로 불려가 팀의 집중력 부족, 공격적 언어 사용, 다른 아이들과의 충돌, 과제를 끝내지 않고 반항하는 행동, 규칙과 명령에 따르지 못하는 문제로 학교와 긴밀히 소통해야 했다.

팀은 집에서 여러 단계의 지시를 따르기 힘들어했고, 기본적인 일상 업무를 기억하는 데 어려움을 겪었으며, 음악이나 스포츠같이 다른 아이들과 함께 어울리는 방과 후 활동에 감정적으로 적응하기 힘들어했다. 사회적으로 팀에게는 친구가 없었고, 팀을 이해해주는 사람이나 소속감을 느낄 장소를 찾기 어려웠다. 그래서 우리는 팀에게 필요한 관심과 지원을 받을 수 있도록 홈스쿨링을 하기로 결정했다. 이를 통해 팀은 신체적, 사회적, 정신적 삶을 발전시킬 수 있게 되었다.

남편과 나는 팀의 문제를 해결하기 위해 수많은 노력을 기울였다. 아이의 수면에 도움을 주는 제품이 있다면 무엇이든 샀다. 우리는 아이의 방을 푹신한 담요, 숙면을 돕는 음향 기기, 디퓨저 등 다양한 용품으로 가득 채웠다. 이것들은 팀의 수면을 약간 개선하기는 했지만 큰 효과는 없었다. 그래서 우리는 의학적 도움을 받기로 했다. 수면 전문의를 만나 수면 장애 여부를 확인하고, 소화기 전문의를 찾아가 장과 뇌에 문제가 있는지를 검사했으며, 척추 교정사를 찾아가 신체의 문제를 확인했다. 또한 뇌 균형 전문가를 만나 내분비 질환이 있는지 검사했고, 영양사와 식이 문제가 있는지 상담했다. 우리는 팀의 신경적, 사회적 문제를 치료하기 위해 다양하고 종합적으로 접근했다.

이 많은 수고와 노력에도 문제들은 해결되지 않았고, 우리 가족은 엄청난 부담을 느꼈다. 오후 6시 이후에는 아들을 재우기 위해 집에 있어야 했기 때문에 다른 일정을 잡을 수가 없었다. 그리고 그 이후에도 잠을 푹 잘 수 없었다. 팀이 밤마다 세 번에서 여섯 번씩 일어나 무언가를 하거나 주의를 끌었기 때문이다.

결국 우리는 지쳤고 선택의 여지가 없어지자 정신과 처방약으로 눈을 돌렸다. 1년 동안 우리 아들은 앰비엔(Ambien, 수면 장애 치료약)부터 클로노핀(Klonopin, 불안 장애 치료약)에 이르는 강력한 약물을 처방받았다. 근막 통증 치료약과 다양한 ADHD 약물까지, 총 10가지 이상의 약물을 조합해서 복용했다. 마침내 팀은 8시간에서 10시간 동안 잠을 자게 되었지만, 항상 피곤하고 나른한 상태였으며 전반적으로 기분이 저조했다.

팀의 행동은 덜 파괴적으로 변했지만, 우리는 여전히 어려움을 겪었다. 아이의 수면은 여전히 불규칙했고, 한 번 깨면 다시 잠들지 못했다. 온갖 약물로 치료를 시도해봤지만 해결책이 없었다. 우리는 다른 대안 없이 거의 1년을 이렇게 지내다가 마치 운명처럼, 우연히 뉴로사이클을 알게 되었다.

뉴로사이클을 시작한 지 4일 만에 우리는 아들의 변화를 알아차렸다. 팀은 밤에 깨어나서 10분 안에 스스로 안정을 찾고 다시 잠에 들 수 있었다. 더 이상 악몽도 꾸지 않았으며, 낮에는 밝고 행복해 보였다. 믿을 수 없을 정도로 명백한 차이를 보였다. 어떤 상황에서도 아침 7시 전에 일어나던 우리 아들이 이제는 늦잠도 자게 되었다. 우리는 오후 6시 이후에 가족의 삶을 영위할 수 있었고, 팀의 수면 문제와 관련된 스트레스가 집 안에서 사라진 것을 가족 모두가 느낄 수 있었다.

21일이 지난 후 우리는 뉴로사이클이 팀의 약물을 완전히 대체할 수 있다고 확신하게 되었다. 약물은 처음부터 효과가 없었기 때문이다.

63일의 주기 중, 남은 42일 동안 우리는 팀이 밤에 복용하는 약을 서서히 줄여나갔다. 그래도 팀은 평균 10시간을 잘 수 있었고, 거의 항상 스스로 다시 잠에 들었으며, 악몽을 꾸지 않았고, 꼭 정해진 시간이 아니더라도 잠에 들 수 있었으며, 늦게 잠들면 늦게 일어날 수 있다는 것을 알게 되어 기뻐했다. 팀의 일상생활에도 명확한 변화가 일어났다. 팀의 태도가 좋아졌고, 이전에는 수월하게 하지 못했던 일들을 이제는 따로 알려주지 않아도 혼자서 빠르게 완수했으며, 사회적으로 교류하는 기술도 생겼다.

뉴로사이클은 이제 우리 가족 생활의 핵심 요소가 되었다. 아들이 행동 문제로 고민할 때마다 우리는 5단계를 거쳐 아이를 다시 집중시키고 태도를 명확히 할 수 있게 도와준다. 팀이 배운 자기 자신, 자기의 몸 그리고 그 기능을 표현하는 언어는 아이에게 큰 내적 평화를 안겨주었고, 트라우마와 신경적 문제를 다루는 데 도움을 주었다.

이제 우리는 팀이 의도하지 않은 행동에 대해 부정적인 언어를 사용할 필요가 없다. 그 대신 건설적이고 긍정적인 언어를 사용하여 팀이 어떤 경고 신호를 경험하고 있는지, 왜 그것이 적절하지 않은 방식으로 표출되는지, 자신의 감정과 행동적 욕구를 어떻게 타인에게 전달해야 하는지를 알려주었다. 게다가 파괴적인 걱정과 감정이 찾아올 때마다 팀은 심호흡법을 유용하게 사용한다.

부모인 우리에게 뉴로사이클의 언어, 기술, 단계는 아들과 상호 작용할 때 우리의 감정과 행동을 관리하는 데 도움을 주었다. 그 결과 우리의 가정 환경이 크게 개선되었다. 자녀의 행동과 감정의 생체적 요인과 문제 행동을 변화시킬 수 있는 실제적이고 효과적인 방법을 이해하면, 적절하게 대응할 수 있고 훈육하는 일이 훨씬 쉬워진다.

뉴로사이클은 아들을 이해하는 일뿐만 아니라, 우리의 반응과 그 근본적 원인을 이해하는 일에도 도움을 주었다. 자녀는 부모가 겪는 감정적인 부담이나 압력에 아무 책임이 없다. 그들은 무죄하다. 하지만 특별한 필요나 돌봄이 필요한 자녀를 둔 부모들은 여러 어려움에 직면한다. 부모로서는 대처할 방법이 없는 트라우마적인 경험인 것이다. 팀과 함께 뉴로사이클을 수행하면서 나는 아들과의 관계에 대한 부정적인 생각들을 제대로 이해하고 해결할 수 있었다.

'내가 아들에게 이런 취급을 받으려고 이렇게 힘들게 노력하는 건가? 왜 아들은 나에게 감사하지 않는 거지? 앞으로 몇 년이나 더 이런 상태로 살아가야 할까?' 이런 부정적인 생각들은 점차 적절한 진실로 바뀌었다. 내가 하는 일이 항상 아들의 행동을 결정하지 않으며, 나의 최선에는 다른 사람들의 인정이 필요하지 않다는 사실 그리고 시간이 얼마나 걸리든 내 아들과의 긍정적인 관계가 더 중요하다는 것을 깨달았다. 뉴로사이클을 수행하는 과정을 통해 나의 경고 신호가 유해한 감정이 되기 전에 그 신호를 알아차릴 수 있었다. 또한 나의 양육 행동을 관리하는 데 필요한 뇌를 준비하고, 심호흡할 수 있는 방법도 배울 수 있었다. 더 나아가 뉴로사이클을 통해 나 자신을 개선하려는 모습이 아들에게 동기 부여가 되어, 함께 뉴로사이클을 진행하며 유대감을 형성할 수 있었다.

팀의 이야기

저는 문제가 있었어요. 수면 문제와 분노 문제였어요. 숨을 깊이 들이마시면 기분이 좋아지고 차분해져서 많은 도움이 되었어요. 뉴로사이클을 하면 잠도 잘 잘 수 있고, 행동도 더 잘 조절할 수 있어요.

저는 뉴로사이클과 연계된 자기 조절 활동이라면 뭐든 좋아해요. 제 일상에 도움이 되거든요. 매일 하는 게 좋아요. 때로는 그냥 계속 하고 싶을 때도 있어요. 슬프거나 화가 나거나 조금이라도 불편한 마음이 들면 뉴로사이클을 해요. 가끔 놓쳐서 못한 경우는, 그다음 날 더 열심히 해요. 학교나 다른 곳에서 받은 스트레스가 많이 풀리고, 때로는 완전히 사라지기도 해서 도움이 많이 되지요. 게다가 뉴로사이클은 아주 재미있어요. 심심할 때는 그냥 뉴로사이클을 해보세요.

아빠의 이야기

팀은 어릴 때부터 수면과 행동 관리에 어려움을 겪었다. 취침 시간을 알려주거나 침대에 눕히려고 하면, 가차 없이 울음을 터뜨려서 달래는 데 몇 시간씩 걸리곤 했다. 심지어 잠이 들어도 쉽게 깨고, 다시 잠들기도 어려웠다. 팀의 언어 발달과 사회적 발달은 매우 느렸으며, 네 살까지도 두 단어 이상을 조합해서 표현하는 것을 어려워했다.

이러한 문제의 원인은 팀이 네 살이 될 때까지도 명확하게 알 수 없었다. 팀이 태어날 때부터 우리의 양육권은 제한적이었다. 팀은 태어나서 첫 1년 동안 생모와 함께 생활했다. 그 기간에는 생모가 원하지 않아 아이를 만날 수 없었다. 하지만 팀이 세 살 때 아이가 학대받고 있었다는 사실을 알게 되었다. 아내와 나는 마음이 너무 아팠다. 즉시 완전한 양육권을 가져오기 위해 싸웠고 결국 승리했다.

수년 동안 치료, 가정 환경 조성, 약물 투여를 진행하면서 번아웃이 오는 기간도 길어졌다. 아내와 나는 팀의 트라우마와 싸우는 동시에, 아이가 정상적인 어린 시절을 보낼 수 있도록 끊임없이 노력했다. 때로는 며칠 동안 효과가 있는 것처럼 보였지만, 곧 효과가 사라지곤 했다. 나는 아내에게 치료에 너무 집중하지 말고 정상적인 삶을 살아야 한다고 말하기 시작했다. 스트레스는 부부 관계뿐만 아니라 팀과의 관계에도 영향을 주었고, 팀의 여동생의 일상에도 영향을 미쳤다.

어느 날 아내가 스마트폰에 뉴로사이클 앱을 깔았다. 처음에는 큰 기대가 없었다. 이전에도 마음 챙김이나 어린이 명상을 활용해봤고, 팀과 오디오 자료를 들어보는 등 여러 방법을 시도해봤기 때문이었다. 하지만 곧바로 팀이 뉴로사이클의 특별함을 인식했다는 것을 알 수 있었다. 며칠 만에 팀은 수면 문제, 악몽과의 싸움, 앞으로 문제를 개선할 방안에 대해 긍정적으로 이야기하기 시작했다. 팀은 능동적 목표를 통해 일상과 마음 상태를 조정하는 데 큰 도움을 받았다. 첫 63일 주기가 끝난 후 팀은 더 이상 밤에 깨지 않았고, 우리 가족은 모두 충분히 잠을 자게 되었다. 나는 항상 약물 사용에 거부감이 들었는데, 아내와 나는 팀이 약물에서 벗어난 것에 정말 큰 안도감을 느꼈다.

뉴로사이클은 단순히 수면 문제를 해결하는 것 이상의 효과를 냈다. 상호적이고 개별적인 경험을 설명하는 데 필요한 언어와 절차를 제공했다. 우리는 심호흡을 하는 이유를 말로 표현할 수 있었고, 팀은 우리가 왜 그에게 특정한 방식으로 생각하라고 요청하는지 이해할 수 있었다. 이로써 모두의 행동이 개선될 수 있었다. 팀이 통제력을 잃을 때 우리는 팀과 함께 뉴로사이클을 하거나, 앱으로 혼자 뉴로사이클을 진행하게 했다. 그러면 곧바로 팀의 기분과 행동이 개선되었다.

뉴로사이클의 각 단계와 거기에서 사용되는 언어는 일상적인 가정생활의 필수 요소다. 이를 통해 우리 가족은 더 자주 만나게 되었고, 관계가 개선되었으며, 스트레스나 과중한 부담을 덜고 팀이 어린 시절을 누리고 밝은 미래를 맞이하도록 도움을 받았다. 뇌 발달과 치유와 관련된 용어나 그 지향점은 부모와 자녀 사이의 유대 관계를 강화해준다. 즉각 행동을 교정해야 한다는 압박에서 벗어나 장기적으로 큰 그림을 바라볼 수 있게 해주기 때문이다.

팀의 가족 이야기를 통해 얻을 수 있는 도움

트라우마는 우리를 변화시키고, 정신적, 신체적인 피해를 낳을 수 있다. 하지만 우리는 뇌와 몸과 마음이 트라우마와 관련된 사건을 받아들이는 방식을 변화시킬 힘을 지니고 있다.

트라우마는 다양한 원인으로 발생한다. 그중에는 신체적 장애, 중대한 질병, 극심한 신체적 부상, 슬픔, 성적 학대, 언어적 학대, 정서적 학대, 빈곤, 인종 차별, 성차별, 동성애 적대 등과 같은 사회 문제들이 있다. 어린아이의 극심한 트라우마를 다룰 때 가장 중요한 점은 그 일이 아이가 잘못해서 일어난 것이 아니며, 책임을 질 필요도 없다는 점을 깨닫게 해주는 것이다. 아이들이 이러한 기억을 다시 떠올리거나 그것을 촉발시키는 요인에 반응할 때, 언제든지 안전하게 모든 것을 솔직하게 이야기할 수 있는 공간을 만드는 것도 매우 중요하다.

더불어 아이의 이야기를 들으며 충격을 받지 않는 것과 당신이 불편한 감정을 느낄 만한 말이 나올 때 이야기를 중단시키는 것도 중요하다. 아이의 이야기를 들을 때, 부드럽게 설명하고 특정 행동과 감정이 적절하지 않은 이유를 알려주라. 아이가 더 건전한 대응 방식을 배울 수 있도록 도와주어야 한다. 기억하라. 아이의 경험은 극단적인 상황으로 왜곡되었고, 아이는 그 상황을 이해할 수 있는 유일한 방식으로 대처하려 한다. 아이는 지금 어른들이나 다른 아이들 혹은 낯선 사람들 사이에서 겪은 상황이나, 자신의 관점을 왜곡시킨 충격적인 사건을 처리하려 노력하고 있다. 실제로 그 사건이 말도 안 되는 것일지라도 아이는 그것을 받아들이려고 애쓰고 있다. 안전한 공간에서 아이와 대화를 나누는 것만으로도 치유 과정에서 큰 진전을 이룰 수 있다.

이런 이유로 뉴로사이클은 아주 유용하다. 뉴로사이클은 아이가 자신의 이야기를 하고 감정을 처리하는 데 도움을 주는 체계적이고 안전한 방법이다. 자기 자신과 내면 세계를 탐구하면 '지혜로운 마음'으로 가는 문이 열리고, 건강하지 않은 생각나무가 건강하고 푸르른 나무로 새롭게 탈바꿈할 것이다. 팀의 이야기에서 바로 이런 변화를 볼 수 있다.

1부에서 설명했듯이 생각과 거기에 내재된 기억은 신체 전반의 네트워크를 형성한다. 무의식 속에 있는 생각나무에 의도적으로 접근해서 그것을 뿌리까지 해체하는 일은 불편하고 어려우며, 상당한 시간이 걸린다. 팀이 뉴로사이클을 적용한 경험을 이야기할 때 사용한 표현을 빌려 설명해보겠다. "처음 세 단계는 꿀벌이 꽃가루를 가져오는 것과 같아요. 이때 꽃가루가 주변에 퍼지면, 새로운 꽃들이 많이 자라기 시작하지요. 이 과정은 재점검과 능동적 목표 단계에서 하는 일과 비슷해요."

유아기의 충격적인 경험이 미치는 영향에 대한 과학적 연구는 충분히 확립되어 있다. 긍정적인 개입과 마음 관리 없이 독성 스트레스를 일으키는 상황을 주기적 혹은 지속적으로 경험한 아이는 마음과 뇌와 신체 구조와 기능에 손상을 입을 수 있다. 그리고 이 손상은 아이의 신체적 건강과 삶의 방식에 영향을 미칠 것이다.[1]

트라우마는 신경망, 사고, 감각적인 경로를 재조정하여 사람의 마음과 뇌와 신체가 실제로 위험한 상황에 있는 것처럼 계속 반응하게 한다.[2] 이를 트라우마 반응이라고 한다. 이는 트라우마에 대한 반응으로 개발된 적응 메커니즘이지만, 장기적으로 보면 아이에게 좋은 것이 아니다.

그렇기에 마음 관리와 뉴로사이클이 필요하다. 우리가 가장 많이 생각하는 것은 우리 안에서 점점 자라나기 마련이고, 결국 행동에 반영된다. 하지만 불행히도 무의식 속의 관리되지 않은 트라우마는 방치될수록 점점 커져서 우리의 기능에 영향을 미치는 크고 복잡한 생각나무로 자라난다.

무의식의 역할은 의식적인 마음에 경고 신호를 보내 현재 상황을 경고하는 것이다. 트라우마는 무의식에서 나오는 메시지를 가려서 기억을 왜곡할 수 있다.[3] 의식적인 마음은 마치 선글라스에 김이 서려 잘 보이지 않는 것처럼 의식이 흐려지는 것과 같다. 이러한 상태에서는 명확한 사고력과 판단력을 발휘하기 어려워지며, 정보와 사람과 다양한 상황에 부정적으로 반응하기 쉽다.

팀의 이야기에서 볼 수 있듯이, 정신적 충격을 크게 받은 아이들이 관리되지 않은 독성 스트레스를 어떻게 표현할지는 아무도 예측할 수 없다. 하지만 그 스트레스를 방치하면 걷잡을 수 없이 커져서 행동 문제, 사회성 문제, 신체적 증상, 수면 장애, 학습 문제 등으로 이어질 수 있다. 따라서 우리는 어린 시절부터 아이들에게 마음을 관리하는 방법을 가르쳐야 한다.

트라우마와 마음과 뇌

마음과 뇌는 생존을 위해 조직화되어 있다. 우리가 어려운 상황에 처했을 때 마음과 뇌가 도움을 주도록 설계되어 있다는 의미다. 우리는 마음을 통해 무질서한 신경망을 변화시킬 수 있다. 언제나 희망은 있다!

다음의 그림은 신경망(생각)이 어떻게 무질서해질 수 있는지, 아이가 트라우마를 경험할 때 뇌에 어떤 변화가 일어나는지를 단순하게 보여준다. 첫 번째 그림은 건강한 생각나무이고, 두 번째 그림은 트라우마를 경험한 독성 생각나무다.

독성이 있는 경험은 마음을 혼란스럽게 만들 수 있다. 이 혼란은 무질서한 에너지가 되어 뇌에 영향을 미친다. 이는 뇌의 다른 부분이 반응하는 방식에 영향을 준다. 생각나무의 모든 부분, 즉 축삭 돌기와 수상 돌기가 서로 적절하게 통신하지 않는 것과 같다. 건강하지 않은 생각나무의 사진에서 검게 칠해진 부분이 이를 나타낸다.

〈건강한 생각나무〉　　　　〈트라우마가 있는 생각나무〉

　이제 살펴볼 그림에서는 트라우마가 영향을 미치는 뇌의 다른 영역들을 볼 수 있다. 트라우마는 복잡한 과정을 거쳐 뇌 전체에 영향을 미칠 수 있다. 트라우마가 마음과 뇌에 얼마나 큰 영향을 미치는지를 간단하게 설명하기 위해 몇 가지 주요 영역만 다루도록 하겠다. 이것만으로도 전반적인 상황을 이해할 수 있을 것이다.

　먼저 147쪽의 '신경망' 그림에서 굵은 글씨로 표시된 뇌의 세 부분(전전두엽 피질, 해마, 편도체)을 살펴보자.[4] 전전두엽 피질은 눈 바로 위에 있는 뇌의 앞쪽에 위치하며, 우리가 생각하고, 느끼며, 선택할 때 매우 활발해진다. 해마는 눈 뒤쪽의 뇌 중앙에 위치하며, 우리가 사물을 기억하는 방식과 단기 기억을 장기 기억으로 전환하는 방식과 관련이 있는 부위다. 편도체는 뇌 내부에서 코와 눈이 만나는 부분에 위치하며, 감정이나 지각 등의 정보를 전전두엽 피질로 전달하여 우리가 위험을 판단하고 적절하게 대응하며 더 나은 의사소통과 공감을 할 수 있게 도와주는 도서관 같은 부위다.

　트라우마를 제대로 관리하지 않으면 전전두엽 피질의 활동이 느려지고, 정보가 왜곡되어 흐트러지며, 의사 결정과 문제 해결에 영향을 미친다.5) 편도체가 전전두엽 피질로 조직화된 정보를 일관되게 전달하지 못하며, 무질서하고 과도한 방식으로 정보를 빠르게 전송하기 때문이다. 이는 트라우마에 영향을 받은 상태에서 마음을 주도하는 뇌 기능이 불안정하면, 뇌가 여전히 위험에 처해 있는 것처럼 반응한다는 뜻이다.

관리되지 않은 트라우마는 뇌에서 발생하는 다양한 에너지 파동의 균형을 흐트러뜨린다.6) 트라우마 때문에 생각이 관리되지 않고, 무서움을 느끼며, 상황에 압도되고, 혼란스러워지면, 균형 잡힌 에너지 흐름을 방해하여 뇌를 통해 흐르는 파동에 영향을 미치고, 뇌의 신경 화학과 전자기 활동을 교란한다. 결국 뇌가 항상성을 유지하는 좌우뇌 균형 범위에서 벗어나게 된다.

이러한 상황에서는 문제가 복잡해진다. 전전두엽 피질은 편도체에 충분히 빠르게 대응할 수 없다. 편도체가 전전두엽 피질에 정보를 전송하는 속도가 전전두엽 피질이 편도체에 응답을 보내는 속도보다 다섯 배나 빠르기 때문이다.7) 이로 인해 시간이 지남에 따라 해마와 전전두엽 피질이 작아져서 기억과 실행 능력에 영향을 미친다. 이때 연쇄적으로 부신, 뇌하수체, 시상 하부, HPA 축(시상 하부-뇌하수체-부신 축)을 포함한 신체의 나머지 부분이 높은 경계 태세를 취하게 된다. 이 기관들은 상황을 개선하기 위해 다량의 아드레날린, 노르아드레날린, 에피네프린, 코르티솔, 포도당을 분비하는 것으로 반응한다.

최근의 임상 실험에서도 이러한 현상이 관찰되었다. 정량화 뇌파 검사(QEEG, 뇌에서 나오는 전기적 신호를 디지털화하여 뇌 기능 이상 여부를 검사하는 방법-역주)를 통해, 피실험자가 눈을 감고 있을 때

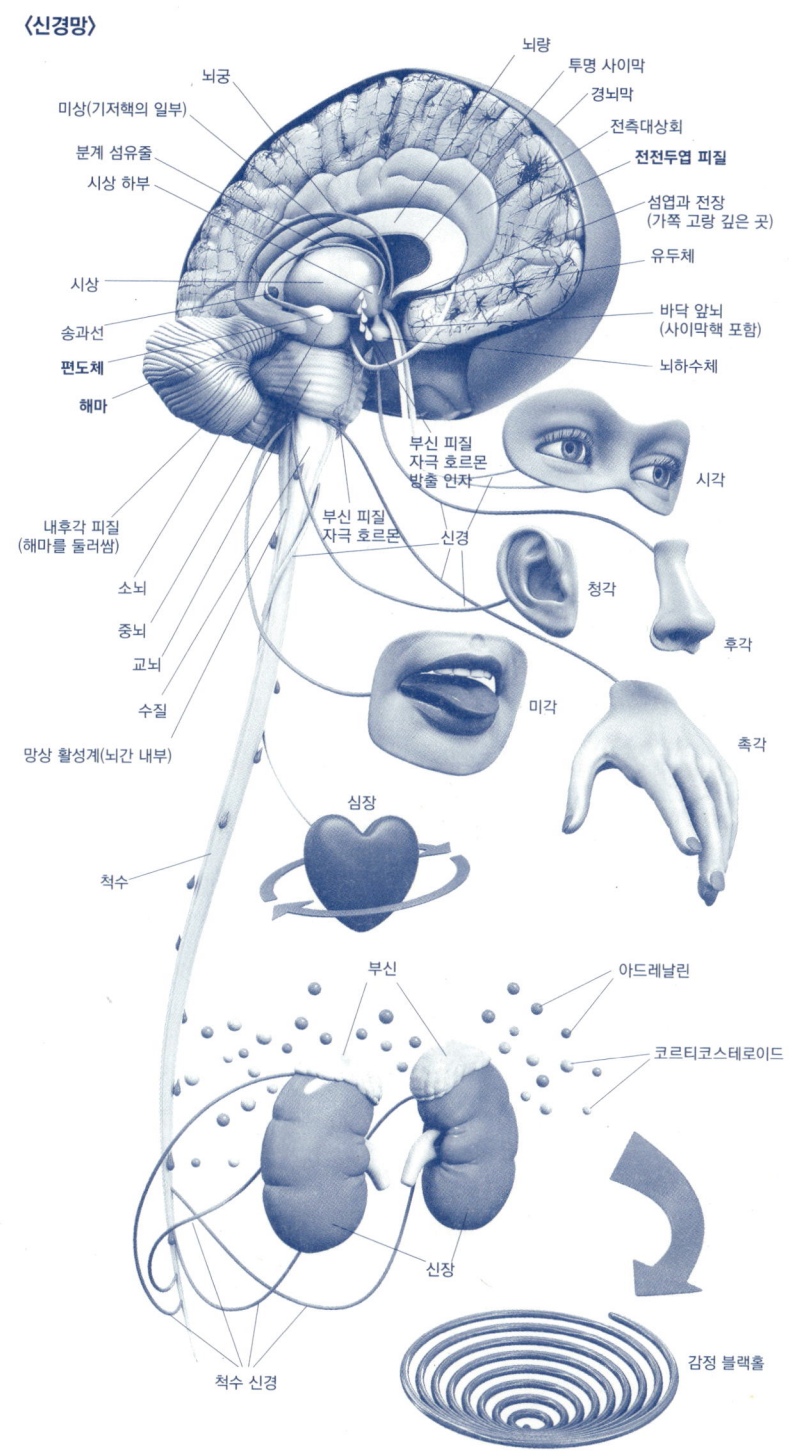

도 관리되지 않은 트라우마와 독성 생각이 나타나는 것을 확인할 수 있었다. 그들의 뇌는 매우 불안한 활성 상태를 유지했다.[8] 일반적으로 눈을 감으면, 정량화 뇌파는 바다에 이는 파도처럼 조용하고 직관적인 상태를 보여준다. 그러나 트라우마를 경험한 피실험자의 경우, 지그재그 모양으로 파도가 불규칙하게 흔들리는 양상을 나타냈다. 트라우마가 관리되지 않고 독성 생각이 많은 사람은 눈을 감아도 뇌의 주파수가 정상적으로 바뀌지 않고, 오랫동안 고도로 활성화된 상태를 유지한다. 이를 '고(高) 베타파'라고 부른다.[9] 이 상태가 계속되면 건강한 신경 회로망을 소모한다. 이것은 마치 타이어의 접지면이 닳아가는 것과 같은 손상을 초래하고, 쉽게 상황에 압도되며, 주변에서 일어나는 일에 예민하게 반응하게 된다. 어린이의 뇌에서는 이러한 현상이 더욱 자주 일어난다. 아이들은 아직 마음과 신경 회로가 발달하고 성숙하는 과정에 있기 때문이다.

이러한 상황에서 아이는 실제로 존재하지 않는 것을 듣거나 볼 수 있고, 존재하는 것을 듣지 못하거나 보지 못할 수도 있다. 이러한 정신 상태에서는 과도한 경계심, 과민 반응, 불면증, 악몽, 식은땀, 플래시백(flashback, 과거 경험이 갑자기 강렬하게 떠올라 거기에 몰입되는 현상)과 같은 압도적인 감정의 파도가 계속해서 몰려오는 경험을 하게 된다. 또한 공황 발작이나 성격 변화를 일으키고, 쉽게 화를 내거나 공격적으로 행동하며, 점차 불안감이 증가하고 이탈감을 느낀다. 결과적으로 아이는 익숙한 세상과 어울리지 않는다고 느껴 고립되고 싶어 할 수 있다.[10] 심지어 부모나 가족 구성원이 자신도 모르게 아이를 자극할 수도 있다. 이는 부모나 보호자로서 이해하기 매우 어려운 일이다. 이로 인해 죄책감과 수치심이 생겨 상황을 악화할 수 있다.

또한 마음 관리를 통해 트라우마를 처리하지 않으면, 마음과 뇌와 신체가 마모되기 시작한다. 이는 결국 고혈압, 심혈관 질환, 위장 장애, 자가 면역 질환, 제2형 당뇨병, 만성 피로 증후군 등과 같은 신체 증상으로 이어질 수 있다.[11]

트라우마는 아이가 자신의 존재에 대해 다른 감정을 느끼게 할 수도 있다. 앞서 언급한 대로 트라우마는 무의식적인 마음과 뇌와 신체에 내재되어 있고, 잠재의식을 통해 의식에 경고 신호로 나타난다. 이러한 경고 신호에는 트라우마 사건이 일어났을 당시 아이의 뇌에서 형성된 반응적 대처 패턴이 나타나고, 이는 시간이 지남에 따라 더욱 강화된다.[12] 이러한 대처 패턴은 아이가 두려움과 취약함을 느끼게 할 수 있다. 아이는 위협만 보기 시작하고, 고통 없이 살아가는 것을 상상하기 어려워할 수 있다. 따라서 우리는 아이가 감정, 행동, 신체 감각, 관점이라는 네 가지 경고 신호에 주의를 기울이도록 도와야 한다.

아이의 이야기가 반드시 좋지 않게 끝날 필요는 없다. 나는 임상 실험을 통해 뉴로사이클을 사용한 피험자의 정량화 뇌파 검사 결과가 긍정적으로 변화되는 것을 확인했다. 눈을 감은 상태의 패턴이 비정상적으로 과도한 활성 상태에서 반사적이고 직관적인 상태로 바뀐 것이다.[13] 상황이 매우 어렵고 힘들어 보일 수 있지만, 아이가 뉴로사이클을 활용하여 뇌 활동을 조절하고, 마음과 뇌를 진정시키는 방법을 배우도록 도움을 줄 수 있다. 이를 통해 아이의 마음과 뇌의 구조를 더 건강한 상태로 바꿀 수 있다.

오른쪽 브레이니 그림을 보여주며 아이에게 이 모든 과정을 쉽게 설명할 수 있다. 예를 들어, 아이에게 이렇게 말해보라. "브레이니를 봐. 무서운 이야기를 많이 읽어서 너무 무섭고 떨리고, 온몸이 엉망이 된 것처럼 느끼고 있어. 너도 때로 브레이니처럼 느낄 수 있단다. 하지만 걱정 마. 함께 이 책의 이야기를 바꿔서 네가 혼란스럽거나 겁나지 않게 만들어줄 거야. 브레이니도 자신의 이야기를 바꾸고, 생각나무를 더 좋게 키워나가고 있어. 너도 뉴로사이클의 슈퍼파워를 사용해서 이런 변화를 이루어낼 수 있단다!"

〈브레이니가 무서운 이야기를
많이 읽고 있어요.〉

무슨 일이 일어나도 절망하지 말라.
트라우마에 보이는 반응은
우리가 겪은 일에 비추어보면 당연한 것이다.
이것은 뇌 질환이 아니다.
이는 우리의 마음과 뇌와 몸이
우리가 적응하고 대처하고자
열심히 노력하고 있다는 것을 알려준다.

15장
트라우마와 뉴로사이클

이번 장에서는 트라우마에 뉴로사이클을 적용하는 방법을 살펴볼 것이다. 3장의 네 가지 경고 신호를 요약한 표(45쪽)를 활용하고 2부의 내용을 참고하여, 자녀와 함께 뉴로사이클을 수행하는 데 도움을 받을 수 있다. 또한 뉴로사이클을 진행하는 동안 부모가 관찰한 사항과 자녀가 느끼는 부분을 다음과 같이 기록해본다.

인식 모음—부모
인식 모음—자녀
반영—부모
반영—자녀

그리고 이어서 뉴로사이클 단계를 진행하면 된다. 부모와 자녀가 같은 기록지를 사용해도 좋고, 따로 작성해도 괜찮다. 당신과 자녀 모두에게 가장 적합한 방식을 택하라.
만약 여러 신호가 자녀의 일상적인 패턴이 되어 학교, 대인 관계, 가정생활, 일상생활 전반에 부정적인 영향을 미치고 있다면, 아동기 트라우마에 특화된 심리 치료 전문가나 정신 건강 전문의의 도움을 받는 것이 좋다. 뉴로사이클을 매일 실천하면서 부모나 자녀가 심리 치료를 받을 수 있다.

어떤 경우에도 절망하지 말라. 너무 괴롭거나 생명을 위협하는 사건에 노출된 아이들은 대부분 며칠, 몇 주, 심지어 몇 달 동안 문제가 있는 꿈이나 악몽을 꾸고, 그 사건을 떠올릴 때 공포감을 느끼는 등 단기적이지만 지속적으로 그 영향력 아래 놓인다. 이러한 반응은 아이가 겪은 경험에 비추어보면 당연한 것이다. 이것은 뇌 질환이 아니다. 이는 아이의 마음과 뇌와 몸이 적응하고 대처하고자 열심히 노력하고 있음을 의미한다.

특히 트라우마를 다루는 경우, 뉴로사이클을 시작하기 전후 그리고 필요한 경우에는 언제든 뇌를 준비하는 것이 매우 중요하다.

1. 인식 모음

3-10세(그리고 더 나이가 많은) 아이에게 나타날 수 있는 트라우마와 관련된 잠재적인 경고 신호 몇 가지를 제시해보겠다.

주의해야 할 중요한 감정적 경고 신호는 다음과 같다.

- **불안**(예: 자녀가 학교나 어딘가에 가야 할 때 떨고 있음)
- **우울**(예: 지속해서 슬픈 기색을 띠며 아무것도 하고 싶어 하지 않음)

- 공황(예: 무언가를 하거나 어딘가에 가야 할 때 몸이 얼어붙거나, 눈동자가 빠르게 좌우로 움직이거나, 울며 도망치려고 함)
- 두려움(예: 밤에 두려움을 느끼며, 불을 켜지 않으면 잠을 못 자거나 혼자 있기를 원하지 않음)

물론 이러한 신호들은 때로 트라우마와 무관하게 나타날 수도 있다. 그러나 이러한 신호가 지속해서 나타나고 자녀의 일상생활을 방해한다면, 심각한 트라우마 사건과 관련될 수 있다. 아래에 제시한 경고 신호 예시도 마찬가지다.

주의해야 할 중요한 행동적 경고 신호는 다음과 같다.

- 상황에 비해 지나치게 반응하는 행동
- 과민(예: 항상 긴장 상태에 있으며, 무슨 일이 일어날 것 같아 걱정하거나 매우 긴장한 상태)
- 무감각(예: 감정적으로 무감각하고, 마치 몸과 감정의 연결이 끊긴 것처럼 보이며, 사회적으로 소극적이고 우울해함)
- 과잉 행동(예: 항상 분주함)
- 주요 행동 변화(예: 좋은 성적을 받다가 성적이 저하됨 혹은 자해 행동을 시작하는데 이는 '적어도 나는 고통은 통제할 수 있다'는 느낌과 직접 관련됨)
- 극도의 흥분(예: 매우 초조하고, 화를 내며, 쉽게 흥분하고, 큰 소리에 깜짝 놀라거나, 부적절한 성적 행동을 보임)
- 불면증, 악몽, 밤에 무서워하는 것과 같은 수면 문제
- 공격성 증가(예: 부모나 형제자매에게 폭력을 행사하거나, 물건

을 차거나, 소리를 지르며 다른 아이들을 밀어내거나, 잔인한 말을 하거나, 그 나이대에 해서는 안 되는 말을 함)
- 지속적인 플래시백
- 통제 문제
- 공황 발작
- 자신의 감정을 인식한 후 그 감정에 압도되는 패턴
- 강박증 유형의 증상
- 자살 생각 및 시도
- 학습 문제
- 사건에 대해 반복적으로 이야기하거나 사건을 '놀이'하는 척 하는 행동
- 울화 또는 짜증 폭발
- 보호자에게 과도한 집착, 분리 불안
- 유아기 언어 사용, 야뇨증, 손가락 빨기와 같은 퇴화 현상

주의해야 할 신체 감각적 경고 신호는 다음과 같다.

- 식은땀(예: 과도하게 땀을 흘려 잠옷이 흠뻑 젖음)
- 위장 장애(예: 배탈, 설사, 복부 팽만감 혹은 배고픔을 자주 호소함)
- 설명할 수 없는 통증(예: 자주 아프거나, 심장이 빠르고 불규칙하게 뛴다고 호소함)

주의해야 할 관점적인 경고 신호는 다음과 같다.

- 미래에 대한 기대가 없어서 무감각해 보이거나, 우울하고 희망을 잃은 것처럼 보임
- 자신에 대한 거짓말을 믿어서, 생각과 말과 행동에 영향을 받음(예: 인형을 향해 소리 지르며 "넌 나쁜 인형이야! 넌 항상 잘못될 거야"라고 말함)
- 최악의 상황이 일어날 것처럼 두려움을 느낌
- 자신의 삶을 어느 정도 통제하기 위해 매우 엄격하게 경계를 설정함
- 버림받을까 봐 두려워함(예: 보호자가 아이를 어린이집에 맡기거나 일 때문에 외출하면 울거나 불안해함)
- 더 이상 위험을 감수하고 싶어하지 않음(예: 자유롭게 놀거나 새로운 친구와 놀 때 매우 경계하고, 종종 놀이에 참여하지 않음)

3-5세 아이의 경우

3-5세 아이와 함께 인식 모음을 시작할 때, 숲을 걷는 브레이니의 그림(39쪽 혹은 76쪽)을 보여주거나 브레이니 인형(혹은 다른 인형)을 사용하라. 놀이를 통해 브레이니가 지저분한 나무에 다가가는 모습을 연출하고 다음과 같이 이야기하라. "브레이니가 이 나무를 보면 뇌에 상처가 난 걸 알 수 있단다. 브레이니는 무서움을 느껴(감정적인 경고 신호). 그래서 온몸이 떨리고 있어(신체 감각적인 경고 신호). 숨고 싶어지기도 해(행동적인 경고 신호). 그래서 더 이상 다른 친구들과 놀고 싶지 않아(관점적인 경고 신호). 브레이니가 어떤

기분일 것 같아?" 그리고 자녀에게 브레이니 인형이나 그림을 건네주고 연기를 하게 하라. 아이들이 하고 싶어 하지 않아도 괜찮다. 부모가 먼저 시연해주고 자신의 감정을 표현하면, 결국 아이도 참여하게 될 것이다.

6-10세 아이의 경우

6-10세 아이의 경우와 함께 인식 모음 단계를 시작할 때는, 숲을 걷는 브레이니의 그림(39쪽 혹은 76쪽)을 보여주고 다음과 같이 말하라. "브레이니와 함께 숲을 걸었던 순간이 기억나니? 거기에 크고 지저분한 나무가 있었지? 우리는 그 나무에 주의를 기울여야 해. 그 나무는 치료를 받아야 해. 그런데 나무를 치료해줄 수 있는 사람은 너밖에 없단다. 너의 생각의 숲이기 때문이야. 하지만 나도 함께 도와줄 거야. 그러면 이제 그 나무로 걸어가서 가지(경고 신호)를 살펴볼까? 그리고 우리가 어떻게 해야 할지 한번 알아보자." 그런 다음 이렇게 말할 수 있다. "이 나무는 네 아빠가 아주 많이 아파서 돌아가신 때를 상징해. 네가 너무 슬프고 혼란스러워서 이 나무가 아주 강해졌어. 나도 너무 슬퍼서 많이 울었지. 정말 힘들었지만 아빠는 우리가 다시 행복해지길 바라실 거야. 그러니 아빠와 함께 했던 행복한 시간을 더 많이 기억하자. 이 나무의 뿌리를 치료해서 슬픈 기억보다 행복한 기억이 더 크고 강하게 자라나게 해보는

〈생각나무에 대한 일반적인 인식〉

거야. 가끔 슬픈 기억을 보고 울 수도 있고, 아빠가 네가 하는 멋진 일들을 보지 못해서 화날 수도 있어. 하지만 하루하루를 잘 관리하고 강해지기 위해서는 이 그림 속의 브레이니처럼 건강한 기억이 더 많이 필요하단다."

〈브레이니가 건강한 생각나무를 보며 즐거워하고 있어요.〉

2. 반영

 반영 단계는 극심한 트라우마를 경험한 아이가 자신과 자신의 삶을 왜곡된 방식으로 보는 것을 인식하게 해주는 과정이다. 이 단계에서는 아이가 1단계 경고 신호에 더욱 집중하도록 도와줄 것이다. 이번 단계의 목표는 아이로 하여금 경고 신호가 가리키는 생각나무를 자각하게 하는 것이다.
 이 단계를 진행할 때, 어린아이는 자기 성찰은 가능하지만 아직 메타인지와 언어 능력이 부족하여 자신의 생각을 말로 표현하기 어려울 수 있다. 따라서 아이와 함께 뉴로사이클을 할 때 가능하면 장난감, 종이, 색연필, 미술 재료를 사용하여 아이가 느끼는 감정을 더 쉽게 표현하도록 해주어야 한다. 주방이나 다른 방 또는 정원에서 뉴로사이클을 진행하면서 상자와 포장재 등을 활용하여 창의적이고 유연하게 접근할 수 있다.

3-5세 아이의 경우

3-5세 아이에게는 브레이니 장난감이나 다른 장난감을 주고 질문에 답하거나 답을 그릴 수 있게 해야 한다. 아이에게 질문하면서 그림을 그려주거나 아이와 함께 그릴 수도 있다. 이 나이대의 아이는 자신의 감정을 인형, 장난감, 그림으로 표현하여 경고 신호와 거리를 두게 하는 것이 좋다. 예를 들어보겠다.

〈브레이니는 배가 아파요.〉

"네 인형이 너무 슬퍼 보여. 왜 슬픈 거야? 보여줄 수 있을까?"
"네 인형은 오늘 배가 많이 아프고 다리가 저린 것 같아. 그 이유를 알고 있니?"
"네 인형이 너무 흥분해서 말을 많이 하고 있는 것 같아. 왜 그럴까? 내가 이해하게 도와줄래?"

〈브레이니가 흥분해서
말을 많이 해요.〉

6-10세 아이의 경우

6-10세 아이와 이 단계를 진행할 때, 아이가 자신의 신호를 완전한 문장으로 표현하도록 도와주라. 이 나이대의 아이는 자신의 감정을 설명하는 데 필요한 단어를 모를 수 있다. 따라서 다양한 문장을 사용하여 아이가 쉽게 표현할 수 있게 이끌어주어야 한다.

이 과정을 진행하는 동안 아이가 훌륭하고 특별한 존재임을 항상 확신시켜주라. 머릿속에 불쾌한 생각나무가 자라더라도 아이가 '나쁜' 사람이 되지 않는다는 점을 상기시키라. 우리에게는 모두 나쁜 생각나무가 있으며, 뉴로사이클 과정을 통해 나무를 더 건강하게 만들어야 한다. 또한 아이에게 생각나무가 자라게 된 어떤 일이 일어났었다는 것을 알려주어야 한다. 그리고 그 이유가 무엇인지 찾는 데 도움을 주기 위해 당신이 곁에 있다고 말해주라. 이를 설명하기 위해 2부의 생각나무와 브레이니 그림을 보여줄 수 있다. 예를 들어 다음과 같이 말해줄 수 있다.

"최근에 네가 많이 슬퍼하는 것 같아. 아마 누군가가 너에게 상처를 주었거나, 무슨 말을 했거나, 무슨 일을 했을 수도 있어. 하지만 너는 아무 잘못도 하지 않았단다. 너의 생각나무에 무엇이 있는지 나에게 이야기해줄 수 있을까?"

"너에게 몇 가지 단어를 보여줄게. 어떤 단어가 너의 감정과 가장 잘 어울리는지 말해주겠니? 아니면 그림으로 그려서 보여줘도 돼."

"어디가 아픈지 함께 알아볼까? 그리고 너의 말과 행동을 살펴보고, 이 말과 행동이 일어난 일과 서로 어떻게 연결되는지도 알아보자."

3. 쓰기, 놀기, 그리기

아이와 함께 인식 모음과 반영 단계를 진행하는 동안, 앞에서 언급한 대로 관찰한 내용을 기록해두는 것이 중요하다. 이 기록은 치료사를 만나거나, 가족과 친구들에게 설명해야 하는 경우나, 법적 지원이 필요할 때 도움이 될 수 있다.

3-5세 아이의 경우

3-5세의 아이는 장난감, 놀이 행위, 사진이나 예술 작품, 혹은 잘라낸 그림을 사용하여 감정을 표현할 수 있다. 이를 위해 2부에서 설명한 상자들을 활용할 수 있다. 아이를 돕기 위해 함께 글을 쓰거나 그림을 그려야 할 수 있다. 그리고 6세 이상 아이들보다 단어, 구절, 질문을 통해 더 많이 자극해야 할 수도 있다.

6-10세 아이의 경우

6-10세 아이에게는 무엇이든 원하는 것을 쓰도록 장려하라. 사진, 미술 작품, 잘라낸 그림을 사용해도 좋고, 일기장에 단어를 쓰거나, 장난감이나 연극을 활용할 수 있다. 치유는 오랜 시간이 걸리는 여정이라는 것을 이해하게 해주라. 아이의 성취를 기록하는 일지를 작성하여 함께 돌아보고, 얼마나 진전을 이루고 있는지 확인할 수 있다. 많은 노력이 필요한 일이지만, 그럴 만한 가치가 있다!

4. 재점검

트라우마와 관련하여 정말 중요한 점이 있다. 쓰기, 놀기, 그리기 단계에서 멈추지 않고, 아이가 '부러진 나뭇가지를 고치는 방법'을 찾게 해주는 것이다. 이는 2부에서 깊게 다루었던 '어떻게 고칠 수 있을까?'를 고민하는 단계다. 재점검 단계의 핵심 질문을 항상 활용하라. "이런 일이 일어났어. 이제 어떻게 관리하면 좋을까?" 아이에게 일어난 사건이 마음속에서 저절로 사라지지 않는다는 것을 상기시켜주라. 그리고 아이에게 그것을 관리하는 방법을 가르쳐주겠다고 약속하라.

팀과 이 주제로 이야기했을 때, 그는 재점검에 대해 이렇게 말했다. "저는 해결책이 없는 문제는 받아들이지 않아요." 이 말을 활용하여 아이가 재점검 단계에서 어떤 행동을 취해야 하는지 더 잘 이해하도록 도와주라.

3-5세 아이의 경우

3-5세 아이가 쓰기, 놀기, 그리기 단계에서 상황을 그림으로 그렸다면, 아이에게 어떤 일이 일어나면 좋겠는지 다시 그려달라고 요청할 수 있다(개념 재구성). 아이가 그림을 다시 그리게 하거나, 이전 그림을 설명하는 데 필요한 새로운 단어를 찾도록 도와줄 수도 있다. 이때 2부에서 사용한 그림 및 사진 상자를 활용하면 좋다. 그림을 그리는 동안 아이가 지금 무엇을 하는지 스스로 이야기할 수 있도록 설명해주고, 아이가 고개를 끄덕이거나 흔들어서

의사를 표시하도록 격려할 수 있다. 이런 방식으로 아이가 바라는 변화를 표현할 수 있는 단어들을 찾아보라. 이 방법은 3단계에서 연극 놀이를 한 경우에도 적용할 수 있다.

아이가 과거의 끔찍한 이야기를 다시 설계하는 데 도움이 될 재점검 팁을 소개하겠다.

"끔찍한 이야기는 이미 지나갔어. 함께 새로운 그림을 그리고, 새로운 이야기를 만들어보자."
"너에게는 뇌를 바꿀 수 있는 슈퍼파워가 있어. 그러니까 슈퍼히어로 브레이니처럼 기분이 훨씬 나아질 거야!"
"이미 좋아진 부분을 생각해보고 목록으로 만들거나 그림으로 그려보자."

6-10세 아이의 경우

6-10세 아이에게는 단어와 문장과 그림 혹은 이 세 가지를 모두 활용할 수 있다. 비교적 나이가 더 많은 아이들은 종종 자신의 상황이나 필요에 따라 스스로 어떤 도움이나 안내가 필요한지 파악하고 이를 표현할 수 있다.

아이가 트라우마를 재구성하는 데 도움이 되는 재점검 방법을 소개하겠다.

"이제 더 이상 비밀이 아니니까 무서워하지 않아도 괜찮아. 내가 도와줄게."

"가끔 슬퍼해도 괜찮아. 왜냐하면 너를 슬프게 하는 일이 사라지지 않고 계속 떠오를 수 있기 때문이야. 하지만 그걸 오래 생각하지 않도록 계획을 세우는 게 좋아. 슬픈 기억이 떠오를 때 행복한 기억도 같이 생각하면 더 좋을 거야."〔1단계에서 건강한 생각나무가 자라난 것을 보고 좋아하는 브레이니의 모습(159쪽)을 보여주고 이야기를 나눈다.〕

"(무언가가 부서져 있는 그림을 보여주며) 이 그림을 보렴. 이제 이 깨진 부분을 예쁘게 고쳐서 다시 그림을 그려보자. 우리는 아름다운 그림을 새롭게 그릴 수 있어."(이때 2부에서 언급한 킨츠기의 원리를 적용한 활동을 하면 좋다. 금이나 반짝이, 예쁜 색의 페인트나 접착제를 사용해 깨진 조각을 다시 합치라.)

"더 이상 이런 기분이 들지 않도록 다른 해결책을 찾아보자."

아이가 자신의 경험에 대해 던진 질문에 답해주라. 어쩌면 당신은 아이의 질문을 듣고 충격을 받을 수도 있다. 하지만 이런 질문은 아이가 자신의 내면을 더 깊이 이해하려 한다는 긍정적인 신호다. 가능한 한 간단하고 정직한 방식과 이해하기 쉬운 언어로 답변하라. 아이가 어떤 주제에 대해 이야기하면, 먼저 더 자세한 설명을 요청하여 아이가 무엇을 걱정하는지 정확히 파악하라. 일반적으로 아이들은 특정한 것을 걱정하기 때문에 질문을 던진다. 그러니 아이가 안심할 수 있는 답변을 해주라. 질문에 어떤 답을 해야할지 모르겠다면 이렇게 말해도 좋다. "나도 모르겠어. 하지만 우리가 같이 노력해서 알아볼 수 있단다." 아이 앞에서 추측이나 확인되지 않은 소문을 말하지 않도록 주의하라.

다음은 팀이 재점검 단계에서 사용하는 '공포'에 관한 기록지다. 팀은 기록지 항목을 채워넣은 다음, 가장 마음에 드는 문장을 선택하여 아래 칸에 적고, 그날의 능동적 목표로 사용했다. 팀은 뉴로사이클을 자신이 적극적으로 추구하고 싶은 목표를 설정하는 도구로 활용했다. 매일 목표 달성 시간을 놓치지 않기 위해 일곱 번의 알람을 맞춰둔 손목시계를 착용했다. 필요한 경우 이와 비슷한 방식을 시도해보라.

나는 두려움을 느끼는 것을 싫어한다. 다음은 내가 바꾸고 싶거나 벌어지지 않기를 바라는 일이다. • _____ • _____ • _____ • _____ • _____	두려움을 행복한 진실로 바꾸는 그림을 그려볼 것이다. 나는 어떤 결말이든 선택할 수 있다.

나는 내가 느끼는 두려움을 바꿀 수 있다.
왜냐하면 감정은 내가 선택할 수 있기 때문이다.
나는 두려워할 필요가 없다.
왜냐하면 나는 다음의 사실을 기억하며 두려움과 싸울 수 있다.

〈공포에 관한 팀의 뉴로사이클 기록지〉

5. 능동적 목표

트라우마가 심각한 경우, 아이와 매일 간단한 능동적 목표를 세우고 이를 달성하기 위해 노력하는 것이 매우 중요하다. 재점검 단계를 진행하면서 아이에게 깊은 인상을 남긴 것 하나를 선택하고, 이를 시각화할 수 있는 간단한 문장으로 바꾸어보라. 2부에서 논의한 대로, 하루에 최소 일곱 번 이상 능동적 목표를 실천하도록 알람을 설정하라. 이렇게 하면 생각나무가 더 튼튼해지고 건강해질 수 있다고 아이에게 알려주라.

3-5세 아이의 경우

자녀의 능동적 목표 단계에 도움이 되는 아이디어를 소개하겠다.

- 아이를 온종일 꼭 안아주거나 등을 가볍게 두드려주며 안정감을 느끼게 해주라. 이런 애정 표현은 아이가 무섭거나 불안한 경험을 한 이후 매우 중요한 역할을 한다.
- 아이에게 이렇게 말해주라. "마음이 슬프거나 몸이 아플 때마다, 네가 그린 새롭고 멋진 그림을 떠올려봐."
- 아이가 모자나 옷을 직접 골라 입거나 장난감에 입혀서 자신이 안전하다는 것을 확인시켜주라. 혹은 아이가 좋아하는 사진을 보여주며 안전하다는 것을 상기켜줄 수 있다.
- 아이가 기분이 나쁠 때 자기를 스스로 안거나, 거울에 비친 자신과 하이파이브를 하거나, 미소를 지으면 도움이 된다고

알려주라.
- 하트나 별 등 다양한 모양의 스티커로 장식된 예쁜 종이에 "나는…"으로 시작하는 문장을 쓰게 해보라. (예를 들어, 나는 자신이 있어요. 나는 행복해요. 나는 용감해요. 나는 잘 참아요. 나는 사랑받는 아이예요. 나는 좋은 친구예요. 나는 내가 자랑스러워요. 나는 안전해요. 나는 멋져요.)
- 정서적 변화와 기분 전환을 위해 블록을 조립하거나, 쿠키를 구워 장식하는 등의 활동을 제안하라.
- 『브레이니 컬러링 북』에서 브레이니의 긍정 선언 페이지를 활용하라.

6-10세 아이의 경우

6-10세 아이는 사실이 무엇인지 파악하면 안심하는 경우가 많다. 어떤 상황에 대한 지식이 있으면 힘을 돋워주고, 불안을 완화해줄 수 있다. 새롭게 재개념화된 사고 체계를 연습할 수 있는 능동적 목표를 세우기 위한 방법 몇 가지를 소개한다.

- 다음과 같은 간단한 비유를 아이에게 들려주라. "이 일은 너의 삶에 큰 태풍과 같아. 하지만 이제 태풍은 지나갔고, 그 뒤에 남은 조각들을 치워야 해." 이런 식의 간단한 비유를 사용하면 이해하기 어려운 개념을 쉽게 설명할 수 있다.
- 트라우마에 대한 지식을 활용하여 능동적 목표에 접근하라. 예를 들어 이렇게 말할 수 있다. "그 사람이 너에게 끔찍한

말을 했구나. 그 사람은 진짜 그렇게 생각했겠지만, 그건 사실이 아니야. 너는 이런 말들을 머릿속에서 정리하고 생각나무를 건강하게 만드는 법을 배우는 중이란다."

- 미래에 대해 희망적인 능동적 목표를 세우고, 그것을 이루기 위해 노력하도록 도우라. 이 나이대의 아이가 현재의 어려움을 극복하고 회복하기 위해서는 미래를 희망적으로 바라보게 해주어야 한다. 이때 구체적인 정보를 제공하는 것이 도움이 된다. 예컨대, 전쟁이나 자연재해가 일어났을 때 이렇게 말할 수 있다. "전 세계 여러 나라에서 사람들이 음식이나 의사를 보내주고, 새로운 집을 짓는 일에 도움을 주고 있어. 지금의 어려움이 계속되지 않을 거야!"

아이가 트라우마를 극복하도록 돕는 또 다른 방법

다음은 트라우마를 극복하기 위해 뉴로사이클을 할 때 도움이 되는 몇 가지 추가 정보다. 이는 또한 능동적 목표를 설정할 때 유용한 지침이 될 수 있다.

- "시간이 지나면 상처가 자연스럽게 치유된다"는 식의 표현은 피하는 것이 좋다. 이런 말은 아이가 그 순간 느끼는 감정을 무시하는 것처럼 들릴 수 있다. 이 말이 사실이 아니라는 것은 아니지만, 아이가 감정을 표현하는 순간에는 사실로 받아들여지지 않기에 오히려 역효과를 낳을 수 있다. 예

를 들어, 가족이 세상을 떠나간 상황에서 아이와 함께 슬퍼하고 있는 경우, 이런 강한 아픔은 "괜찮다"라는 말로 해결되지 않는다. 아이에게 전달해야 할 중요한 메시지는 '괜찮지 않아도 괜찮다'는 것이다. "지금 당장은 마음이 힘들지만, 우리는 이런 감정을 함께 견뎌낼 거야. 나는 네 아픔을 이해하고, 네가 아픔을 느끼는 모든 순간에 네 곁에서 너를 지지하고 도와줄게"와 같은 말을 하는 것이 좋다. 이런 식으로 말하면, 아이가 어떤 감정을 표현하든 안전하고 지지받을 수 있는 공간을 만들어줄 수 있다.

- "네 마음을 정확하게 이해해"와 같은 표현은 피하라. 다른 사람의 경험을 완전히 이해하는 것은 불가능하기 때문이다. 당신이 비슷한 트라우마를 경험했을 수 있지만, 당신과 당신의 아이가 트라우마를 보는 시각과 이해하는 방식은 다를 수 있다.

- 아이가 기쁨과 슬픔을 모두 경험하고 이야기하는 것은 지극히 정상적인 일이다. 부모나 보호자로서 우리는 아이를 인생의 모든 어려움에서 보호하고 싶지만, 이는 불가능하다. 우리의 역할은 아이가 슬픈 이야기를 건강하게 다루도록 돕는 것이지, 이를 무시하거나 없애려는 것이 아님을 반드시 기억하라.

- 아이에게 트라우마가 발생한 직후 가장 먼저 해야 할 일은 아이를 지지하고, 정신적인 스트레스를 완화할 수 있는 기술을 가르치며, 신체적, 감정적인 안정감을 느끼게 하는 것이다. 아이에게 모든 감정을 즉시 표현하게 하거나, 겪은 일

을 바로 이야기하게 하면 오히려 역효과를 낼 수 있다. 트라우마 직후 아이의 신경 체계는 충격 상태에 있으며, 마음과 몸과 뇌는 일반적인 상태가 아니다. 모든 문제를 한꺼번에 해결하려고 하면 상황이 악화될 수 있다. 아이의 고조된 감정 상태가 그가 겪은 일을 처리하는 방식에 영향을 미쳐서, 해로운 트라우마의 생각 패턴이 뇌와 몸에 더 깊이 뿌리내릴 수 있기 때문이다.

아이가 자아감을 잃으면
비통, 분노, 불안, 걱정, 자기 연민, 시기, 자만심, 질투,
냉소, 절망, 우울감 등의 감정이 생길 수 있다.
이는 단지 아이가 말썽꾸러기나 까다로운 아이가 되는
차원을 넘어 정체성의 위기를 겪고 있는 것이다.

16장
정체성 문제

트라우마와 인생의 어려움은 우리의 정체성을 가리는 큰 벽을 만들어내곤 한다. 우리가 누구인지 올바로 알기 위한 노력은 끝이 없고 무의미한 일로 느껴지기도 한다. 정체성을 발견하려는 시도는 어렵고, 시간이 걸리며, 도움이 필요한 일이기는 하지만, 불가능한 일이 아니다. 우리는 아이가 어릴 때부터 정체성을 발견하도록 가르쳐야 한다.

정체성 이야기

몇 년 전에 흥미로운 일화를 들었다. 한 소년이 매일 작은 벽 위에 앉아 어떤 남자가 거대한 대리석 덩어리를 깎아내는 것을 지켜보았다. 진전이 없어 보이는 작업을 계속 관찰하던 소년은 마침내 용기를 내어 그 남자에게 무슨 일을 하고 있는지 물어보았다. 남자는 대답했다. "나는 이 바윗덩어리를 깎아내고 있어. 이 바위 안에는 밖으로 나오기를 기다리는 천사가 있거든." 이 남자는 탁월한 예술가 미켈란젤로였고, 그 천사는 유명한 다비드 상이었다. (정확한 기원은 알 수 없지만, 미켈란젤로가 한 이야기로 전해진다.)

마찬가지로 우리 아이들에게 자신의 정체성을 찾고 형성하는 방법을 가르치는 것은 길고 지난한 과정으로 느껴질 수 있다. 하지만 아이에게 자신만의 '다비드'를 찾을 수 있는 도구를 쥐여줌으로써, 아이가 자신의 이야기를 아름답고 특별한 예술 작품으로 만들게 해줄 수 있다.

우리는 각자 고유한 방식으로 생각하고 느끼며 선택한다. 이는 고유한 생각과 경험을 만들어내고, 우리가 소중하게 여기는 가치와 자존감을 느끼게 한다. 나는 이것을 '맞춤형 사고' 또는 'I-팩터(factor)'라고 부른다. 이는 1부에서 다루었던 마음의 활동이 뇌를 통해 작용하는 독특한 방식으로, 우리의 고유한 정체성을 형성한다.

모든 사람의 뇌 구조와 신경 생리학적 작용이 동일하지만, 삶에 대한 각자의 생각과 감정과 선택에 따라 서로 다른 뇌 영역이 활성화되고 다른 방식으로 성장한다.[1] 이로 인해 기억이 저장되는 뉴런의 가지가 다양하게 성장한다(26쪽의 그림 참고). 우리의 뇌 조직은 입자와 그보다 더 작은 아원자 입자까지, 경험에서 얻은 정보를 소화하고 처리하는 맞춤형 능력에 맞게 특정 방식으로 배열되어 있는 것과 같다.

우리 각자의 사고방식은 다른 사람들의 사고, 감정, 선택과는 다르지만 상호 보완적인 강력한 힘을 지닌다. 우리는 생각하는 대로 저마다 맞춤형 현실을 창조한다. 각자 이러한 고유한 현실에서 활동하면서 다른 사람이 제공할 수 없는 것을 세상에 제공함으로써 모든 사람이 서로 혜택을 누린다.

본성, 양육, I-팩터

우리의 맞춤형 사고와 정체성의 기반은 유전자(선천적)에 의해 형성되고, 양육 방식(후천적)에 영향받으며, I-팩터에 의해 활성화된다. 이 세 가지 요소는 고유한 세계관, 신념 체계, 의사소통 방식, 행동을 만들어낸다.

우리의 I-팩터는 매우 중요하다. I-팩터는 '거부권'을 행사한다. 이것은 우리가 받아온 양육 환경과 영향을 넘어서서 우리의 본성을 발전시켜 다양한 가능성을 열어준다. 우리는 마음으로 우리의 I-팩터가 언제 비활성화되는지를 인식하고, 매우 충격적이거나 도전적인 경험을 한 이후 다시 활성화하는 방법을 배울 수 있다. 정체성을 회복하고 계속 성장시키는 방법을 배울 수 있다는 뜻이다.

이런 기술은 어린 시절부터 가르쳐야 한다. 아이를 삶의 모든 요소로부터 보호할 수 없기 때문이다. 아이가 자신만의 독특한 방식으로 생각하고, 감정을 표현하며, 선택할 수 있게 되면, 어려운 상황에서도 자신만의 정체성을 형성하고 발전시킬 수 있다. 이는 아이가 영감, 창의성, 열정, 평화, 친절, 기쁨을 개발하는 데 도움을 준다. 또한 자기 조절 능력과 공감 능력을 갖추고, 침착하며, 목표와 나아가야 할 방향을 잘 인지하는 아이로 자라게 해준다.

하지만 양육 방식과 환경을 제대로 관리하지 않으면, 자녀의 자기 표현 방식과 성장에 영향을 줄 수 있다. 주변의 신념 체계, 종교적 견해, 사람들의 기대, 소셜 미디어, 문화적 지침, 유해한 인간관계와 그에 따른 영향은 모두 자녀의 맞춤형 사고에 영향을 미친다. 이는 아이의 자존감과 정체성 형성에 영향을 미친다.[2]

자아감 상실

아이가 자아감을 잃으면 비통, 분노, 불안, 걱정, 자기 연민, 시기, 자만심, 질투, 냉소, 절망, 우울감 등의 감정이 생길 수 있다.[3] 이는 단지 아이가 말썽꾸러기나 까다로운 아이가 되는 차원을 넘어 정체성의 위기를 겪고 있음을 나타낸다. 이러한 감정은 아이에게 무언가가 잘못되었음을 알리는 경고 신호이며, 아이가 올바로 생각하는 것을 방해한다.

팀의 모든 삶의 영역에서 이러한 현상이 관찰되었다(14장 참고). 팀의 부모는 아들의 집중력 부족, 파괴적인 언어, 다른 친구를 향한 공격성, 반항, 학업 거부, 규칙 준수 불능 등과 관련된 문제 때문에 매주 학교로 불려갔다. 집에서 팀은 지시를 따르는 데 어려움을 겪었으며, 기본적인 일상 업무를 기억하거나, 다른 아이들과 함께하는 활동에 감정적으로 적응하기 어려워했다. 이로 인해 팀은 친구가 없었고, 이해받거나 소속감을 느낄 수 있는 곳을 찾기 어려웠다. 결국 팀의 부모는 홈스쿨링을 결정했다.

본질적인 정체성 위기는 실존적 위기다. 정체성 위기는 아이의 존재의 핵심에 깊은 영향을 미치며, 생각과 행동 방식, 자존감, 미래의 모습, 자신을 사랑하는 방식에 영향을 미친다. 따라서 아이가 정체성을 인식하고 이해하며 관리하도록 이끌어줘야 한다.[4]

정체성의 위기를 관리하지 않으면, 아이 삶의 모든 측면에 침투하여 심각한 정신적 문제와 자살 충동까지 이어질 수 있는 수치심을 유발할 수 있다.[5] 우리는 아이의 행동 이면에 이유가 있다는 사실을 항상 기억해야 한다. 아이가 특정한 행동을 하는 것은 아이의 본질이 아닌 그들에게 일어난 일의 결과로, 그들의 맞춤형 사고, 감정, 선택 방식에 영향을 미친다. 우리는 개입해서 아이의 유해한 생각과 기억을 관리하고, 고통스러운 감정, 행동, 신체 감각 그리고 시각적으로 나타나는 경고 신호를 조절하도록 도와야 한다. 그러면 이러한 경고 신호가 우울증, 지속적 불안, 공황 발작, 정신병, 자살 충동으로 발전하는 것을 막을 수 있다.

고유의 맞춤형 사고는 마음과 뇌에 반영된다

앞에서 언급한 바와 같이, 사람의 정체성에서 표현되는 독특한 맞춤형 사고, 감정, 선택 방식은 뇌 구조에 반영된다. 뇌 과학자 피터 스털링(Peter Sterling)과 사이먼 로린(Simon Laughlin)이 『신경 설계의 원리』(*Principles of Neural Design*)에서 설명한 대로, 모든 사람은 특수 회로로 이루어진 대뇌 피질에 있는 200여 개의 특수 영역이 저마다 고유하게 발현되며, 이것은 개인의 독특한 정체성의 기초가 된다.[6] 이 독특한 패턴을 통해 모든 사람은 세상에 각자 고유하게 기여할 수 있다. 이러한 특수성은 일부 사람이 모차르트처럼 선천적으로 재능을 타고나는 이유를 부분적으로 설명한다. 즉, 그들은 엄마 배 속에서부터 '특별한 무언가'를 내재하고 있었다. 이 사실은 당신의 아이도 '특별한 무언가'를 가지고 태어난다는 것을 의미한다. 그들은 다른 누구도 줄 수 없는 것을 세상에 선보일 수 있다!

그러나 아이의 정체성이 위협을 받으면 아이의 맞춤형 사고와 감정과 선택, 즉 마음 활동이 방해받아 좌뇌와 우뇌가 불균형해지고 긴밀하게 협응하지 못한다. 이는 아이의 인지적 추론과 유연성에 영향을 주고, 결국 자아감 형성에 문제를 일으킨다. 뇌는 마음에 매우 민감하다. 이러한 사실은 델타, 세타, 알파, 베타, 감마와 같은 뇌의 파동뿐만 아니라, 이러한 파동 간의 관계 그리고 뇌 혈류와 다양한 신경 화학 물질의 흐름에서 확인할 수 있다.[7]

예를 들어, 정체성의 위기를 겪을 때, 뇌에서는 전두엽의 에너지 활동이 낮아지고, 측두엽에는 높은 베타 에너지가 집중된 부분이 생길 수 있다. 전두엽에서 세타 에너지가 줄어들면서 알파와 베타의 불균형이 발생하고, 높은 베타파의 진폭이 증가하면 감마파가 감소하는 경향이 있다.[8] 이러한 변화가 결합되면 혈액의 흐름이 감소되고, 혈액과 산소 공급이 줄어들면, 명확하고 합리적으로 생각하는 능력이 현저히 저하될 수 있다.[9] 뇌에서 단백질이 비정상적으로 접히면, 전기 화학적 혼란이 발생하여 보호 면역 반응이 활성화된다.[10] 이런 결과를 낳는 문제를 처음부터 해결하지 않으면, 이러한 반응은 과도한 면역 반응으로 전환될 수 있다.[11] 이로 인해 아이의 뇌와 신체에 더 많은 손상이 발생하여 코르티솔과 호모시스테인 수치가 증가함으로 질병에 취약해질 수 있다.[12] 게다가 염색체의 텔로미어도 손상될 수 있다.[13]

그 결과 아이의 자기 조절 능력이 떨어져 직관에 의존하게 되고, 자신이 어떻게 생각하고 말하고 있는지를 관찰하는 능력이 저하된다. 이에 따라 아이는 자신을 친절하게 대하지 못하고, 자기 존중감이 감소하며, 가혹하고 거슬리는 생각들의 '소음'으로 마음이 가득 차게 된다. 또 아이는 자기혐오, 낮은 자존감, 자기 파괴적 행동, 부모를 기쁘게 하기 위한 행동, 스트레스 해소 행동, 유해한 수치심, 민감성 증가와 같은 양상을 보일 수 있다.

예를 들어, 아이가 소셜 미디어에 많은 시간을 할애한다면, 친구나 가족과 연락하거나 관심 있는 주제를 더 많이 배우는 등 어떤 면에서는 유익할 수 있다. 그러나 이로 인해 유해한 비교의 악순환에 빠져 다른 사람들의 삶을 보고 자신의 삶에 불안을 느낀다면, 아이의 정체성에 부정적인 영향을 미칠 수 있다.[14] 아이는 자신이 어딘가 부족하거나 잘못되었다고 생각하기 시작하고, 이로 인해 공격성이 증가하거나 타인을 기쁘게 하려는 행동, 섭식 장애, 우울 증상, 사회적 불안과 같은 행동이 나타날 수 있다.

경계선과 정체성

아이에게 경계선을 가르치는 것은 정체성을 관리하는 일에 매우 중요하다. 이는 다른 사람과의 경계선을 이해하면 인간관계와 지역 사회를 더 잘 이해할 수 있게 되는 원리와 같다. 경계선을 설정함으로써 아이들은 안전하게 자신을 탐색할 수 있게 된다.

아이에게 경계선을 가르치는 효과적인 방법은 일상적인 상황에서 다양한 선택지를 제공하고, 아이 스스로 결정하게 하는 것이다. 예를 들어, 아이가 위험한 물건을 가지고 놀고 싶어 할 때, 그것을 만지지 못하게 하고 그 이유를 설명한 후 다른 다양한 놀거리를 제안한다. 그리고 나서 아이에게 여러 선택지를 주고 스스로 결정하게 한다. 이를 통해 아이는 경계선의 개념을 이해하고, 그 이유를 깨닫는 동시에 스스로 판단하고 결정할 수 있는 기회를 얻는다. 이런 방식으로 아이의 자아 독립성과 정체성을 형성하는 데 도움을 주는 순간을 만들 수 있다.15)

부모나 보호자로서 아이에게 경계를 설정할 때 이유를 설명하는 것이 중요하다. "내가 하는 말이니까 들어야 한다"와 같은 말은 규칙을 어기면 벌을 받을 것이라는 두려움을 심어주고, 다른 사람의 질문을 무시해도 된다는 인상을 줄 수 있어 건강한 습관을 길러주지 못한다.16) 물론 이렇게 실천하는 것은 쉽지 않다. 어른인 우리가 아이보다 더 많이 경험하고 더 많은 지식을 지녔기 때문이다. 아이는 한창 성장하고 세상을 배워가는 인격체다. 그래서 우리는 아이들이 궁금증을 갖고 질문하도록 장려해야 한다. 사실 아이에게 무언가를 지시하면, 아이는 그 이유를 묻는다. 이렇게 질문하는 순간이 바로 아이가 자신의 존재와 세상에서 맡은 역할을 더 깊이 탐구하고 이해하도록 교육할 수 있는 기회다. 우리는 자기 자신의 경험에 대해서만 전문가일 뿐이라는 사실을 기억해야 한다.

자신과 자녀를 보호하기 위해 한계나 경계를 설정할 때, 아이를 무시하지 않는 적절한 언어를 사용해야 한다. 예를 들어, 당신이 회의 중이거나 전화 통화로 바쁜 상황에서 아이가 관심을 요구한다면, 아이를 그냥 떠밀거나 귀찮게 하지 말라고 말하는 것은 좋지 않다. 전화를 걸기 전에 먼저 아이에게 통화를 마친 후 함께 놀거나 안아줄 것이라고 약속한다면, 아이의 필요를 이해하면서도 자신의 일을 처리할 수 있다. 이것은 경계선을 설정하는 완벽한 예시다. 이렇게 하면 자신의 한계를 설정하는 동시에, 사랑하는 자녀의 필요를 충족해주겠다는 의지를 자연스럽게 전달할 수 있다.

부모는 자주 과로와 탈진을 경험하는데, 이는 자녀와의 경계선을 설정하지 않은 데서 비롯된다. 부모로서 경계선을 설정하는 일은 어려울 수 있다. 자녀를 돌보면서 아이의 요구를 들어주는 것과 너무 많은 일을 해내려다 지쳐버리는 것 사이의 경계를 지키는 것은 정말 어려운 문제다. 나는 부모나 보호자로서 경계선을 어떻게 설정해야 할지 알기 위해 자신만의 뉴로사이클을 진행할 것을 추천한다. 이렇게 하면 자신의 역할을 수행하면서도 자녀와의 관계를 강화하고, 아이가 한 인격체로 성장하도록 행동할 수 있다.

자녀와 경계선을 설정할 때 기억해야 할 점은, 다른 사람의 경험과 감정을 존중하면서 경계를 설정할 수 있다는 것이다. 아이에게 당신의 시간, 공간, 사생활, 감정을 존중하는 법을 가르치고 싶어 하는 만큼 당신도 자녀의 시간, 공간, 사생활, 감정을 존중해야 한다. 이 원칙은 아이가 아주 어릴 때도 적용된다. 아이에게 다른 사람과 건강한 경계를 설정하는 방법을 가르쳐주려면, 함께 있을 때 안전하다고 느끼는 사람, 즉 당신과 함께 경계를 설정하는 '연습'을 해야 한다. 그러므로 자녀에게 주의를 기울이고, 자녀가 허용하는 것과 거부하는 것이 무엇인지 세심하게 듣는 연습을 하는 것이 중요하다.

이렇게 하기가 매우 어렵다는 것을 이해한다. 하루에 하나씩 실천해보자. 아이에게 양치질을 시키고, 신발을 신게 하고, 손을 씻게 하는 것처럼 아이의 학습과 성장을 위해 당신의 의지를 따르도록 강요해야 하는 상황이 많다.

때로 양육에 필요한 부분과 부모의 역할이 자녀의 의지를 억눌러야 할 때가 있다. 하지만 아이의 한계와 경계를 존중하며 경계선을 가르치는 것이 더 나은 경우가 있다. 예를 들어, 어떤 아이는 심지어 부모와도 신체적으로 접촉하는 것을 좋아하지 않을 수 있다. 하지만 이는 전혀 문제가 되지 않는다. 부모는 현재 무슨 일이 일어나고 있는지 정확히 이해하기 어렵겠지만, 그럴 때조차도 아이가 원하는 것을 이해하고 아이의 물리적인 경계를 존중해야 한다. 중요한 것은 아이를 위해 곁에 있어주고, 아이에게 문제가 생겼을 때 언제든지 부모에게 이야기할 수 있음을 알려주는 것이다. 아이가 자신을 알아가고 원하는 것을 탐구할 수 있는 안전한 공간을 만들어주는 것이 제일 중요하다.[17]

아이들은 경계선의 개념을 완전히 이해하지 못할 수 있지만, 자신이 좋아하지 않는 것이 있다는 사실은 잘 안다(아이의 선호도는 시간이 지나면서 바뀔 수 있다). 부모가 아이의 공간을 존중하면서 아이가 자신이 누구인지, 무엇을 원하는지 찾기를 바란다는 사실을 알려주면, 자녀에게 자신감을 심어주고 자신의 필요나 경계선을 표현해도 괜찮다는 사실을 알려줄 수 있다.[18] 이는 또한 아이에게 어린 나이부터 거절해도 괜찮다는 사실을 가르쳐서 상호 동의의 중요성을 알려줄 기회가 된다.

아이에게 이를 설명하는 좋은 방법은 누군가가 당신에게 소리를 지르거나 불쾌한 말을 할 때 그에게 어떻게 말할지 소리 내어 표현하는 것이다. 이런 상황에서 더는 그들과 어울리지 않겠다는 말을 어떻게 전할지 예시를 들어 이야기해주고, 아이에게 생각의 경계를 설정하는 일이 이와 비슷하다고 설명하면 된다. 다만, 이번에는 다른 사람이 아니라 자신에 대한 부정적인 생각과 관련되어 있다는 점이 다를 뿐이다. 예를 들어, 팀이 '나는 골칫덩어리야'라고 생각할 때마다, 이렇게 바꿔 생각하게 했다. "아니야. 너는 골칫덩어리가 아니야. 너에게 사랑을 줘야 할 사람들이 너를 힘들게 했어. 그 사람들이 골칫덩어리야."

정체성 위기를 관리하지 않으면 광범위하게 영향을 미칠 수 있다

최근 연구에 따르면, 아이의 자아감은 4세 혹은 그보다 더 어린 나이에 형성된다고 한다.19) 어린아이가 구체적인 경험과 상황에 기반하여 자아를 인식할 뿐 아니라, 성인이나 더 나이가 많은 아이처럼 자신의 성격, 자존감, 정체성을 이성적으로 판단할 수 있는 능력을 지녔다는 사실이 밝혀졌다. 아이들은 과거의 연구에서 발표된 것보다 훨씬 더 통찰력이 있다. 이는 아이의 정체성이 우리가 이해하고 믿어왔던 것보다 더 유연하며, 경험에 크게 영향을 받는다는 것을 의미한다.

어린아이의 정체성은 주변 환경과 모든 사람에 의해 형성된다. 이는 아이가 '나는 그림을 잘 그렸어'라는 생각처럼 구체적인 행동이나 결과물에만 초점을 두는 것이 아니라, '나는 그림을 잘 그릴 수 있어'라는 일반적인 특성과 능력의 관점에서 자신을 이해할 수 있다는 뜻이다. 아이는 경험을 통해 얻은 통찰력을 토대로 '내가 이렇게 말하고 행동했으니 나는 좋은 아이야'라고 생각할 수 있다.[20] 하지만 아이가 자신을 긍정적으로 이해하고 평가할 수 있는 것과 마찬가지로, 실패를 경험하거나 낙담할 때 자신을 부정적으로 생각할 수 있다는 점을 꼭 기억해야 한다.[21]

이 연구 결과는 두 가지 시사점을 던져준다. 첫째, 어린 나이에도 아이는 감정을 이해하고 추론할 수 있다. 따라서 우리는 아이가 삶에서 일어나는 일들을 이해하고 정체성을 바로 세워나가도록 적극적으로 도와주어야 한다. 둘째, 만약 아이의 통찰력과 사고뿐 아니라 삶의 경험까지 처리하고 관리하도록 돕지 않으면, 그것이 아이의 정체성에 영향을 줄 수 있다. 자아에 대한 아이의 통찰력은 주변 사람들과 제한된 삶의 경험으로 달라지고 형성된다는 것을 반드시 기억하라.

어린아이가 자신의 능력과 자존감과 정체성에 대해 유연하게 사고하는 능력은 맥락에 따라 형성된다. 자기에 대한 평가가 아이의 경험, 삶의 기억, 주변 사람들의 영향을 받는다는 뜻이다. 따라서 우리는 아이의 행동을 묘사할 때 언어를 매우 신중히 선택해야 한다. 특히 "너는"으로 시작하는 문장을 사용할 때 주의해야 한다. 일반적으로 아이는 우리의 말을 믿기 때문에 우리가 선택한 말과 문장이 아이를 잘못된 길로 인도할 수 있다.[22]

"너는"이라는 표현을 사용하면, 아이는 그 특정한 행동이나 특성이 자신의 고유한 정체성의 일부라고 생각할 수 있다. 예를 들어, 아이가 고집을 부리거나 공격성을 보일 때, 이를 어떤 상황에 대한 행동적 반응으로 보는 대신, 이것이 자신의 본질이며 바꿀 수 없는 것이라고 생각할 수 있다. 게다가 이러한 행동에 부정적인 피드백을 받을 때, 아이는 '나는 나쁜 아이'라고 자신을 비난하며 자신이 변할 수 없는 존재라고 여길 수 있다. '엄마, 아빠가 이렇게 말하고 있고, 또 내게 화를 내고 비난하며 벌을 주는 걸 보니, 나는 분명 나쁜 아이야.'

따라서 언어를 신중하게 선택해서 말하고, 부정적인 언어나 표현으로 아이를 정의 내리지 않도록 주의해야 한다. 그 대신 우리는 현재의 행동이 아이의 정체성을 영원히 결정하지 않는다는 것을 보여주어야 한다. 예를 들어, 아이가 신발을 신고 싶어 하지 않을 때, "너는 정말 고집이 세구나"라고 말하는 대신 이렇게 말하는 것이 좋다. "신발을 신고 싶지 않구나. 네가 나빠서 그런 게 아니라 다른 이유가 있겠지. 그 이유를 알려줄래?" 이렇게 반응하면 아이의 사고 능력을 존중하고, 정신적 유연성을 기를 기회를 제공하여 건설적인 방향으로 아이의 정체성을 발전시킬 수 있다.

"너는"이라는 표현은 아이의 정체성을 허물지만, "네가 이렇게 행동하는 이유가 있어"라는 표현은 아이를 비난하지 않으면서 건강하고 유연한 사고 능력을 촉진하여 아이의 정체성을 건강하게 성장시킬 수 있다. 행동의 이유를 묻는 것은 아이가 다른 관점에서 자신을 바라보도록 격려하여, 정신적으로 성장하고 회복 탄력성을 기르게 할 수 있다. 아이에게 '괜찮아. 나는 지금 이 모습이 진짜 네가 아니라는 걸 알아. 왜 그렇게 느끼는지 알아보자'라는 메시지를 전하는 것은 정체성 발달의 중요한 측면인 자율성과 자아감을 증진한다.

안전망 육아 VS 헬리콥터 육아

아이의 자율성을 키워주고 정체성을 구축하는 데 도움을 주려면, 부모와 보호자로서 어떻게 아이의 삶에 참여해야 할지를 알아야 한다. '헬리콥터 육아'는 자녀의 삶에 지나치게 간섭하거나 과도하게 관심을 갖는 양육 방식이다. 이는 자녀를 지속적으로 감시하고, 모든 행동을 지시하며, 매 순간 부족함 없이 채워주며 끊임없이 아이에게 그림자를 드리우는 양육 방식이다. 이렇게 하면 자녀는 자유롭게 놀고 성장할 수 있는 혼자만의 시간을 충분히 가질 수 없다. 헬리콥터 육아는 자녀가 건강한 삶의 기술과 습관을 배우고 발전시키는 기회를 박탈한다.[23]

이런 유형의 양육 방식은 아이의 정신적 성장에 영향을 미친다. 그리고 아이에게 이런 메시지를 전달한다. "부모님은 내가 혼자 할 수 있다고 믿지 않아. 나에게 뭔가 문제가 있는 것 같아." 이는 아이의 자존감에 영향을 미친다. 특히 부모나 보호자가 아이에게 "실수해도 괜찮아. 어떻게 상황을 개선할 수 있는지 알려줄게"라고 가르치지 못하고 항상 실수를 대신 처리해준다면, 아이는 나이가 들면서 정서 발달에 영향을 미치는 실수, 실패, 실망감에 대처하는 법을 배울 기회를 놓치게 된다.[24] 여러 연구에 따르면 헬리콥터 육아는 아이가 스스로 스트레스를 처리하고 관리하는 능력을 저하시키고, 높은 수준의 불안과 우울증을 유발한다. 이러한 문제를 제대로 관리하지 않은 채 성인이 되면 더욱 악화될 수 있다.[25]

부모가 이러한 양육 방식을 선택하는 이유는 다양하다. 미래나 세상에 대한 두려움, 또는 성장 과정 중 찾아오는 위험에서 자녀를 보호하려는 마음 등을 포함하여 다양한 이유가 있다. 어릴 때 사랑받지 못하거나 방치된 경험을 한 어른은 종종 자녀에게 지나치게 신경을 쓸 수 있다. 하지만 이러한 불안감은 자녀에게 고스란히 전달되고, 아이는 자신의 제한된 경험을 사용해서 이 신호를 해석하려 한다. 불행하게도, 부모를 기쁘게 하려는 욕망 때문에 아이는 어떤 식으로든 자신을 비난하려 한다. 이는 아이가 성장함에 따라 자아감에 영향을 미친다.[26]

'안전망 육아'를 선택하는 것이 훨씬 좋다. 이 양육 방식은 아이가 어려움을 겪고 실망하며 감정을 표현할 수 있도록 허용한 후, 비판 없이 안전하게 감정을 처리하도록 돕는다.[27] 이를 통해 아이는 배우고 성장하며 실패를 두려워하지 않는 자세를 기를 수 있다. 안전망 육아는 다음과 같은 마음가짐을 촉진한다. "더 이상 작동하지 않네? 괜찮아. 고치고 배우고 성장하자." 또한 아이와 적절한 거리를 유지하고 함께하면서도 아이가 물리적, 정신적으로 문제를 처리할 기회를 주는 것이다. 이러한 방식은 아이가 자신의 가치를 깨닫고 탄탄한 내면을 형성하는 데 도움을 주어, 결국 건강한 정체성을 형성하게 해준다.

안전망 육아를 이해하기 위해, 자녀가 곡예를 배우고 있다고 상상해보라. 당신은 사다리 아래서 아이가 꼭대기로 올라가다가 때로 발을 헛디뎌 미끄러지는 것을 초조하게 지켜보고 있다. 이제 아이는 작은 난간 위에 서 있다. 아이가 공중그네에 오르거나 줄 위를 걸으려 한다. 당신은 아이 발아래에 있는 안전망이다. 아이가 떨어질 경우를 대비해 두 팔을 벌려 그를 받아줄 준비를 하고 있다. 하지만 아이가 어려움을 겪고 노력한 후에만 받아줄 수 있다. 부모는 자녀가 실망하지 않도록 도와주고, 다시 일어나 시도할 수 있도록 튀어 올라가게 해주는 역할을 한다. 당신은 아이가 계속해서 줄타기, 공중그네, 화려한 체조 기술 등을 연습할 용기를 주는 토대다.

아이를 지나치게 보호하거나 너무 많은 관심을 기울이면, 아이가 좌절감을 느끼거나 자기 욕구에만 몰두하게 되어 정신적으로 성장하지 못하게 방해할 수 있다. 하지만 도전에 맞서고 그 상황을 이해하며 새롭게 바라보는 방법을 가르쳐주면, 아이의 성품을 발전시키고, 내재된 재능을 발견하게 해준다. 즉, 그들이 세상에 줄 수 있는 독특한 선물을 찾도록 돕는 것이다.

누구든 자신을 이해하는 과정에서 때로
흔들리고 헷갈릴 수 있다.
이는 어린아이도 마찬가지다.
중요한 것은 아이가 정체성의 위기를 경험할 때,
자신을 잃지 않도록
그리고 그 감정에 지배당하지 않도록
정신적으로 무장하는 계획을 세우도록 돕는 것이다.

17장
정체성 문제와 뉴로사이클

아이와 함께 정체성을 강화하기 위한 뉴로사이클을 진행하면서 관찰한 내용과 의견들을 일지에 기록하는 것을 추천한다.

3-5세: 어린아이는 일반적으로 주변 사람들이 자신을 어떻게 보는지를 통해 자신을 알아간다. 당신은 그들에게 거울과 같다.[1] 아이들은 어린 시절부터 이 '거울에 비친 모습'을 자기 안으로 받아들여 자신의 정체성에 통합해나간다. 이런 이유로 자녀에게 반응하기 전에 부모가 먼저 뉴로사이클을 하여, 자신의 모습이 아이에게 어떻게 비치고 있는지를 더 잘 인식하고 관리하기를 추천한다. 나는 자녀 네 명을 키우면서 부모가 아이에게 얼마나 쉽게 흥분하고, 즉각 반응하며, 나중에 후회할 말을 하거나 행동을 하는지를 몸소 느꼈다. 때로 우리는 모두 도움이 필요하다.

6-10세: 이 연령대의 아이들은 주로 친구와 맺는 관계를 매우 소중하게 여긴다. 이 관계는 그들이 자신을 바라보는 방식에 영향을 미친다.[2] 그들에게는 친구들과 연결되는 것이 매우 중요하다. 이 시기에 부모는 자녀를 다른 친구, 형제, 자매, 사촌과 비교하지 않

도록 주의해야 한다. 이렇게 비교하면 아이가 자신을 바라보는 방식에 부정적인 영향을 미치기 때문이다. 또한 이 나이대의 아이는 자신의 정체성, 취향, 신념, 좋아하는 활동 등을 표현하기 위한 단어와 문구를 배우는 데 도움을 주는 솔직하고도 편안한 대화를 많이 나누어야 한다.

1. 인식 모음

아이와 함께 경고 신호를 인식하는 과정에서 브레이니 캐릭터를 활용하여 질문하고 자극하는 방법을 사용해보라. 도움이 되는 몇 가지 방법을 소개한다.

- 자녀를 관찰하라. 아이가 특정한 감정적 신호를 계속해서 보내고 있는가? 분노, 불안, 걱정, 자기 연민, 시기, 자만심, 질투, 냉소, 절망과 같은 감정을 지속적으로 표현하는가? 어느 정도로 표현하는가? 얼마 동안 계속되었는가?
- 아이들의 행동이 어떻게 변화했는가? 어느 정도로, 얼마 동안 이러한 변화가 계속되고 있는가?
- 자녀가 경험하는 신체적 경고 신호를 살펴보라. 두통, 심박수 증가, 위장 장애와 같은 증상이 있는가? 어느 정도로, 얼마 동안 이러한 변화가 계속되고 있는가?
- 자기 자신에 대한 태도는 어떠한가? 아이는 자신을 어떻게 바라보는가?

위의 방법들을 활용하여 질문을 만들고, 자기 자신에 대한 감정을 알아가는 인식 모음의 과정을 도울 수 있다.

3-5세 아이의 경우

- 감정 경고 신호 상자(2부 참고)에서 아이가 자신에 대해 느끼는 감정을 표현하는 사진을 꺼내게 한다. 예를 들어, 거울을 보며 화난 표정을 짓고 있는 사람의 사진일 수 있다.
- 행동 경고 신호 상자에서 자기 자신에게 화가 났을 때 어떤 행동을 하는지 설명하는 사진을 꺼내게 한다. 예를 들어, 다른 사람들에게 고함치고 있는 사람의 사진일 수 있다.
- 신체 감각 경고 신호 상자에서 아이가 몸의 아픈 부위를 가리키는 사진을 꺼내게 한다. 두통을 앓고 있는 사람의 사진일 수 있다.
- 관점 경고 신호 상자에서 현재 자신에 대해 느끼는 감정을 가장 잘 표현하는 선글라스를 선택하게 한다.

6-10세 아이의 경우

- 아이가 감정 경고 신호 상자에서 자신에 대해 느끼는 감정을 가장 잘 설명해주는 사진, 단어, 문장을 꺼내게 한다.
- 행동 경고 신호 상자에서 자신에 대한 감정을 나타내는 행동을 가장 잘 설명하는 사진, 단어, 문장을 꺼내게 한다.
- 신체 감각 경고 신호 상자에서 자신에 대한 감정이 몸에서

어떻게 느껴지는지를 가장 잘 설명해주는 사진, 단어, 문장을 꺼내게 한다.
- 관점 경고 신호 상자에서 친구, 학교, 형제자매, 삶 전반에 대한 자신의 태도를 가장 잘 설명하는 사진, 단어, 문장을 꺼내게 한다.

2. 반영

자녀와 함께 뉴로사이클의 두 번째 단계를 진행하면서 아이가 자기 자신 그리고 자신의 가치를 어떻게 인식하고 있는지 이해하기 위한 질문은 다음과 같다.

- 특정한 경고 신호가 반복해서 나타나고 있는가?
- 그 경고 신호는 언제 시작되었는가?
- 얼마나 오래 계속되는가?
- 이런 경고 신호가 계속되는 시기에 아이의 삶에 특별한 변화를 느낄 만한 사건이 일어났는가?
- 아이가 자신을 부끄러워하거나 부정적으로 생각하는 것처럼 보이는가? 그 이유는 무엇인가?
- 아이가 삶에서 의미와 열정을 찾기 어려워하는 것처럼 보이는가?
- 아이의 정체성에 영향을 미칠 만한 일이 일어난 적이 있는가?(어떤 일이 일어났는가?)

3-5세 아이의 경우

아이에게 다음과 같이 물어볼 수 있다.

"장난감이 말을 할 수 있다면 너에게 뭐라고 말할까?"
"내가 너를 안아주면 어떤 기분이 들어?"
"지금 머릿속에 떠오르는 것을 그려줄래?"
"오늘 밤 어떤 꿈을 꿀 것 같니?"
"가장 좋아하는 것(소리, 게임, 사람, 음식, 활동 등)이 뭐니? 왜 좋아하니?"

6-10세 아이의 경우

아이에게 다음과 같이 물어볼 수 있다.

"네가 좋아하는 것이 무엇인지 찾기 어렵니?"
"네 삶에 일어난 일이 너 자신을 바라보는 방식에 어떤 영향을 미치고 있니?"
"너는 요즘 너의 일상에서 학교생활이나 친구들에 대한 흥미가 사라진 것 같아. 왜 그렇게 느끼는 것 같니? 어떻게 너를 도와줄 수 있을까?"
"네가 자신감을 잃게 만드는 일이 뭐니?"
"네가 좋아하고 잘하는 일을 생각해봐. 그게 뭔지 하나씩 말해줄 수 있을까? 말하기 어렵다면 왜 그런 걸까?"(더 이상 대답할 것이 없어서 그러는지, 아니면 대답하기 어려워서 그러는지를 살펴 보라.)

"왜 이런 일이 일어나고 있다고 생각하니?"

"왜 그 사람처럼 되고 싶니?"

3. 쓰기, 놀기, 그리기

아이와 함께 인식 모음과 반영 단계를 진행할 때, 앞서 언급한 대로 관찰한 내용을 일지에 기록하는 것이 중요하다. 이런 기록은 치료사를 만나거나 가족과 친구들에게 설명할 때, 혹은 아이의 상황을 이해하고 도울 방법을 파악하기 위해 생각을 정리하는 데 유용한 자료가 될 것이다. 아이와 함께 뉴로사이클의 세 번째 단계를 진행하면서 아이가 자기 자신과 자신의 가치를 어떻게 인식하는지를 더 깊이 이해하고 개발하는 데 도움을 주는 방법을 살펴보자.

3-5세 아이의 경우

아이가 인식 모음과 반영 과정에서 느낀 것과 관련한 그림을 그리거나, 연기를 하거나, 사진을 사용해서 생각을 정리하고 감정을 더 깊이 이해할 수 있게 하라. 이를 돕기 위해 인식 모음 단계의 경고 신호 상자에서 꺼낸 사진이나 단어를 일지에 붙여놓을 수 있다. 그리고 아이가 느끼는 감정과 관련된 다양한 사진이나 단어를 추가하도록 이끌어주라. 아이에게 그러한 감정과 관련하여 장난감으로 연기해보는 것은 어떤지 물어볼 수도 있다.

자녀가 스스로 도움을 청할 때까지 기다리고, 자녀의 요청에 따라 적절한 지원을 제공해야 한다. 안전망 역할을 하는 부모가 되어야 한다는 사실을 기억하라. 자녀가 도움을 청하기 전에 미리 개입하고 싶겠지만, 이런 충동을 억제해야 한다. 각 단계에서 아이가 많이 놀거나 글을 쓰거나 그림을 그릴 필요는 없다. 아이가 자신의 정체성을 발전시키고 관리하는 방법을 배울 시간은 충분하니 이 과정을 서두르지 않도록 노력하라.

6-10세 아이의 경우

아이가 경고 신호 상자에서 꺼낸 사진, 단어, 문장을 일지에 붙이고 각각에 대해 한 문장으로 쓰게 하라. 아이가 원하면 사진을 추가하거나 그림을 그려도 좋다. 아이가 자기 자신에 대해 어떻게 느끼는지를 생각이 떠오르는 대로 글을 쓰거나 그림으로 그리도록 격려하라. 아이에게 필요한 만큼만 도움을 주고, 아이 스스로 자유롭고 주도적으로 진행하도록 해야 한다.

4. 재점검

네 번째 단계에서는 아이가 자신을 다르게 볼 수 있도록 도와줄 방법을 몇 가지 찾아보고, 부모의 경험을 예로 들어 설명해보라. 이런 식으로 아이와 소통하면 서로 더 가까이 다가갈 수 있고, 부모두 정체성 때문에 고민했다는 것을 자연스럽게 전달할 수 있다. 이를 통해 아이는 인간이라면 누구나 이러한 종류의 고민을 겪는다는 것을 깨닫게 될 것이다.

이 단계를 진행할 때, 이전 장에서 언급한 "너는"이라는 표현이 어떻게 아이의 정체성을 흔들 수 있는지를 기억해야 한다. "너는"이라는 표현 대신 "네가 이렇게 행동하는 데는 이유가 있어"라는 표현에 집중하라. 이런 식의 표현은 아이에게 유연한 사고를 길러주고, 아이가 자신을 다른 시각에서 바라보게 해준다.

재점검 단계에서 아이와 논의한 내용을 적거나 그림으로 표현하는 것을 잊지 말라. 이러한 기록은 부모와 자녀가 협력하여 노력한 것이기 때문에, 부모가 중요하다고 생각하는 내용을 쓸 수 있고, 자녀는 단어나 문장이나 그림을 통해 도움을 줄 수 있다.

3-5세 아이의 경우

- 아이가 1-3단계에서 발견한 것들을 자세히 살펴본 뒤 근본적인 패턴이 있는지 확인하라. 그리고 아이가 생각하고 말하며 행동하는 방식을 형성하는 생각나무를 재해석하도록 도와주라. 예를 들어, 아이에게 이렇게 말할 수 있다. "동생이랑 놀 때 대장 역할을 못 하면 화를 내는 걸 봤어. 그럼 먼저 동생이 하고 싶은 대로 해보고 그다음에 네가 하고 싶은 대로 하면 어때?" 이렇게 하면 아이에게 자신이 효과적으로 일을 처리할 수 있다는 점과 목표를 달성하려는 욕구를 가지고 행동한다는 사실을 인식시켜줄 수 있다. 또한 자신이

놀이나 활동을 계획하고 이끄는 놀라운 능력을 지녔다는 사실도 깨닫게 해줄 수 있다. 아이가 화를 내는 것보다 더 좋은 방법을 찾을 수 있도록 돕는 것이다.

- 아이가 경계선이 존재하는 이유를 더 잘 이해하도록 도와줄 수 있다. 예를 들어, "내 일이 끝날 때까지 기다리는 게 너를 화나게 한다는 걸 알아. 화나게 해서 미안하지만, 나는 내 일을 마무리해야 해. 기다리는 동안 할 수 있는 다른 일이 있을까?"라고 말할 수 있다. 아이가 분노를 긍정적인 일, 즉 행복감을 주고 정체성과 연결되는 건설적인 활동(좋아하는 활동)으로 전환하도록 도와주라. 다음과 같이 말해도 좋다. "내 마음대로 보고 싶은 프로그램을 선택해서 속상한 걸 알아. 하지만 네가 행복해지는 일을 하고 싶은 것처럼, 나도 내가 행복해지는 일을 하고 싶어. 내가 이 프로그램을 보는 동안 너는 뭘 하고 싶니?" 이렇게 하면 아이는 자신과 부모가 다르다는 사실을 인식한다. 또한 부모가 자신에게 중요한 일을 하면서 '나다움'을 느끼는 것처럼, 아이도 자신에게 중요한 일을 하면서 더욱 '나다움'을 느끼게 될 것이다. 또 이렇게 말할 수도 있다. "TV를 꺼서 화가 났다는 걸 알아. 나에게 화를 내도 괜찮아. 하지만 이제 잠자리에 들 시간이야. 충분히 잠을 자지 못하면 내일 너무 피곤할 거야." 모든 아이에게는 사회적 정체성이 있다. 이는 아이들이 다른 사람과 관련하여 사회에서 자신의 다양한 역할을 인식하는 방식이다. 아이들은 자신의 사회적 정체성에서 자부심과 자존감과 항상성을 얻는다. 따라서 이러한 유형의 경계선을 재점검하도

록 격려하는 것이 중요하다.

6-10세 아이의 경우

6-10세 아이에게는 재점검 질문에 대한 답을 스스로 작성하고 싶은지, 혹은 도움이 필요한지를 물어보라. 그리고 이렇게 말하면 된다. "이 질문에 대한 답을 잘 찾을 수 있을 거야. 필요하면 내가 도와줄게."

예를 들어, 다음과 같이 말할 수 있다.

"괜찮아. 화가 나더라도 (또는 다른 감정이더라도) 그건 진짜 네가 아니야. 왜 그런 감정이 생겼는지 같이 생각해보자."

"가끔 네가 이런 상황에서 질투(또는 다른 감정)를 많이 느끼는 걸 눈치챘어. 그럴 때 너 스스로에게 이렇게 물어보렴. '내가 정확히 뭘 질투하고 있는 걸까? 왜 질투하는 거지? 내가 질투하는 그 사람을 통해 무엇을 배울 수 있을까? 왜 나는 이 특정한 친구나 상황에 대해 질투하는 거지? 이 상황에서 내가 어떻게 해야 할까? 내가 자랑스러워하고 더 많이 이루기를 바라는 일이 뭘까?' 나도 질투가 날 때 이런 질문을 하곤 해. 정말 도움이 되거든!"

"그런 사람들과 너를 비교하지 말고, 왜 그렇게 비교하게 되었는지를 스스로에게 질문해보면 어떨까?"

자녀와 이 단계를 진행할 때, 아이가 정체성 위기의 일부로서 나타날 수 있는 결함과 일반적인 실수를 식별하도록 가르치는 것이 좋다. 이는 수치스러운 경험이 아니라 스스로를 더 잘 이해하고 성장하기 위한 과정임을 강조하라. 가장 큰 결함과 실수는 때로 큰 장점과 관련되어 있다고 설명하라. 우리가 잘하고는 있지만 잘못된 방향으로 향하는 경우, 이런 상황이 일어날 수 있다. 문제가 무엇인지 제대로 인식하면, 뉴로사이클의 슈퍼파워를 활용하여 상황을 바로잡을 수 있다고 말해주라.

방금 제시한 예시를 기반으로 이렇게 말할 수 있다. "동생이 네 방식을 따르지 않고 자기 마음대로 할 때 자주 짜증을 내는 것 같아. 네가 상황을 잘 정리하고 놀이를 계획하는 걸 정말 좋아하기 때문에 그런 거야. 이런 점은 정말 똑똑한 거란다. 하지만 동생 때문에 화를 내면 놀이가 더 재미없어질 거야. 동생에게 어떻게 해야 더 재미있게 놀 수 있는지 친절하게 설명해보는 건 어떨까? 동생에게 네 계획을 잘 설명해봐. 함께 해보자. 내가 도와줄게."

개념을 재구성하는 진술로 사용할 수 있는 예시를 소개하겠다.

- 너는 너무 예민해 → "너는 네 감정을 중요하게 생각하기 때문에 네 감정을 인식하고 존중하는 거야. 감정을 강하게 느끼는 것은 아무 문제가 없어."
- 너는 공격적이야 → "너는 열정적이지만 때로는 올바르게 표현하는 법을 배워야 해. 다행히 매일 더 나아지고 있어!"
- 너는 항상 그렇게 해 → "과거에는 그랬을 수도 있지만, 이제는 무엇을 해야 하고 무엇을 하지 말아야 하는지를 배워가고 있어. 과거는 미래를 결정하지 않아!"

- 너는 쓸모없어 → "다른 사람들이 정한 유용함의 기준에 너를 맞추지 마. 너에게 무엇이 유용한지 스스로 정하렴."
- 너의 모든 감정을 사랑할 수 있는 사람은 아무도 없어 → "있는 그대로의 네 모습과 네가 세상에 기여하는 부분을 이해해주고, 너를 사랑하는 사람들이 있어. 너는 특별하단다!"
- 너는 제대로 하는 게 아무것도 없어 → "너도 다른 사람들처럼 실수한다는 걸 알고 있어. 하지만 이런 실수가 배움의 기회가 될 거야."

5. 능동적 목표

재점검 단계에서 배운 것을 연습할 수 있는 간단한 문구나 동작을 아이와 함께 만들어보라. 아이가 이를 이해하면, 하루에 최소 일곱 번 이상 이 문구를 말하거나 동작을 하도록 상기시키는 장치를 고안하라. 이렇게 하면 새로운 생각을 연습하게 되어 생각나무를 건강하고 튼튼하게 만들 수 있다.

능동적 목표는 아이가 매일 전진하며 성장하도록 도와주는 일종의 일일 성장 알림과 같다. 능동적 목표를 통해 아이가 올바른 방향으로 뇌를 변화시켜가고, 자신감을 가질 수 있도록 도울 수 있다.

3-5세 아이의 경우

3-5세 아이는 간단한 문구부터 시작해서 조금씩 발전해나갈 수 있다. 뉴로사이클의 첫째 날, 이 연령대 아이의 정체성을 위한 능동적 목표는 "나는 더 이상 화낼 필요가 없어요. 내가 특별한 사람이기 때문이에요"와 같이 간단한 말일 수 있다. 둘째 날에는 "내 장난감들은 내가 정말 친절하고 빨리 배우는 아이라고 말해요"로 발전할 수 있다. 셋째 날에는 "집에서 엄마를 도와 장난감을 정리할 수 있어요. 할 일이 참 많아요"와 같은 말을 해볼 수 있다.

6-10세 아이의 경우

6-10세 아이와는 간단하고 실행 가능한 것부터 시작해보라. 아이에게 큰 부담을 주지 않도록 노력해야 한다. 시간이 충분히 있다는 것을 기억하라! 정체성 개발은 단시간에 이루어지지 않는다.

뉴로사이클의 첫째 날, 이 연령대 아이가 정체성을 확립하기 위한 능동적 목표는 "다른 사람들의 삶을 보면 나에 대해 나쁜 기분이 든다는 걸 알아"와 같이 간단하게 시작할 수 있다. 둘째 날에는 "다른 사람들과 비교당하면 정말로 슬퍼져. 일주일 동안 나 자신과 내가 좋아하는 것에만 집중하고 어떻게 느끼는지 확인할 거야"와 같이 발전할 수 있다.

아이가 정체성의 위기를 극복하도록 돕는 또 다른 방법

다음은 뉴로사이클을 진행하면서 아이가 자신의 정체성을 발견하고 건강하게 세워가는 일에 도움이 되는 몇 가지 추가 정보다. 이는 또한 능동적 목표의 훌륭한 시작점이 될 수 있다.

- 아이의 실수를 지적하여 아이의 기분을 나쁘게 하고, 더 좋은 행동을 하도록 강요해서는 안 된다. 이런 방식은 생산적이지 않을뿐더러 아이에게 수치심을 줄 수 있다. 그 대신 아이가 실수에서 얻은 교훈에 중점을 두어 비판적이지 않은 방식으로 전달해보라. 부모가 과거의 실수에서 얻은 교훈을 들려주며 알려주는 것도 좋은 방법이다.
- 아이뿐만 아니라 누구든지 자아를 이해하는 과정에서 혼란을 겪을 수 있고, 변할 수 있다는 것을 기억하라. 주변 사람들의 의견과 세상에 영향을 받지 않기란 정말 어려운 일이다. 자신을 항상 완벽히 이해하지 못해도 괜찮다. 중요한 것은 아이가 자아 정체성의 위기를 경험하는 순간을 대비해 마음을 관리할 수 있는 기술을 터득하도록 돕는 것이다. 대비를 잘해두면, 감정이 자아 정체성을 휩쓸고 지배하지 않을 수 있다.
- 아이가 어떤 사람이 되면 좋겠다는 부모의 바람이나, 아이가 어떤 사람인지에 대한 부모의 판단에 따라서가 아니라, 아이가 스스로 자신의 정체성을 찾도록 돕는 것이 목표임을 반드시 기억하라.

아이가 인생의 기복에 잘 대처하도록
철저히 대비시킨다고 해도,
세상에는 상처받을 일이 너무 많다.
특히 자녀가 정신적 어려움을 겪고 있는 사람들과
교류할 때 더욱 그렇다.
그러므로 어릴 때부터 이런 문제들을 해결할 수 있는
정신적 도구 세트를 마련해주는 것은
매우 가치 있는 일이다.

18장
사회적 상호 작용

사회적 상호 작용은 다양하고 복잡해서 성인도 어려움을 느낄 때가 많다. 당신이 주변 상황을 이해하려 노력하며, 아직 세상을 배우고 있는 어린아이라고 상상해보라. 아마 사회적 상호 작용은 어려운 일일 것이다! 다행히도 아이가 힘든 상황이나 따돌림 등 부정적인 사회적 상황에 장기적으로 노출되었을 때 받는 악영향에서 벗어나기 위해 뉴로사이클을 활용할 수 있다.

뉴로사이클은 즉각적인 문제, 만성적인 문제에 모두 사용될 수 있다. 일상적인 어려움을 겪는 경우 다섯 단계를 수행하여 자녀가 흥분을 가라앉히고 생각을 정리하도록 도울 수 있다. 따돌림이나 놀림과 같이 장기간 지속되는 어려움은 경고 신호 패턴으로 나타나는데, 이를 위해 63일 동안 뉴로사이클을 수행해야 할 수도 있다.

자녀의 사회적 상호 작용을 관리하는 데 도움이 되는 체계를 마련하는 것은 매우 중요하다. 이는 자녀의 정신 건강에 영향을 미치는 주요 영역이기 때문이다. 아이가 인생의 기복에 잘 대처하도록 철저히 대비시킨다고 해도, 세상에는 상처받을 일이 너무 많다. 특히 아이가 정신적 어려움을 겪고 있는 사람들과 교류할 때 더욱 그렇다. 그렇기 때문에 어릴 때부터 이런 문제들을 해결할 수 있는 정신적 도구 세트를 마련해주는 것은 매우 가치 있는 일이다.

친구들과 다투고, 짝사랑 때문에 첫 시련을 겪으며, 자신과 타인의 기대에 부응하지 못하는 등 사회적 스트레스 요인은 피할 수 없다. 하지만 우리는 아이에게 이런 경험을 관리하는 방법을 가르칠 수 있고, 지금 그 관리법을 함께 살펴보고 있다! 우리가 실천할 수 있는 가장 좋은 방법은 자녀가 다른 사람과의 관계를 탐색할 때 느끼는 슬픔, 분노, 좌절감을 경청하고 인정하려 노력하는 것이다. 그리고 문제의 근원을 찾아 상황을 개선하고 관리하기 위해 현재 느끼는 구체적인 감정을 포용하고(인식 모음), 처리하며(반영과 쓰기, 놀이, 그리기), 재개념화(재점검, 능동적 목표)하여 마음의 평화를 유지하도록 안내해주어야 한다.

따돌림

앞서 언급한 것처럼 따돌림은 신체적, 정신적, 정서적 측면에서 해를 끼치므로 부모가 훨씬 더 많이 지지해주고 개입해야 하는 사회적 상황이다. 불행하게도 많은 아이가 따돌림을 당하거나 따돌림을 시킨다. 따돌림은 아이의 행복을 장단기적으로 해칠 수 있다. 따라서 어떤 경우에도 절대 무시하거나 억누르지 말고 적절히 대응해야 한다.

여기에는 온라인에서 경험하는 따돌림도 포함된다. 소셜 미디어의 등장 이후 '사이버불링'(Cyber Bullying, 온라인에서 특정인을 집단적으로 따돌리거나 집요하게 괴롭히는 행위-역주)은 아이들 사이에서도 주요한 이슈가 되고 있다. 부모는 아이가 온라인에서 따돌림을 당하는지 인식하지 못하는 경우가 많고, 설령 인식한다고 해도 개입하기 어렵다.

최근 통계에 따르면, "전 세계적으로 지난 한 달 동안 세 명 중 한 명의 아이가 따돌림을 당했다."[1] 따돌림에 노출된 아이들은 교육적, 사회적, 신체적 피해를 입을 수 있고, 이 피해는 성인이 되어서도 지속되는 경우가 많다.[2] 따돌림은 아이가 세상 속에서 자신을 인식하고, 주변과 관계를 맺으며, 사람들과 신뢰를 구축하는 방식과 밀접하게 연결된 트라우마의 한 형태다.[3]

따돌림을 예방하기 위해서는 부모, 교육자, 지역 사회의 구성원이 모두 함께 공동으로 협력해야 한다. 부모, 교사, 치료사, 심리학자, 의사, 학교 관리자, 학교 상담사 등 '마을 전체'가 협력하여 실질적인 변화를 이루어내야 하는 작업이다. 이러한 변화는 가정과 학교에서 "다양한 전문 분야를 통합하는" 방식으로 이루어져야 한다. 학교는 신중하게 구성한 그룹 기반 학습 활동을 통해 또래 집단이 긍정적으로 상호 작용할 수 있는 기회를 늘리는 전략을 세워야 한다. 또한 가정도 이러한 전략을 적용해야 한다.[4]

사실 따돌림은 단순히 학교에만 국한된 문제가 아니다. 학교에서 따돌림당하는 아이와 집에서 형제자매에게 따돌림당하는 아이 사이에는 강한 연관성이 있다.[5] 부모가 가정에서 할 수 있는 일은, 왕따를 당하는 아이뿐 아니라 온 가족이 함께 뉴로사이클을 사용하여 아이가 학교에서 행동하는 방식에 영향을 줄 수 있는 부정적인 사회적 습관이 자리 잡지 못하도록 예방하고 개선하는 것이다.

나는 20년 넘게 근무한 남아프리카 학교에서 뉴로사이클을 사용하여 아이들의 마음 관리를 도왔다. 더불어 그것이 사회적 상호작용에 미치는 영향을 관찰하며 간접적으로 따돌림 문제를 해결했다. 이 방법은 아이들이 학교와 집에서 부모나 보호자와 함께 적용할 수 있다. 또한 나는 아이들이 학습 방법을 개선하는 데 도움이 되는 뉴로사이클 방식도 가르쳤다(나의 책 『생각하고 배우고 성공하라』에서 자세히 다루었다).

이를 통해 뉴로사이클이 따돌림의 원인과 결과를 관리하는 데 큰 도움이 되는 방법임이 증명되었다. 이 방법은 처벌 중심의 접근 방식에서 마음 관리, 정체성, 두뇌 발달을 통해 정서적, 인지적 발달의 균형을 맞추는 접근 방식으로 초점을 옮겼다. 학생들이 자신의 감정을 포용하고, 처리하며, 재개념화할 수 있게 되자 따돌림의 원인이 된 정서적 방치, 충족되지 않은 욕구, 정체성 문제를 해결하는 데 도움이 되었다. 이는 결과적으로 아이들의 공감 능력을 길러주었고, 자신이 다른 사람들에게 미치는 영향을 인식하게 해주었으며, 자신이 더 큰 공동체의 일부라는 사실을 깨닫게 해주었다. 학생들이 자신의 마음과 뇌를 구축하는 방법을 배우면서 그들 안에 창의력과 자신감과 지적 호기심이 발달했다. 이는 그들의 감정과 내적 동기를 관리하여 따돌림을 줄이는 효과를 낳았다.

이 이야기가 그저 동화처럼 들릴 수 있지만, 당신도 자녀와 함께 도전해볼 수 있다. 아이의 감정과 정신 건강을 관리하기 위해 뉴로사이클을 사용할수록, 이런 부정적인 사회적 상황이 바뀌어 아이가 더욱 깊고 의미 있는 관계를 맺을 수 있게 될 것이다.

공감 능력

따돌림 문제를 해결하는 가장 좋은 방법은 아이들의 공감 능력을 키우는 것이다. 아이는 공감을 통해 모든 사람이 저마다 관점, 느낌, 감정을 가지고 있으며, 이를 존중해야 한다는 것을 이해할 수 있다.[6] 이는 자신의 의견을 다른 사람에게 강요하지 않도록 가르치고, 자기중심적이 아니라 이타적으로 생각하게 해준다. 아이의 공감 능력이 커질수록 상대방과 상황에 따라 자신의 행동을 조절하는 방법을 더 많이 배울 수 있다. 연구에 따르면, 아이가 세 살이 되면 자신의 감정과 경험이 다른 사람과 다르다는 것을 이해할 수 있고, 동정심을 느끼며, 공감을 표현할 수 있다. 이 시기에 자녀에게 공감하는 법을 가르치는 것은 결코 이르지 않다!

앞서 언급했듯이 공감 능력은 아이의 정체성 발달에도 도움이 된다. 정체성, 자율성, 공감, 회복력은 모두 서로 얽혀 있다. 다른 사람들의 독특함을 이해할수록 자신의 고유함을 인식하고 소중히 여기는 법을 더 많이 배우기 때문이다. 또한 한 연구에 따르면, 공감 능력이 뛰어난 아이들은 의사소통 능력도 뛰어나기 때문에 갈등과 괴롭힘을 덜 경험하는 것으로 나타났다.[7]

아이의 공감 능력은 다음과 같은 특성이 있다. 이 특성들은 아이와 함께 재점검 단계를 수행할 때 도움이 된다.

- 자신이 주변 사람과 구별된 독립된 존재임을 이해하고, 다른 사람도 각자 다른 감정과 관점을 지니고 있음을 이해할 수 있다.
- 자신과 주변 사람의 감정을 인식하고, 그 감정에 이름을 붙일 수 있다.
- 자신의 감정적 반응을 조절할 수 있다.
- 다른 사람의 입장에서 생각하여 그들이 상황이나 사람에 대해 어떻게 느낄지 상상할 수 있다.
- 특정 상황에서 어떤 종류의 행동이나 반응이 다른 사람의 기분을 좋게 만드는지 상상할 수 있다.[8]

공감 능력은 영아기, 유년기, 청소년기를 거쳐 발달하고, 우리의 본성, 양육, I-팩터에 의해 형성된다(16장 참고). 공감 능력은 인간의 기본 속성 중 하나지만, 아이가 자기 조절을 통해 실천하고 발전시킬 수 있도록 격려해야 할 부분이다.

우리가 무엇을 살펴야 하는지 모르면 아이의 공감 능력 신호를 놓칠 수 있다. 예를 들어, 아이들은 처음 보는 아이보다 친한 친구와 더 복잡하고 서로 이해하며 공감하는 방식으로 놀 것이다.[9] 또한 유아가 다른 아이들은 어떤 어려움을 겪고 있는지 물어보며 공감을 표시하는 경우도 있다.[10] 예를 들어, 어린아이는 제한된 어휘나 몸짓을 사용하여 다른 아이가 왜 우는지 물어볼 수 있다.

부모이자 보호자는 아이와 함께 뉴로사이클을 진행하며 자기 조절력을 통해 공감 능력을 촉진하도록 도울 수 있다. 인식 모음 단계에서는 아이의 이야기에 귀를 기울이고 아이가 한 경험을 확인함으로써, 자신과 타인의 감정이 중요하다는 사실을 가르칠 수 있다. 아이와 함께 반영 단계와 쓰기, 놀기, 그리기 단계를 진행하면서 아이의 감정과 반응이 실제적이고 타당하며, 아이의 고유한 경험이 중요하다는 것을 알려줄 수 있다. 아이와 함께 재점검과 능동적 목표 단계를 수행하면서 아이의 경험과 반응이 어떻게 독특한지 알려주고, 어떻게 반응할지와 어떤 사람이 되고 싶은지 스스로 선택할 수 있다는 사실을 가르쳐줄 수 있다. 다른 아이나 어른이 어떻게 반응할지와 어떤 사람이 될지를 선택하는 것처럼 말이다.

공감은 사과하는 것과 많은 관련이 있다. 특히 아이가 어려서 사과의 의미를 온전히 이해하지 못하는 경우, 미안하다고 말하도록 강요하기보다는 상대방을 공감해보도록 가르칠 수 있다. 예를 들어, 아이가 형제(자매)와 놀다가 화를 내고 때려서 맞은 아이가 울고 있다면, 이렇게 말할 수 있다. "이것 봐, 네 동생이 정말 슬퍼서 울고 있단다(인식 모음). 네가 때려서 아파하고 있어(반영). 어떻게 해야 동생의 기분을 풀어줄 수 있을까(재점검)? 좋은 방법을 찾아 꼭 안아주거나 뽀뽀를 해주면 어떨까? 다음에 화가 났을 때는 어떻게 할 거니(능동적 목표)?"

아이에게 무엇을 잘못했는지만 말하지 말고, 함께 뉴로사이클을 하면서 공감하는 표현을 사용해보라. 다음과 같은 표현들을 사용할 수 있다.

"내가 보기엔 네가 화난 것 같아."
"네가 나에게 화가 난 것처럼 보여."
"네가 슬퍼하고 있다는 걸 알겠어."

"너는 지금 짜증이 나는 것 같아."

"너는 지금 여러 감정을 느끼고 있는 것 같아. 그 감정을 해결하기 위해 도움이 필요하니?"

이런 말들을 통해 다른 사람이 겪고 있는 어려움을 이해하고, 문제를 해결하려 노력하고 있음을 아이에게 보여줄 수 있다.

애착

사회적 상호 작용의 핵심은 애착을 형성하고, 깊고도 의미 있는 관계를 발전시키는 것이다.11) 아이에게 의존적 특성이 있다는 것은 가족과 보호자가 아이의 사회적 경험을 개발하고 인식하는 방식에 많은 영향을 끼친다는 것을 의미한다. 아이는 태어나자마자 보호자와 유대감을 형성한다. 이 애착을 통해 아이는 세상을 발견한다. 아이들은 일반적으로 부모를 삶의 본보기로 삼는다. 연구에 따르면, 아이들은 부모에 대해 이상적인 기대를 품으며, 이 기대를 바탕으로 자신이 받아왔던 양육 방식과 부모와의 애착 관계를 평가한다. 어린 시절에 품었던 부모에 대한 기대와 부모의 실제 행동 간의 상호 작용은 자아 개념, 자존감, 가치관, 관계 역학(관계에서 일어나는 변화) 그리고 성격 형성에 영향을 미친다.12)

그러나 우리에게 가장 중요한 관계 중 하나는 나 자신과의 관계이며, 이는 어린 시절 형성된 애착에 의해 형성된다. 일반적으로, 아이는 애착을 연속적으로 경험한다. 어떤 애착은 깊고 의미 있는 연결에 대한 자연스럽고 깊은 욕구를 충족해주는 좋은 애착으로, 이를 통해 아이는 자신의 욕구를 충족하는 방법을 배우고, 편안함과 안전함을 느낄 수 있다. 이러한 애착은 아이의 생리학적, 신경학적, 심리 사회적 발달에 긍정적인 영향을 미친다.[13]

일부 애착은 보다 중립적일 수 있지만, 아이가 자신을 표현할 수 있을 만큼의 애정과 격려가 충분하지 않을 수 있다. 따라서 아이가 자신이 사랑받고 있다는 것을 알더라도, 실제로 사랑받고 있다고 느끼지 못할 수도 있다. 불행하게도 일부 애착은 독성이 있고 해로울 수 있으며, 행동 문제(예를 들어, ADHD), 불신, 세대 간 양육 문제 및 여러 신체적, 정신적 건강 문제를 일으킬 수 있다.[14] 극단적인 예로, 어린 시절 트라우마로 생겨난 독성 애착은, 긍정적인 것과 부정적인 것이 모두 뇌의 신경망에 연결되어 있다는 신경가소성의 역설 때문에 청소년기와 성인기에 해로운 방식으로 작용할 수 있다. 그러나 이 책에서 여러 번 지적했듯이, 이러한 부정적인 애착은 바꿀 수 없는 운명이 아니다. 애착을 포함하여 우리 안에 형성된 모든 것은 재구성될 수 있다.

팀의 이야기에서 본 것처럼, 어린 시절에 불공평하고 혐오스러운 경험을 한 것은 끔찍한 일이다. 그는 유아기부터 기본적인 애정과 지지를 받지 못했다. 태어날 때부터 어머니의 사랑과 위로를 받지 못하고 오히려 학대당했다. 팀의 어머니는 그를 육체적 고통으로부터 보호하기는커녕 상처를 입히고, 다른 사람들이 팀을 다치게 할 때 방관했다. 그녀는 팀이 말을 배우기 시작하자 자신의 학대를 가리기 위해 악몽, 배변 실수, 멍과 질병에 대한 질문을 받으면 거짓말로 대답하라고 지시했다. 치료가 필요한 순간에 팀의 어머니는 아이의 고통과 어려움을 무시했다.

팀과 함께하는 시간은 무척 근사했다. 그는 친절하고 총명하며 적응력이 뛰어났다. 나는 팀이 끔찍한 일을 겪었는데도 여느 행복한 여덟 살 소년과 똑같아 보여 놀랐다. 팀은 나와 대화를 나누는 중간중간 강아지와 놀고, 바다에 나가 여동생과 수영도 했으며, 마음과 뇌에 대한 훌륭한 비유와 심오한 질문을 계속해서 쏟아냈다.

팀의 이야기에서 우리는 인생의 시작이 끔찍했다고 해서 남은 인생까지 불운한 것은 아님을 배울 수 있다. 팀은 어렸을 때 최악의 양육 환경에서 자랐고, 왜곡된 애착 관계를 맺고 있었다. 그러나 팀의 멋진 새아버지와 새어머니가 14장에서 보여주듯이, 아이를 사랑으로 흠뻑 적시고 마음을 다스리도록 도와주면서 치유가 시작되고 변화가 일어날 수 있었다.

애착이 어떤 형태여야 하는지에 대한 특정 규칙은 없다. 그렇기 때문에 자녀가 자라나는 문화적 맥락 안에서 안전과 자유와 자율에 대한 감각을 키우는 것이 더 중요하다. 건강한 애착감은 개인의 성향과 문화적 환경에 따라 다르게 나타나고, 아이가 세상을 탐험할 수 있는 안전한 기반을 구축하고 유지시켜준다(16장의 '안전망 양육의 원칙'을 참고하라).15) 팀의 부모는 그에게 이러한 기반을 마련해주었으며, 치유와 탐험을 시작할 수 있는 능력을 길러주었다. 팀의 새로운 부모는 사랑이 가득한 애착을 형성함으로써 아이가 자신의 내면에 있는 것을 찾고 탐구하도록 도왔다.

아이들은 인지적 유연성, 멀티태스킹 능력, 기대나 상황의 변화에 따라 생각을 조정하는 능력 등 다양한 형태의 인식 능력을 지니고 있다. 이러한 능력은 유년기와 청소년기에 가장 강력하게 나타나며 나이가 들수록 감소한다. 아이들은 환경 변화에 반응하고 적응하며, 다시 적응할 수 있다. 그러나 어린 시절에 스트레스와 트라우마에 노출되면 인지적 유연성이 손상된다.[16] 따라서 아이에게 마음 관리와 자기 조절 능력을 빨리 가르칠수록, 사회에서 활동하며 상호 작용할 때 이러한 유연성을 활용하는 방법 및 성장과 발전의 밑거름이 되는 애착 형성 방법도 더 빨리 가르치는 셈이다.

자녀와 함께 뉴로사이클을
활용하는 것은 어렵지 않다.
더 큰 효과를 내기 위해 특정한 방식을 사용하거나
특정한 장소를 고집할 필요는 없다.

19장
사회적 상호 작용과 뉴로사이클

 이제 소개할 이야기에서는 뉴로사이클의 5단계를 활용해 어려운 상황에서 부모가 마음을 다스리고, 현재 상황에서 자녀를 도울 수 있는 축소된 뉴로사이클 과정을 볼 수 있다. 엄마, 아빠, 일곱 살 쌍둥이 딸, 열 살 아들로 구성된 다섯 명의 가족이 친인척 모임에 참석하는 장면을 상상해보라. 차에서 내리려는 순간 쌍둥이 중 하나인 샨탈이 울기 시작한다. 샨탈의 오빠는 사촌네 있는 막 태어난 강아지를 보고 싶었기 때문에 여동생에게 울면 얼굴이 빨개지고 보기 흉하니 울음을 멈추라고 소리친다. 오빠의 고함 때문에 상황은 더욱 악화되고, 샨탈은 흐느껴 울다가 가족 모임에 참석하기 싫다고 비명을 지른다. 샨탈은 친척들이 싫고, 자신을 놀리기 때문에 할머니 집에 들어가지 않겠다고 고집을 부린다. 사촌들은 항상 샨탈이 너무 마르고 키도 작은 데다가 멍청한 안경을 쓰고 있다고 놀렸다. 이제 샨탈의 쌍둥이 여동생 제인도 울기 시작한다.
 처음에 샨탈의 부모는 모임에 가면 분명 재미있을 것이고, 친척들이 모두 샨탈을 사랑하며, 안경을 쓰고 있으면 더 똑똑해 보인다고 설득했다. 또 샹탈은 한창 키가 자라는 중이니 다른 사람들의 놀림은 무시하라고도 했다. 할머니가 샹탈을 사랑하고 보호해줄 것이고, 할머니 집에 가지 않으면 할머니가 매우 슬퍼하실 것이라고 달래기도 한다. 그러나 샹탈은 계속 울었다.

결국 부모는 화를 내며 큰 소리로 "넌 우리 모두를 당황시키는구나. 모든 식구가 우리가 도착한 걸 알고 있어! 아무것도 아닌 일로 소란 피우지 마. 지금 집에 돌아가면 주말 내내 휴대폰을 압수할 거야!" 제인도 소리치기 시작한다. "도대체 왜 그래? 나도 빨리 들어가서 강아지랑 놀고 싶어!" 그러자 오빠는 "넌 왜 제인처럼 못하니?"라고 소리친다. 예상했지만, 이 모든 말은 상황을 더욱 악화시킬 뿐이다.

엄마는 상황이 더 나빠지고 있는 것을 알아차리고 뉴로사이클을 하기로 결정한다. 먼저 뉴로사이클을 자신에게 적용한다. 그녀는 '인식 모음' 단계를 통해 가족이 겪고 있는 현재의 좌절감을 이해하고, 이 좌절감이 자신의 몸을 얼마나 긴장시키고 있는지를 인식한다. 그리고 '오늘 하루는 다 망쳤다'는 태도로 퉁명스럽고 짜증스럽게 말하고 있는 자신의 모습을 발견한다. 그런 다음 그녀는 샹탈이 평소와 매우 다르게 행동하는 모습과 친척들이 놀란다고 불평했던 것을 기억한다. 그녀는 샹탈이 얼마나 화가 났는지를 '시각화'하기 시작한다(글쓰기를 시각화로 대체할 수 있다). 그러고 나서 그녀는 이 상황을 샹탈의 관점에서 보기 위한 '재점검' 단계를 통해, 샹탈에게 가족 모임 참석이 얼마나 무서운 상황인지를 이해하게 된다. 일단 이렇게 하면 '능동적 목표'에 도달하기 쉬워진다. 그녀는 뒷좌석에 가서 딸을 사랑스럽게 팔로 감싸 안아주며 짜증을

낸 것에 사과한다. 그리고 그녀는 샤탈이 할머니 집에 가야 하는 이유를 설명한다. 엄마는 부모님과 자매들을 만나기 위해 설레는 마음으로 오랜 시간 운전해왔고, 지금 당장 집으로 들어가서 만나고 싶은 마음이 가득하다는 사실을 말이다. 또한 엄마는 샤탈을 너무 사랑하고, 샤탈이 존재한다는 것만으로도 큰 기쁨이며, 샤탈이 무슨 말이나 행동을 하든 이 사실은 결코 변하지 않을 것이라고 말한다. 이 모든 과정은 단 몇 분밖에 걸리지 않지만 두 사람 모두를 진정시키는 데 도움을 주었다.

그런 다음 엄마는 샤탈이 이 상황을 어떻게 극복할 수 있는지에 초점을 맞추어 샤탈과 함께 또 다른 뉴로사이클을 시작한다. 그녀는 "할머니 집에 들어가기 싫구나"(행동 경고 신호)라고 말함으로써 샤탈이 자신의 감정을 인식하도록 돕는다. 엄마가 "지금 기분이 어떤지 말해줄 수 있니?(감정적 경고 신호) 몸은 아프지 않니?(신체 감각 경고 신호)"라고 묻자 샤탈은 자신이 무섭고 배가 아프다고 대답한다. 머리도 아프고 울고 싶다고 말한다. 여기에 엄마는 다음과 같이 반응한다. "네가 또 놀림받을까 봐 겁이 많이 나는 것 같아. 그러면 너 자신을 나쁘게 생각하게 되는구나(관점 경고 신호). 그렇지?"

그런 다음 엄마는 샤탈과 함께 반영 단계를 진행한다. 기분을 상하게 하는 사람들과 함께 있기 힘들다는 것을 이해하고, 사촌들이 샤탈에 대해 한 말이 상처를 주었다고 설명하면서 샤탈의 경험을 확인한다. 엄마도 이전에 직장에서 사람들이 불친절한 말을 했을 때 비슷하게 느꼈고, 한동안 직장에 가는 것이 매우 어려웠다고 설명한다. 그러자 나머지 가족도 갑자기 자신들이 겪은 비슷한 경험을 공유하기 시작한다. 이 시점에서 샤탈은 울음을 완전히 멈추고 가족들의 말을 듣는다. 이 과정을 통해 가족 모두가 왜 샤탈이 상처를 받았는지 함께 생각하게 되었고, 샤탈이 놀림받았던 장면을 마음속으로(또는 글로 쓰며) 회상하도록 유도한다. 사촌 중 한 명이 샤탈의 편을 들어줬지만, 오늘은 그 사촌이 없을지도 모르기 때문에 샤탈은 염려하고 있다.

그런 다음 가족이 함께 이 문제를 어떻게 해결할 수 있는지 재점검한다. 사촌들이 샤탈에게 못되게 굴면, 샤탈의 가족이 도와주기로 했다. 샤탈은 시력이 좋지는 않지만 유명한 사람처럼 멋진 안경을 썼고, 말랐어도 여전히 강인하며, 다른 사람을 놀리는 것은 못된 행동이고 기분 나쁜 일이니 그만두라고 말할 것이다. 가족은 또한 샤탈이 사촌들에게 그만하라고 말한 다음, 그 자리를 떠나도 된다고 알려준다. 모든 사람과 좋은 친구 사이로 지낼 수는 없고, 상대방이 변하지 않으면 나쁜 관계에서 벗어나야 할 때도 있기 때문이다. 만약 이런 방법이 효과가 없다면, 샤탈의 형제자매들이 어른들을 불러 이에 대해 논의하고 함께 해결하기로 가족 모두가 동의한다.

그런 다음 그들은 서로 포옹하며 샤탈에게 못되게 말한 것을 사과한다. 샤탈은 쌍둥이 자매의 손을 꼭 잡고 할머니 집으로 들어가기로 한다(능동적 목표). 샤탈은 할머니 집을 방문하는 일에 도움이 되는 계획이 있다고 확신하고 안심한다. 현관문으로 걸어가면서 샤탈의 아빠가 "사촌들과 마주할 용기를 낸 네가 정말 자랑스러워"라고 속삭여주자 샤탈이 활짝 웃는다. 자신이 가장 좋아하는 사촌과 자신을 기다리고 있는 할머니를 만나니 더욱 활짝 웃는다.

✳✳✳

자녀와 함께 뉴로사이클을 활용하는 것은 어렵지 않다. 더 큰 효과를 내기 위해 특정한 방식을 사용하거나 특정한 장소를 고집할 필요는 없다. 뉴로사이클의 각 단계는 필요한 순간에 빠르게 수행할 수 있다. 뉴로사이클은 어려운 상황에서도 생각을 정리하도록 설계되었으며 언제 어디서나 사용할 수 있다.

아이의 사회적 상호 작용을 돕기 위한 또 다른 방법

다음은 자녀와 함께 뉴로사이클을 통해 사회적 상호 작용 문제를 해결하는 일에 도움이 되는 추가 정보다. 이는 능동적 목표의 훌륭한 시작점이 될 수 있다.

- 아이가 친구와 싸우고 있다면, 아이의 슬픔, 분노, 좌절감을 잘 들어주려고 노력하라. 아이의 경험을 듣고 이런 상황을 변화시키고 싶은지, 아니면 무시하고 지나쳐버리고 싶은지 물어보라. 아이에게 선택권을 주라. 이는 아이가 부모에게 의존하여 사회적 결정을 내리기보다는 자율적으로 결정하고, 공감 능력을 개발할 기회가 될 것이다. 어떤 관계는 싸울 가치가 있고, 또 어떤 관계는 끝내도 괜찮다는 점을 가르치라. 미련을 버리고 잊어버리면 어떻게 될지 아이와 함께 생각해보라. 아이가 자신의 모든 느낌과 감정을 표현한 후에

스트레스를 해소하는 활동을 하도록 격려하고, 뉴로사이클의 5단계를 진행하라.

- 조언하기 전에 아이에게 조언을 원하는지 물어보라. 때로는 아이가 자신의 감정을 분출하고 풀 수 있는 안전한 장소를 원할 수도 있다.

- 아이의 말이나 실수로 인해 다른 사람이 상처를 입었을 때 사과하는 법을 가르치라. 미안하다고 말하고 이유를 설명하는 등 모범을 보이는 것이 좋다. 그렇게 하면 할수록 아이의 자기 통제 능력이 향상되고, 어떤 순간에 사과해야 하는지 배우게 될 것이다.

- 아이가 의견이나 규율 등에 대해 질문하고 이의를 제기할 권리가 있음을 기억하라. 이때 아이의 이야기를 경청하고 뉴로사이클을 활용하여 아이를 인도하라. 뉴로사이클을 사용하여 조직적이고 공격적이지 않은 방식으로 무언가에 도전하는 모습을 보여줄 수도 있다.

- 자신을 너그럽게 대하라. 자녀를 양육하는 것은 쉽지 않다! '내가 잘못한 것 같아. 화를 낼 필요가 없었는데. 좀 더 잘 반응했어야 했어. 다르게 말하거나 행동할 수도 있었는데'라고 깨달으면 아이와 이야기를 나누라. 이를 통해 아이에게 통찰력과 성찰이 무엇인지 보여줄 수 있으며, 관계를 회복하고 돈독히 할 시간을 마련할 수 있다. 우리는 행동의 결과를 인정하면서도, 원래 의도를 기억하여 적절하게 균형을 맞춰야 한다. 우리는 모두 아이에게 제일 좋은 것을 주고 싶어 한다. 하지만 저마다 자신만의 '어려움'을 통과하는 중이기에

누구나 판단력이 흐려질 수 있는 인간이라는 사실을 기억해야 한다.

인간 경험을 이해하고 관리할 때
어떤 단일 범주도 개인의 경험을
요약할 수 없음을 기억해야 한다.
사람의 경험은 훨씬 더 복잡하다.

20장
라벨링: 꼬리표 붙이기*

당신의 자녀가 새로운 학교로 전학했다고 상상해보자. 아이는 새로운 학교에서 괴롭힘을 당하고 있고, 당신은 아이의 행동에 변화가 있음을 알아챘다. 아이는 수업 시간이나 집에서 집중하지 못하고, 점점 더 주의가 산만해지며, 더 큰 불안을 느낀다. 특히 차분하고 조용한 환경에서 가만히 앉아 있지 못하고 끊임없이 안절부절못한다. 지나치게 말을 많이 하며, 자신의 차례를 기다리지 못하고, 종종 생각 없이 행동하며, 대화를 방해한다.

아이의 행동이 뇌 질환 증상인지, 아니면 아이의 삶에 문제가 생겨 정신적, 신체적 건강에 영향을 받고 있는 것인지 어떻게 알 수 있을까? 부모로서 이렇게 대응해야 할까? 누구의 조언을 듣고 믿어야 할까?

---

* 역주: 라벨링(Labeling)은 정신 의학 용어로 특정 정신 질환에 대한 부정적인 꼬리표를 달아 묘사할 때 사용한다. 이 책에서는 주로 꼬리표로 번역했다.

꼬리표 이야기

내 환자 중 하나가 바로 이와 같은 경험을 했다. 그를 존이라고 부르도록 하자. 2000년대 초, 열 살인 존이 엄마와 함께 진료실에 들어왔다. 존은 계속해서 성적이 떨어졌고, 학교생활에 희망이 없다고 느꼈다. 그는 계속 움직이고 싶은 충동을 느껴서 자리에서 계속 몸을 흔들고 움직이며, 화장실에 가고 싶다고 자주 말했다. 화장실에 가야 해서가 아니라 움직이고 싶었기 때문이다.

예상이 되겠지만, 존은 선생님들과 자주 문제를 일으켰다. 학교에서는 존을 심리상담가와 연결해주었다. 그 상담가는 단지 교사의 보고서만 읽고 존을 ADHD(주의력결핍 과다행동장애)로 진단했다. 그리고 정신과 의사에게 의뢰하여 약을 처방받게 했다. 정신과 의사는 존과 대화를 나누려는 시도조차 하지 않았다. 의사가 한 일은 약을 처방하기 전 15분의 짧은 시간 동안 체크 리스트를 보며 몇 가지 질문을 하고, 몇 주 후 다시 오라고 말한 것뿐이었다

식욕을 억제하는 ADHD 약 때문에 존의 체중이 많이 줄어들자, 그의 엄마는 며칠 후 존을 다시 정신과 의사에게 데려갔다. 존은 이제 우울감을 느끼기 시작했다. 정신과 의사는 그의 '뇌 질환'이 점점 악화되고 있고, 항우울제도 필요하다고 말했다. 이 두 가지 약을 같이 먹자, 그는 우울증에 더해 자살 충동을 느꼈다. 정신과 의사가 항정신병 약을 추가하려 하자 존의 엄마는 거절했다. 그러던 중 나를 찾아왔다.

나는 존과 함께 앉아 그의 이야기를 들어주었다. 존은 움직일 때 더 집중이 잘 된다고 말했다. 움직이지 않고 가만히 있으면 선생님

의 말을 집중해서 듣고 이해하기가 정말 힘들다고 했다. 게다가 그는 성장 속도가 매우 빨라서 같은 반 친구들보다 키도 훨씬 크고 마른 편이었다. 또 화장실을 너무 자주 간다는 이유로 친구들에게 놀림도 많이 받았는데, 그 때문에 존은 아주 슬프다고 했다. 자신의 성적이 낮은 것도 부끄러워했다. 친구들의 놀림, 선생님의 지속적인 꾸짖음, 자신의 상황에 대한 창피함 그리고 약물로 인한 식욕부진과 무기력함을 이해하려고 노력하는 동안 존은 '뇌가 망가졌다'는 꼬리표를 달게 되었다. 점점 존은 자신이 모든 일에 실패한 것처럼 느껴졌고, 무기력하고 무가치한 존재로 여겨졌다.

존이 내 사무실에 들어왔을 때, 그는 몸을 구부리고 머리카락으로 눈을 가리고 있었으며 내 눈을 똑바로 쳐다보지 못했다. 존은 최대한 숨으려고 애쓰고 있었다. 그러나 그가 자신의 이야기를 시작하자 감정의 홍수가 쏟아져 나왔다. 수치심이 그를 집어삼켜버린 것 같았다. 그는 선생님과 친구들 그리고 자신을 걱정하며 보호하려고 애쓰는 전업주부 엄마에게 시시각각 감시당하는 듯한 느낌을 받았고, 동시에 존에게 완벽을 기대하는 아빠는 모든 일을 제대로 해내는 형제와 그를 항상 비교했다.

존의 이야기를 듣고 나서 몇 번의 세션을 진행하는 동안 내가 가장 먼저 한 일은, 존과 함께 정체성 뉴로사이클을 진행하여 그의 가치와 정체성을 이해하는 데 도움을 주는 것이었다. 또한 존이 집중할 수 있도록 책상 의자를 필라테스용 짐볼(gym ball)로 교체하여 앉은 채로 좌우로 움직일 수 있게 해주었다. 그 결과 존의 집중력이 향상되어 사고력에도 큰 영향을 미쳤다. 몇 주 동안 노력한 끝에 존은 뉴로사이클을 사용하여 자신의 생각과 감정을 관리하는 방법을 배웠고, 이는 감정과 행동을 조절하는 데 도움이 되었다.

유해한 가족 관계를 개선하기 위해 가족과도 여러 번 뉴로사이클을 진행했다. 엄마는 순전히 아이를 보호하려는 의도로 시작한 헬리콥터 양육 방식을 안전망 양육으로 전환하는 법을 배웠다. 아빠는 형제를 비교하면 동기 부여는커녕 오히려 자존감을 떨어뜨린다는 것을 깨달았다. 아빠는 존을 한 인격체로 인정하고, 아들이 정체성을 회복하도록 도와주며, 학업을 잘 이어나가도록 돕는 방법을 배웠다.

게다가 존은 뉴로사이클을 사용하여 학습하는 방법(이에 대한 자세한 내용은 나의 책 『생각하고 배우고 성공하라』를 참고하라)을 배워 다른 학생들을 가르칠 수 있을 정도로 성적을 향상시킬 수 있었다. 이러한 역할 변화는 교실에서 존중의 관계 역학을 빠르게 변화시켰다. 그런 다음 존을 다른 의사에게 보내 처방 약을 천천히 줄여나가도록 도와주고, 내분비과 전문의를 통해 호르몬 수치를 확인하여 존의 기분을 회복시켜 다시 식사를 시작할 수 있게 해주었다. 또한 존의 학습 및 정서 문제를 해결하기 위해 가족 및 개인 치료 세션을 시작했다.

이 이야기가 어떤 도움을 줄 수 있을까?

존과 거의 1년 동안 함께하면서 63일 주기의 뉴로사이클을 다섯 번 정도 완료했다. 이 과정을 통해 존은 자신을 다시 신뢰하고 자신의 잠재력과 자기 조절 능력을 발견했다. 그는 꼬리표에 갇히지 않았다. 그는 행복하고 사회에 잘 적응하는 청년으로 성장했다. 존의 이야기가 모든 아이의 이야기가 되기를 바라지만, 그렇지 않은 경우가 너무 많다. 현재 ADHD를 처음 진단받는 평균 연령은 7세이고,[1] 2000년부터 2015년까지 각성제 처방률은 800퍼센트나 증가했다.[2] 아동의 약 1-2퍼센트만이 ADHD 증상을 보이는 것으로 추정된다.[3] 하지만 최대 15퍼센트가 ADHD 진단을 받고 있고, 이 수치는 매년 증가하는 추세다.[4] 예를 들어, ADHD 치료제 처방이 20년 만에 50배나 증가했다. 전반적으로 점점 더 많은 아이가 ADHD 진단을 받고, 질병이 있다는 꼬리표를 달며, 약물을 복용하고 있다.

아이들에게 진단을 내리고, 꼬리표를 붙이며, 약물을 투여하는 것이 실제로 도움이 될까? 최근의 연구는[5] ADHD 약이 성적 향상이나 학습량 증가로 이어지지 않는다는 결과를 발표했다. 나는 존뿐만 아니라 수년 동안 많은 어린이와 성인을 치료하며 이 사실을 목격했다. 실제로 많은 연구에 따르면 리탈린(Ritalin) 같은 ADHD 약물은 항우울제와 함께 복용할 경우 아동의 우울증[6]과 자살 위험이 증가한다고 밝혀졌다.[7]

ADHD 혹은 ADD(주의력결핍 장애)의 증상은 특이한 것이 아니라 사람들에게 흔하게 나타난다는 점을 이해해야 한다.[8] 평균 수준의 과잉 행동, 충동성, 산만함을 지닌 의욕 넘치는 아이와 집중하고 배우는 것이 어려운 아이를 구분하는 명확한 경계는 없다. 이러한 꼬리표는 본질적으로 부정확하고, 주관적이며, 병명에 암시된 근본적인 생물학적 원인을 가리키지 않고, 보는 사람의 주관적인 판단에 따라 달라진다. 실제로, 이러한 특징의 정규 분포는 특정 대상 집단에 따라 개인차가 크다. 이는 또한 가족, 학교 및 문화적 관용 수준에 따라 크게 다르다.

순전히 생의학적 접근 방식을 기반으로 한 현재의 진단 및 라벨링 시스템이 아이에게 도움이 된다는 증거가 있는가? 그렇다면 우리는 이 접근 방식을 계속 사용해야 할 것이다. 그러나 우리가 이를 사용할 때 득보다 실이 많다는 증거가 있고, 아이에게 꼬리표를 붙이고 진단하는 것이 그 아이에게 낙인을 찍어 의욕을 꺾는다면,[9] 아이의 문제를 의학적 접근이 아닌 그들의 삶이라는 이야기 속으로 가져와 그들의 행동을 이해하는 것이 훨씬 낫다.

증상은 신호다

1980년대 후반에서 2000년대 중반까지 이어진 임상 실습 기간을 포함해 30년 넘게 이 문제를 연구하여 얻은 증거들은 이 두 번째 방법이 효과적이라는 사실을 뒷받침한다. 나는 석사 논문과 연구를 통해[10] 아이에게 삶의 맥락 안에서 마음을 관리하는 방법을 가르쳤을 때 다양한 연령대에 걸쳐 학업, 인지, 사회, 정서 기능이 최대 75퍼센트까지 크게 향상되는 것을 보았다. 또한 남아프리카 공화국 정부에서 운영하는 학교에서 20년 넘게 일하면서 같은 결과를 목격했다.

텍사스주 댈러스의 자율형 공립 학교(charter School)에서 뉴로사이클을 학업에 적용하여 실시한 연구에서도 우리 팀은 학생들의 학업 성적이 크게 향상된 결과를 얻었다. 5학년은 독해와 수학에서 각각 25퍼센트와 22퍼센트로, 8학년은 9퍼센트와 11퍼센트로 크게 향상되었다.11) 이러한 결과는 아이들이 생물심리사회적 모델을 숙달함으로써 타고난 사고 능력과 학습 능력을 활용하는 법을 배우면, 학교에서 겪는 많은 어려움을 극복하고 학교 생활 실패자라는 꼬리표를 피하는 데 도움이 된다는 사실을 확인해주었다.

나는 수년에 걸쳐 아동기에 겪는 어려움과 미성숙한 형태를 분류하여 이름을 붙이고 의료화하는 현상이 크게 급증하는 것을 목격했다. 실습 첫해에는 각 어린이의 이야기를 파악하고 문제의 원인과 맥락을 이해하기 위해 전문가, 부모, 보호자로 구성된 팀과 긴밀히 협력했다. 이는 몇 주, 심지어 몇 달에 걸쳐 진행되는 지속적이고 유기적인 과정이었다. 신경학적, 생물학적 고려 사항은 조사 과정의 일부였을 뿐, 진행 과정을 주도하는 중요한 가설은 아니었다. 우리는 관찰하는 증상이 시간이 지남에 따라 확고한 패턴으로 굳어지고, 아이의 기능을 방해할 만큼 심각해진 경고 신호라는 것을 깨달았다. 이는 체크 리스트를 사용하여 진행되는 15분이나 30분짜리 세션으로는 파악하거나 관리할 수 없는 것이다.

정신과 진단을 증상과 경고 신호에 대한 설명으로 이해한다면 유용하다. 그러나 이러한 진단은 암이나 당뇨병같이 생물학적 상태를 명확하게 정의하지는 않는다. 아이가 '조증' 진단을 받았다고 하자. 이 진단은 간단히 말해 짜증을 내거나 통제 불가능하게 뛰어다니는 등의 관찰 가능한 행동에 명칭을 붙이고 분류한 것이다. 마찬가지로 아이가 ADHD를 진단받은 것은, 집중하기 위해 애써야 하거나 쉽게 주의가 산만해지고 과잉 행동을 하는 등의 관찰 가능한 특정 행동에 이름을 붙이고 분류한 것이다.

우리가 이러한 각 증상의 맥락을 자세히 설명하고 누가, 무엇을, 어떻게, 언제, 어디서, 왜라는 질문에 대답하는 데 시간을 들이지 않으면 아이에게 해를 끼칠 것이다. '이런 일이 얼마나 자주 발생하는가? 유발 요인은 무엇인가? 집중하는 순간이 있는가?' 진단을 내리기 전에 모든 것을 전체적으로 살펴봐야 한다. 이 과정에는 기다림, 관찰, 조언 구하기, 부모 및 보호자 교육, 환경 변화, 스트레스 감소, 학습 능력 증진, 치료가 포함되어야 한다. 물론 이러한 접근 방식을 제대로 완료하려면 시간과 자원이 필요하다. 안타깝게도 "유년기 관계의 복잡하고 장기적인 영향을 고려하는 것은 예산과 시간이 부족하고, 증거와 라벨링과 특정 규칙과 절차에 기반한 시스템에서는 쉽게 자리잡기 어렵다."[12] 그러나 우리 아이들의 이야기는 간단한 규칙이나 정형화된 방식으로 설명하기에는 너무 복잡하다.

연구자이자 정신 건강 옹호자인 피터 괴체(Peter Gøtzsche) 박사는 다음과 같이 지적한다. "사자가 우리를 공격하면 우리는 몹시 겁을 먹고 스트레스 호르몬을 생성한다. 하지만 이 사실이 스트레스 호르몬이 우리를 두렵게 했다고 증명하는 것은 아니다. 원인은 사자다. 이 스트레스 반응에는 유전적 성향이나 '화학적 불균형'이 필요하지 않다."[13] 따라서 스트레스 반응과 그것이 아동의 심신에 미치는 영향만 본다면 우리는 '사자'를 놓치게 될 것이다. 이는 결국 단기적으로나 장기적으로 아이들에게 많은 해를 끼치게 된다.

미국 정신 의학회가 발행하는 『정신 장애 진단 및 통계 편람』(Diagnostic and Statistical Manual of Mental Disorders, DSM)은 진단 기준을 제시하여 정신 장애를 분류하고 설명한다. 그런데 이 분류는 대부분

각자의 경험을 바탕으로 진단명과 관련 증상에 대해 주관적인 결정을 내린 것이다. 이는 편람이 자주 변경되는 이유 중 하나다. 임상 연구원이자 심리학자로서『정신 장애 진단 및 통계 편람』의 자문 위원이었던 폴라 캐플런(Paula Caplan)은 다음과 같이 지적했다.

> 『정신 장애 진단 및 통계 편람』은 과학적 정확성이라는 과분한 기운에 둘러싸여 있다. 제목에는 '통계'라는 표현이 있고, 내용에는 모든 진단 범주 및 하위 범주마다 정밀해 보이는 3-5자리 코드와 그에 따른 증상 목록이 나온다. 그러나 이것은 단순히 슬픔, 두려움, 불면증과 같은 특정 요소나 증상을 연결하여 과학적 근거가 부족한 진단 범주를 구성한 것에 불과하다. 많은 치료사는 이 편람의 프리즘을 통해 환자를 보고 인간을 하나의 범주로 분류하려 한다.14)

인간 경험을 이해하고 관리할 때 이런 범주가 도움이 되기는 하지만, 어떤 단일 범주도 개인의 경험을 요약할 수 없음을 기억해야 한다. 사람의 경험은 훨씬 더 복잡하다.

생의학을 넘어

진단과 꼬리표는 유용해 보일 수 있지만 어두운 면도 있다. 꼬리표는 부모와 보호자가 자녀의 행동을 예상하는 방식에 영향을 미친다. 꼬리표는 아이를 제한하는 사회적 기준을 만들 수 있고, 아이의 증상(또는 이 경우 뇌)에 책임을 전가하며, 문제를 손상된 뇌 또는 '고장난' 생리 현상으로 제한함으로써 사회적으로 낙인을 찍고 아이의 자책감을 더 무겁게 할 수 있다.[15] 꼬리표는 아이에게 근본적으로 문제가 있다는 메시지를 줄 수 있다. 이러한 진단과 낙인은 아이의 자의식을 바꾸어 의지력을 꺾고, 정신 건강 문제를 더욱 악화시킬 수 있다.[16]

현재의 생의학 정신 건강 시스템 자체와 그 시스템이 우리 아이들을 대하는 방식에는 많은 허점이 있다. 여러 국가의 연구 결과에 따르면, 학급에서 가장 어린 아이가 ADHD 진단을 받을 가능성이 가장 나이가 많은 아이보다 두 배 높다고 한다.[17] 또한 많은 학생이 잘못된 진단을 받거나 필요 없는 약물을 투여받는다.[18] 우리는 모두 소비자를 직접 대상으로 하는 의약품 광고와 정신과 질환의 상업화에 무방비로 노출되어 있다. 이는 분명 바뀌어야 할 현상이다.

다행히도 점점 더 많은 과학자와 임상의가 이러한 생의학적 접근 방식을 비판하는 추세다.[19] 최근에는 「랜싯 정신의학회지」(Lancet Psychiatry)에 기재된 ADHD의 생물학적 원인을 밝혀냈다고 허위 공언한 논문을 철회해달라는 요청이 있었다.[20] ADHD의 선구자로 알려진 키스 코너스(Keith Conners)와 『정신 장애 진단 및 통계 편람(제4판)』의 특별 위원회 전 의장인 앨런 프란시스(Allen Frances)는 모두 아동을 대상으로 한 과다 진단, 꼬리표 달기 및 약물 처방에 반대하는 입장을 공개적으로 표명해왔다. 키스 코너스는 어린이 심리 약리학 분야의 기초를 마련하고, 이전에는 애매한 진단으로 여겨졌던 상태(미세 뇌기능장애, MBD)를 현재 널리 인정되는 ADHD로 정의하는 데 기여했고.[21] 앨런 프란시스는『정신장애 진단 및 통계 편람』에 ADHD를 포함시키는 데 기여한 인물이다. 프란시스가 지적한 것처럼 "소수에게 유용한 진단이 다수에게 잘못 적용되어 해로운 결과를 낳는 것은 마음 아픈 일이다."[22] 정신 건강 분야에서 우리가 과학이라고 부르는 것의 대부분이 실제로는 그다지 과학적이지 않다. 아동 및 청소년 정신과 의사인 사미 티미미(Sami Timimi)에 따르면 "우리가 사용하는 진단과 같은 전문가적 개념(정신과 의사, 심리학자, 기타 전문가가 사용하는 진단 등)은 과학의 발전을 반영하는 것이 아니라, 그저 또 다른 집합일 뿐이다. 이런 개념들은 단순히 문화적 신념과 관행의 일부일 뿐이며 '부정적이고 의도치 않은 결과'를 초래할 수 있다."[23]

실제로 "ADHD와 같은 진단은 '어린이다운' 행동을 문제화한 다음 이를 '의학적'으로 해석한다. 이런 방식은 아동의 발달과 정서적 안정을 받아들이고, 이해하며, 지원하는 더 어려운 과제를 회피하게 한다."[24]

티미미를 비롯해 많은 정신 건강 전문가의 연구는, 생물학적 정신 의학 진단이 항상 유효하고 신뢰할 수 있다는 주장에 대한 증거가 부족하다는 점을 강조한다.[25] 현재 아동 정신과에서 사용되는 대부분의 진단 범주는 원인, 치료, 결과의 영역에서 자녀에게 무슨 일이 일어나고 있는지에 대해 거의 알려주지 않는다. 티미미가 이에 대해 쓴 수많은 책과 연구 논문은 실제로 ADHD가 어떻게 형성되는지를 심도 있게 설명한다. 티미미는 특정한 유전적 이상을 찾지 못했고, 뇌 영상 연구에서도 특징적인 이상을 발견하지 못했다. 또한 ADHD와 관련된 특별한 화학적 불균형도 없었다.[26]

이 제한된 정신 건강 프레임을 넘어 아이들을 지켜주는 일은 부모와 보호자인 우리에게 달려 있다. 이것이 바로 이 책을 쓴 이유다. 나는 아이가 자신의 어깨에 불필요한 비난의 짐을 지거나, 상처 입거나, 스스로 무가치하다는 느낌을 받지 않도록 하고 싶다. 더불어 삶에서 일어나는 복잡한 일들을 그런 방식으로 관리하는 능력을 개발할 수 있도록 도와주고 싶다.

당신의 자녀는 길을 잃거나 '망가진' 것이 아니다.
아이가 너무 많은 꼬리표를 달고 있다면,
이러한 꼬리표들을 뇌 질환으로 생각하지 말고,
아이가 보내는 경고 신호에 대한 설명으로 보라.

21장
꼬리표와 뉴로사이클

이제 꼬리표와 관련하여 뉴로사이클을 사용하는 방법을 살펴볼 것이다. 진단명을 받고 아이들이 오명을 쓰거나 부당하게 낙인찍힌 경우, 아이가 자기 마음을 다스리고 자기 조절을 실천하는 방법을 배우도록 도와줄 수 있다. 다시 한번 말하지만, 뉴로사이클을 수행하면서 관찰하고 통찰을 얻은 내용을 일지에 기록하는 것이 좋다. 이 기록은 아동 치료사 또는 정신 건강 전문가와 함께 이러한 문제를 해결하는 데 많은 도움이 될 수 있다.

1. 인식 모음

자녀가 ADHD, 양극성 우울증, 소아 양극성 장애 또는 일반 불안 장애, 자폐증 또는 이러한 장애 중 몇 가지를 진단받았다고 가정해보자. 정신 의학 전문가에게 왜 이러한 꼬리표를 붙이는지 물어보면 증상 목록을 받게 될 것이다(대부분 처음에 당신이 정신 건강 전문가에게 말한 증상과 유사할 것이다). 이것이 존의 부모에게 일어난 일이다. 존이 15분간 정신과 의사를 만나는 동안 8개 이상의 진단명을 받았는데, 대부분은 그의 엄마가 설문지를 작성했을 뿐, 존과 직접 의사소통하거나 상호 작용한 시간은 거의 없었다.

물론 모든 정신과 의사가 이렇지는 않다. 나는 증상 목록은 단지 참고만 하고, 아이를 의학적으로 치료하기보다는 아이의 이야기에 초점을 맞추는 훌륭한 전문가들을 알고 있다. 그러나 특히 앞 장에서 논의한 대로 생의학적 정신 건강 진단 및 꼬리표의 타당성과 신뢰성이 의심스러운 상황에서 이러한 일이 생각보다 자주 발생한다는 점이 매우 우려스럽다.

존의 이야기가 익숙하게 느껴져도 희망은 있다. 당신의 자녀는 길을 잃거나 '망가진' 것이 아니다. 만약 자녀가 여러 증상으로 진단을 받았다면, 이러한 진단명을 자녀의 뇌 질환으로 보는 대신, 1부에서 논의한 것처럼 자녀가 보내오는 경고 신호에 대한 설명으로 여기라. 이 신호는 자녀의 생각나무의 뿌리인 근원 이야기에 관련된 생각이나 일련의 연결된 생각을 가리킨다.

자녀의 교사나 정신 건강 전문가가 전해준 내용과 당신이 자녀를 관찰한 내용을 종합하여 부모가 먼저 뉴로사이클을 수행하라. 자녀가 겪고 있는 상황을 설명하는 데 필요한 언어를 아이에게 제시할 수 있도록 네 가지 경고 신호에 대한 인식 모음을 수행하면 도움이 된다.

이런 증상들이 특정 병명을 가리키는 것이 아니라는 점을 기억하라! 아래는 아이의 경험을 설명하는 단어의 예시다.

- **감정 경고 신호:** 좌절, 분노, 짜증, 지루함, 흥분, 기분 변화, 슬픔, 우울, 불안
- **행동 경고 신호:** 공격적, 안절부절못함, 충동적, 빠른 포기, 자제력 상실, 집중력과 주의력 상실, 건망증
- **신체 감각 경고 신호:** 배탈, 위장 문제, 두통, 팔다리 통증
- **관점적 경고 신호:** 학교가 싫어서 등교하기를 거부하고, 길을 잃었다고 느껴서 인생이 불행하다고 느낌

자녀와 함께 뉴로사이클을 시작하고 경고 신호에 대해 묻기 전에, 부모가 먼저 뉴로사이클을 진행하여 아이를 더 잘 이해하고 "돕기 위해 노력하고 있으며 아이의 _____한 신호(일부 신호를 나열하라)를 파악했다고 설명할 수 있다. 그리고 아이가 이 신호를 실제로 느끼는지 물어볼 수 있다. 연령에 따라 이를 시연, 그림, 사진 및 단어를 사용하여 설명할 수 있다.

아이에게 이런 신호들은 나쁜 것이 아니며, 당신도 아이에게 화가 나지 않았다는 것을 강조하여 설명하라. 아이에게는 아무 잘못이 없으며, 아이가 무엇을 하거나 말하든 또는 다른 사람이 아이에 대해 뭐라고 말하든, 당신은 아이를 너무나 사랑한다는 사실을 알려주라. 현재 아이의 삶에서 일어나는 모든 일에는 이유와 해결책이 있으며, 상황을 개선할 방법을 함께 찾아낼 것이라고 설명하라. 만약 당신이 화가 났다면 그 이유를 설명하고, 그것이 아이의 행동이나 아이 자체가 나쁘기 때문이 아니라는 점도 확실히 알려주라.

3-5세 아이의 경우

3-5세는 자신의 학업 성취도가 항상 최고이거나 원하는 수준에 미치지 못하더라도 문제가 되지 않으며, 누군가가 자신을 평가한다는 걱정 없이 종종 화를 내거나 속상해해도 안전하다는 사실을 알아야 한다. 네 가지 경고 신호를 표현하는 과정을 안내하면 부모는 아이의 감정을 이해하게 되고, 아이는 안전한 방법으로 자신을 표현할 수 있도록 도와줄 수 있다.

"너 정말 심술쟁이구나"라고 말하는 대신에 "네가 심술이 나는 것 같구나"라고 말해보라. 그다음, 경고 신호를 병명이 아닌 관찰로 바라보라. 이 정보들은 아이를 진정한 자아와 연결해주고, 현재 그가 경험하고 있는 일들을 부모와 소통하여 탐험할 수 있는 자유를 줄 것이다.

아이들에게 낙인찍는 일을 피하는 것은, 그들이 창조된 목적에 따라 살아갈 수 있도록 최고의 기회를 주는 것이라는 사실을 기억하라. 뉴로사이클의 인식 모음 단계를 통해 아이가 느끼는 감정을 파악하려면 충분한 공간과 시간이 필요하다.

6-10세 아이의 경우

아이를 아동기 양극성 장애, ADHD 또는 어떤 용어로든 분류하기보다 다음과 같이 말하여 아이가 겪고 있는 경고 신호를 설명할 수 있게 도와주라. "＿＿＿＿＿ 때문에 ＿＿＿＿＿한 기분이 들어서 ＿＿＿＿＿라고 말하는 거니?"

다른 표현에도 동일한 원칙이 적용된다. 예를 들어, "수줍음이 많구나" 또는 "부끄러워하지 마"라고 말하는 대신, "낯선 사람들과 친해지는 데 시간이 좀 걸리는구나" 또는 "친한 사람들과 있으면 수다쟁이가 되는구나"와 같이 표현하도록 노력하라. "용감하구나" 또는 "큰 도움이 된다"와 같이 긍정적인 말이더라도 자녀에게 특정한 꼬리표를 달지 않고 가능한 한 구체적으로 설명하려고 노력하라! 예를 들면, "정말 용감한 행동을 하고 있구나"라거나 "그 아이가 그런 행동을 했을 때는 정말 용기 있었어"와 같이 표현해보라.

아이에게 부정적인 낙인이 찍히면 아이에 대한 사람들의 기대치가 낮아지고, 아이가 적절한 도전을 받지 못하거나 자신의 잠재력을 발휘하는 데 필요한 기회를 얻지 못할 수도 있다. 긍정적인 꼬리표라도 아이에게 특정 기대에 대한 부담을 줄 수 있고, 꼬리표에 대한 기대를 충족하지 못하면, 자신이 가치가 없다고 느낄 수도 있다. 이는 아이에게 지속해서 특정 행동을 수행해야 한다는 심각한 압력을 줄 수 있고, 아이들의 발달에도 해로울 수 있다.[1]

이 나이대의 아이에게 꼬리표를 붙이는 것은 다른 사람들이 아이를 대하는 방식뿐만 아니라, 자기 자신을 대하는 방식에도 영향을 미칠 수 있다. 아이에게 꼬리표를 붙이는 것은 아이의 자존감에 큰 영향을 미칠 것이다. 자신에 대한 평가를 자주 듣는 사람은 결국 그것을 믿기 시작하고 그에 따라 행동한다.[2] 항상 자녀에게 다음과 같이 말해야 한다는 사실을 기억하라. "꼬리표 자체가 너를 표현하는 것이 아니란다. 꼬리표는 _____ 때문에 지금 네가 어떻게 행동하는지 설명할 뿐이지, 항상 네 모습을 나타내진 않아."

2. 반영

다음으로, 1단계에서 자녀와 함께 확인한 네 가지 경고 신호를 각각 살펴보고 아래 질문에 답해보라.

- 아이에게 이러한 신호가 나타나는 이유는 무엇인가?
- 이 신호는 실제로 무엇을 의미하는가?
- 이 신호는 언제 발생하는가?
- 이 신호를 유발하는 원인은 무엇인가?
- 이 신호는 얼마 동안 지속되는가?
- 이런 경고 신호들이 어떻게 결합하는가?
- 학업에 가장 큰 방해가 되는 것은 무엇인가?
- 관계에 가장 큰 방해가 되는 것은 무엇인가?
- 새 학년, 새 교사, 새 친구, 가족의 변화, 충격적인 경험, 괴롭힘과 같은 특정 사건과 연관되는가?

이 단계는 자녀의 행동 방식 뒤에 숨어 있는 패턴과 이유에 관한 일반적인 개념과 근본 원인이 무엇인지 파악하는 데 도움이 된다. 그다음, 자녀와 함께 왜 이러한 신호가 나타나는지 대화를 나누고, 당신의 생각이 맞는지와 자녀가 자신을 어떻게 묘사하는지를 확인하며, 왜 이런 일이 발생한다고 생각하는지 아이에게 물어보라.

3-5세 아이의 경우

아이가 나이대에 기대되는 성장 단계에 맞지 않는다고 해서 울타리를 치지 말라. 항상 자녀의 고유성을 고려하면서 아이가 보내는 경고 신호를 이해하려 노력하라. 기억하라. 아이들은 배워야 할 것이 너무 많고 성장해가야 한다. 경고 신호는 항상 일정하지 않다. 적절한 지원과 조건이 갖춰지면, 자녀는 자기 경험을 통해 배우고 성장할 수 있다.

이 나이대에는 반영 단계에서 아이가 장난감을 가지고 놀거나 장난감을 사용하여 자기 감정을 표현하도록 격려할 수 있다. 예를 들어, "네 장난감은 아직 학교 가는 법을 배우고 있어서 선생님 말씀을 잘 듣지 않는 것 같아. 그렇지?"

6-10세 아이의 경우

6-10세의 경우 자기 감정을 표현하고 많은 질문을 하도록 격려하라. 경고 신호에 꼬리표를 붙이는 대신 그 경고 신호가 나타내는 것을 이야기하라. 예를 들어, "집중력에 문제가 있어"보다는 "이 프로젝트를 정말 열심히 했는데 큰 좌절감을 느끼는구나"처럼 말할 수 있다.

3. 쓰기, 놀기, 그리기

자녀의 정신 건강 상태에 관해 내려진 진단명이 부모와 자녀에게 미칠 영향을 다룰 때, 직접 뉴로사이클을 하면서 경험한 부분과 느낌을 적는 것보다 좋은 방법은 없다. 자녀를 도우려고 노력하다 보면 온갖 감정이 드러날 것이다. 예를 들어, 정신과 의사가 아이의 뇌가 손상을 입었다고 말했을 때 얼마나 당황스러웠는지 적어볼 수도 있고, 부모 자신의 잘못 때문은 아닌지 자책하며 느꼈던 죄책감과 불안감을 적어볼 수도 있다. 글쓰기는 자녀와 함께 뉴로사이클을 할 때 아이에게 부정적인 영향을 끼치지 않도록 자기 감정을 관리하는 데 도움이 될 것이다. 여러 번 언급했듯이, 자녀의 안녕은 부모의 안녕에 달려 있다.

인식 모음과 반영 단계를 수행하면서 발견한 네 가지 경고 신호를 적고, 그 이유를 스스로 물어보라. 각각을 해체하여 당신이 생각하는 맥락과 원인을 찾아보라. 혼자 진행할 수도 있고, 다른 양육자나 치료사와 함께할 수도 있다. 부모 자신의 정신 건강도 돌봐야 한다는 사실을 기억하라!

그런 다음 아이와 함께 쓰기, 놀기, 그리기 단계를 진행하라.

3-5세 아이의 경우

3-5세 아이가 생각을 정리하고 자신의 진단명과 자기 자신에 대해 어떻게 생각하는지를 더 알아보기 위해 인식 모음과 반영에 관련된 그림을 그리게 하거나, 행동하게 하거나, 사진을 사용하게 하

라. 경고 신호 상자에서 선택한 그림이나 단어를 사진으로 찍어서 일지에 붙이고, 자기 감정과 관련한 생각이 더 많이 떠오를 때마다 사진이나 단어를 더 추가하도록 도울 수 있다. 장난감을 가지고 연극으로 표현하고 싶냐고 물어봐도 좋다.

앞의 2단계 예시를 기반으로 연극 놀이를 할 수도 있다. "브레이니가 집과 학교에서 어떻게 행동하는지 보여주자. 학교에서 브레이니를 어떻게 도울 수 있을까?"라고 말한다.

단계마다 아이가 많이 쓰거나 놀거나 그릴 필요는 없으며, 때로는 대부분 활동을 부모가 해줘야 할 수도 있다. 하지만 아이는 당신의 활동을 지켜보며 배우고 있다. 천천히 진행하고, 아이가 화를 내거나 스트레스를 느낄 때는 7장에서 소개한 스트레스 해소 활동을 진행하라.

6-10세 아이의 경우

6-10세 아이에게 경고 신호를 기록하게 하고, 필요에 따라 도움을 요청하도록 격려하라. 각 항목을 살펴보고 왜 이 경고 신호가 나타나는지도 물어보라. 학교, 생활, 관계, 자기 자신에 관해 무엇을 말하고 있는가? 아이가 그림을 선호한다면, 자기 감정을 그림으로 표현하게 하고 언어는 보조 수단으로 사용하라.

4. 재점검

먼저 1-3단계의 정보를 다시 한번 확인하라. 스스로 많은 질문을 해보라! 최근에 당신의 삶에 일어난 모든 변화와 관련해 당신의 자녀는 대부분 유년기 아이가 보이는 정상적인 반응을 보이는가? 당신과 자녀가 느끼는 스트레스를 어떻게 해결하려고 노력하는가? 자녀를 충분히 알기에 아이가 받은 진단이나 꼬리표에 의문을 제기하는가? 자녀가 학교에서 어려움을 겪고 있음을 알지만, 아마도 아이가 집에서 더 높은 수준의 책을 읽고 자신이 좋아하는 것에 관해 길고 상세한 토론을 하기 때문에 학교 수업에 지루함을 느끼기 때문일 수 있다. 학교에서 배우는 것들이 정말로 아이의 필요를 충족해주는가?

다음으로, 아이가 잘하는 일과 언제, 어디서 가장 잘할 수 있는지를 기록해두었다가 다시 살펴본다. 아이가 이런 일을 더 많이 하도록 어떻게 격려할 수 있을지 고민해보라.

그런 다음 아이와 함께 재점검 단계를 수행하라.

3-5세 아이의 경우

아이가 3-5세이고 브레이니 인형과 같은 장난감을 사용하여 뉴로사이클을 수행하는 경우 다음과 같이 말할 수 있다. "브레이니는 무엇을 가장 좋아할까? 이 친구가 가장 잘하는 건 뭐지? 내 생각엔 이 친구가 _____를 아주 잘하는 것 같아. 내 말이 맞니?"

아이가 좋아하고 기분이 좋아지는 일을 더 많이 하도록 격려하

라. 그런 다음, 아이가 겪는 어려운 상황을 살펴보고, 아이를 돕고자 무엇을 할 수 있는지 알아보라. 예를 들어, 아이가 학교에서 퍼즐을 완성하는 데 어려움이 있어서 자신이 형편없다고 느낄 수도 있다. 아이의 발전을 돕기 위해 집에서 함께 퍼즐 놀이를 할 수도 있다. 또는 쉽게 산만해지는 아이를 위해 함께 앉아(오디오북 등을 활용해) 경청하는 연습을 도와주고, 마음속으로 모든 장면을 상상하도록 격려한다면 집중력을 키우는 데 도움이 될 것이다.

6-10세 아이의 경우

1-3단계에서 아이와 함께 진행한 내용을 다시 확인하라. 패턴을 살펴보고, 아이도 자신의 일상에서 이런 패턴이 있다고 생각하는지 물어보라.

아이가 잘하는 좋은 것을 모두 활용할 방법을 함께 모색하라. 다음과 같이 대화를 시작할 수 있다. "네가 잘하기 위해 배우고 있는 모든 것을 함께 목록으로 작성해보자. 최대한 많이 써봐. 내가 먼저 시작해도 될까? 내 생각엔 네가 이야기를 정말 잘하는 것 같고, 이야기할 때 진짜 즐거워하는 것 같아! 나는 특히 _____에 관한 이야기가 좋았어. 넌 네가 무엇을 잘한다고 생각하니?"

그런 다음 아이가 어려움을 겪는 상황을 살펴보고, 아이를 돕기 위해 무엇을 할 수 있을지 알아보라. "네가 이 수업에 집중하는 데 어려움을 겪고 있다는 걸 알아. 지루해서 그러는 걸까? 하지만 너는 _____에 대해 굉장히 많이 알고 있고, _____에 관한 책도 잘 읽을 수 있잖아. 이 뛰어난 능력을 네가 싫어하는 수업에 어떻게 적용할 수 있을까?"

5. 능동적 목표

아이가 뉴로사이클을 사용하여 자신에게 붙은 꼬리표를 극복하도록 도울 수 있는 능동적 목표는, 다른 사람이 아이를 표현하는 데 사용한 이름이나 형용사 대신 자신의 이야기에 집중하도록 연습하는 것이다.

3-5세 아이의 경우

3-5세의 경우 뒤의 추가적인 방법 중 하나를 선택하거나 4단계에서 아이와 함께 재점검한 내용을 선택하여 며칠 동안 연습하라. 예를 들어, 아이가 집중력 부족으로 ADHD라는 진단을 받았다면, 저녁 식사를 준비할 때 함께 오디오북을 듣고 아이가 들은 내용을 그림으로 그려볼 수 있다. 또 다른 능동적 목표는 매주 자녀와 함께 지역 도서관에 가서 매일 밤 취침 시간에 읽을 책을 선택하게 하는 것이다. 책에 대해 질문할 수도 있고, 책 내용과 관련한 그림을 그리거나 연극을 하고 싶은지 물어볼 수도 있다.

6-10세 아이의 경우

6-10세에 도움이 되는 능동적 목표는 새로운 것을 배우고 두뇌

를 발달시키는 것이다. 이를 통해 아이는 자신과 자기 능력을 믿고 회복 탄력성과 자신감을 갖추게 된다. 앞의 4단계에서 언급한 내용을 바탕으로 예를 들어보겠다. 학교에서 어려움을 겪고 있는 아이가 상어를 좋아한다면, 상어에 관해 자세히 공부하고 학교에서 선생님이나 친구와 함께 상어를 주제로 이야기하도록 격려할 수 있다. 3-5세와 마찬가지로, 6-10세도 매주 함께 지역 도서관에 가서 매일 밤 취침 시간에 읽어줄 책을 고르게 하고, 아이에게 그 책이 무슨 내용인지 물어볼 수 있다.

아이에게 붙은 꼬리표의 영향을 극복하도록 도와줄 또 다른 방법

다음은 자녀가 자신에게 붙은 꼬리표를 극복하도록 뉴로사이클을 할 때 도움이 되는 몇 가지 추가 정보다. 이는 훌륭한 능동적 목표의 시작이 될 수 있다.

- 아이에게 필요하거나 전문가가 권유한다면, 언어 치료사에게서 언어와 청각 능력에 대한 평가나 치료를 받으라.
- 학습 지원이 필요하다고 생각하면 다른 학습 지원 대안을 찾아볼 수 있다. 예를 들어, 조부모나 육아 도우미가 자녀와 함께 뉴로사이클을 통해 숙제하거나 읽는 방법을 배우도록 도울 수 있다.
- 다른 학교로 전학하거나 고전 교육이나 몬테소리와 같은 다른 학습 철학을 추구하는 교육 기관을 알아보는 것도 좋다.

또는 홈스쿨링을 고려할 수 있다. 홈스쿨링을 선택한 경우, 아동 심리학자나 언어 치료사에게 도움을 요청할 수 있다. 심리 치료나 언어 치료는 부모가 혼자 감당하기에 어려운 일일 수 있기 때문이다. 치료를 시작하기 전에 그들의 철학을 파악하여, 그들이 자녀에게 진단을 내리거나 약을 복용하도록 강요하지 않는지 꼭 확인해야 한다.

- 무언가 잘못되었을 때도 좋은 면을 찾도록 도와주라. 다음과 같이 말할 수 있다. "오늘 학교에서 너무 활동적으로 움직여서 다른 친구들에게 방해가 되었다면서? 오늘 우리는 수업 시간에 아이들을 방해하는 행동이 무엇인지 배웠어. 이런 행동을 하지 말아야 한다는 사실도 배웠지. 이제 몸을 움직이고 싶을 때 어떻게 하면 좋을지 생각해보자. 필라테스 짐볼 위에서 몸을 움직일 수도 있어. 네가 거인이고 다른 친구들이 개미처럼 작다고 상상해도 좋아. 거인이 친구들을 짓밟지 않으려면 매우 조용히 조금만 움직여야 한다고 생각하는 거야."

- 자기 조절(6장 참고)에 어려움을 겪는 아이는 일반적으로 자신의 감정, 신체, 행동에 나타나는 큰 경고 신호를 관리하기 위해 싸우다가 꼬리표가 붙는다는 점을 기억하라. 방해 요소를 검열하거나 움직이거나 말하고 싶은 충동을 통제하기 위해 애쓸 때 더 '눈에 띄게' 된다. 끊임없이 움직이고, 질문하고, 칠판에 그림을 그리는 것이 나쁜 행동으로 분류되는 경우가 너무 많다. 하지만 아이는 어른이나 다른 친구들을 힘들게 하거나 화나게 하려는 의도로 그러는 것이 아니다.

다만 자기 조절 능력을 길러야 할 필요가 있을 뿐이다. 이런 경우, 뉴로사이클을 활용해 마음 관리와 뇌 발달을 도울 수 있다.

아이의 수면 패턴에 대해
끊임없이 걱정하고 아이에게 수면 장애라는 꼬리표를
붙이는 것은 잠을 자지 못한다는 사실보다
이런 상황과 관련되어 나타나는
불안 때문에 더 부정적일 수 있다.

22장
수면 장애

아이를 재우고 계속 자게 하는 것은 어려운 일이다! 취침 시간, 악몽, 방해 요소 등 여러 요인으로 인해 수면 시간이 많은 스트레스를 받는 상황이 될 수 있다. 이러한 스트레스를 가중하는 것은 자녀에게 더 많은 수면이 필요하다는 끊임없는 메시지다. 수많은 웹사이트, 기사, 의료 전문가들이 아이가 충분한 수면을 취하지 않으면 일어날 수 있는 모든 부정적인 영향에 초점을 맞추고 있기에 더욱 무서울 수 있다.

하지만 개인의 안녕과 수면은 생각보다 훨씬 양방향의 관계를 맺고 있다. 수면의 질이 떨어지면 정신적, 육체적 건강 문제가 발생할 수 있다. 하지만 그 반대의 경우도 마찬가지다.[1] 학대나 왕따 등의 트라우마나 일상생활 스트레스 요인에 계속 노출된 아이는 잠을 덜 자거나 수면의 질이 낮을 수 있다.[2] 또한 생물학적, 신경학적 문제 등 여러 이유로 아이가 잠을 잘 이루지 못할 수도 있다. 수면 문제를 다룰 때는 아이 삶의 맥락을 전체적으로 살펴보는 것이 중요하다.

팀의 이야기를 기억하는가?(14장 참고) 많은 도움과 치료에도 팀은 안면 홍조, 다리 통증, 악몽을 호소했고, 야뇨증과 싸우느라 밤에 4시간 이상 연속해서 자지 못했다. 팀이 일반 학교에 다니는 것은 불가능했다.

이는 많은 부모와 보호자, 자녀에게 현실적인 문제이므로 다양한 관점에서 가능한 한 빨리 해결해야 하며, 그중에서도 마음 관리가 가장 중요하다. 우리의 마음이 모든 것을 주도하기 때문이다.

수면 장애

수면 장애는 어린이의 정신적, 육체적 안녕과 복잡하게 얽혀 있다.[3] 1-12세 어린이에게 발생할 수 있는 수면 장애에는 폐쇄성 수면 무호흡증(1-5퍼센트), 몽유병(17퍼센트), 혼돈 각성(17.3퍼센트), 야경증(1-6.5퍼센트), 악몽(10-50퍼센트) 등이 있다.[4] 폐쇄성 수면 무호흡증은 아이가 자는 동안 호흡이 (부분적으로 또는 완전히) 차단되는 현상이다. 아이가 수면 무호흡증을 앓고 있다는 징후로는 코골이, 기침, 호흡 정지, 시끄러운 구강 호흡, 뒤척거림 등이 있다.[5] 몽유병은 아이가 수면 상태를 유지하는 동안 행동을 하는 것이다.[6] 혼돈 각성은 아이가 수면을 취하는 동안 소리를 지르거나 몸부림치는 것을 말한다. 잠들었을 때도 '발작'을 일으키거나 중얼거리거나 문장을 말할 수도 있다. 야경증으로 잠을 자다가 신음하거나 울부짖을 수 있다. 아이는 불안해 보이지만 깊은 수면 상태에 있을 수 있으며, 쉽게 깨어나지 않는다. 아이들은 악몽은 기억할

수 있지만, 야경증은 잊어버리는 경향이 있다.[7]

현대 기술과 수면

우리는 모두 현대 기술의 오용과 수면 부족 사이의 연관성을 잘 알고 있다. 이는 어린이와 성인 모두에게 영향을 미친다. 디스플레이 색상 설정을 다시 하지 않는 한 대부분 현대 기기는 시청자의 주의력과 수행 능력을 자극하는 블루라이트를 방출한다. 이 빛은 특히 멜라토닌 생성을 감소시켜 수면-기상 주기에 영향을 미친다.[8] 화면 상호 작용의 방식과 내용도 아이의 수면에 영향을 미친다. 예를 들어, 비디오 게임을 하면 아이가 잠들기까지 걸리는 시간이 늘어나고 숙면(느린 파동)을 할 수 없어 수면 시간이 줄어든다.[9]

앞서 언급했듯이, 우리의 두뇌는 우리가 집중하는 대상과 융합한다. 이러한 집중은 정신과 두뇌 활동을 촉진하고 수면을 개선할 수 있다. 또는 신경망과 내분비계를 교란하여 수면 패턴을 방해할 수도 있다. 현대 기술과 소셜 미디어만이 주요 원인이라고 할 수는 없다. 평균적으로 아이들은 충분히 자지 못한다. 학교나 보육 시설에 가기 위해 일찍 일어나야 하고 숙제와 여가 활동 때문에 늦게 자야 하는 등, 아이들의 수면 시간은 큰 폭으로 감소했다.[10] 이러한 급변하는 삶의 복잡성은, 1884년 영국 의학 잡지인 「브리티시 메디컬 저널」(*British Medical Journal*)에 게재된 기사에서 처음 언급된 이후 계속 증가했다. 이 기사는 아이들의 수면 문제가 현대 사회의 빠른 성장 속도로 인해 증가했다고 분석했다.[11] 따라서 단순히 아이들이 소셜 미디어나 인터넷 때문에 지나치게 주의가 산만해지고 과도한 자극을 받아 잠을 자지 못한다는 의견은 받아들이기 어렵다. 삶의 속도가 이런 기술 덕분에 빨라지기는 했으나, 이 주제는 전혀 새롭지 않고 벌써 수년 동안 사람들이 이야기해온 화제이기 때문이다.

하지만 인류 역사상 소셜 미디어, 인터넷과 같은 현대 기술의 '온라인적' 특성을 다루어야 하는 것은 이번이 처음이며, 우리는 여전히 그 문제를 파악하려고 노력하고 있다. 부모나 보호자로서 어떻게 해야 하는지에 관한 조언은 끊임없이 변화하여 따라가기가 어렵다.

우리의 환경은 끊임없이 진화하고 있기에, 모든 세대는 삶의 속도에 필연적으로 영향을 미치는 변화에 직면한다. 그래서 어릴 때부터 마음을 관리하는 방법을 배우는 것이 매우 중요하다. 삶은 끊임없이 변하고 우리에게 많은 문제를 던져주기에, 우리는 물론 아이들도 이러한 변화에 대처하는 방법을 배워야 한다.

수면은 역동적이라는 점을 기억해야 한다. 이는 아이가 성장함에 따라 수면도 변화할 것이며, 아이의 삶의 맥락에 따라 계속 영향받는다는 것을 의미한다. 아이가 다양한 인생 사건을 경험하고 중요한 전환을 거치며 스트레스에 노출됨에 따라 수면 패턴도 바뀔 것이다.[12] 부모나 보호자로서 우리는 이러한 변화가 자녀의 안녕에 영향을 미치지 않게 항상 막을 수는 없지만, 아이가 이런 변화 때문에 받는 영향을 관리하도록 도울 수는 있다.

아이는 몇 시간을 자야 할까?

사람들은 종종 아이에게 딱 맞는 황금 수면 시간이 있는지를 자주 묻는다. 자녀 양육에 관한 거의 모든 것과 마찬가지로 대답은 복잡하다! 더욱이, 수면에 대해 너무 엄격한 규칙을 세우는 것은 결국 득보다 실이 많을 수밖에 없다. 잠을 자는 데 어려움을 겪는 아이는 생물학적 문제든 행동 문제든 자신에게 본질적으로 문제가 있는 것처럼 느낄 수 있으며, 금방 틀 안에 갇힐 수 있다.

실제로, 부모나 보호자는 자녀가 정서적으로 어려움을 겪고 있는 이유에 대해 수면 부족이라는 설명을 가장 먼저 듣는다. 이는 수면 부족이라는 진단이 문제 해결에 도움이 되기보다는 병적인 현상이 되어 문제를 복잡하게 만드는 경우가 많음을 의미한다.[13] 수면 장애는 일반적으로 자녀가 문제 행동을 하거나 슬픔, 분노, 좌절, 위축 등을 표현하는 경우 부모나 보호자가 가장 먼저 고려해야 할 사항이다. 따라서 이것은 스트레스를 주는 요소가 될 수 있다. 자녀는 잠을 자려고 분투하고 있는데, 문제의 원인이 수면 부족이고 정신이나 육체가 무너지지 않도록 더 많이 재우는 것이 해결책이라는 말을 들으면 당황스러움과 무력감을 느낄 것이다. 그러므로 아이의 수면 부족을 의학적으로 접근하거나 지나치게 문제시하지 않도록 주의해야 한다.

잠이 우리의 정신적, 육체적 안녕을 위해 필요하고, 그것이 아이가 어려움을 겪는 행동 문제의 원인 중 하나라는 점에는 동의한다. 하지만 문제 해결을 위해 아이가 "더 자야 한다"는 말을 들으면 부모는 좌절감을 느끼고 스트레스를 받는다. 이전에 나온 팀의 이야기를 떠올려보고 그가 겪은 수면의 어려움, 이와 관련된 조언 그리고 그를 몇 시간이라도 재우려고 그의 부모가 애쓴 많은 시간을 떠올려보라. 이러한 상황은 문자 그대로 악몽이 될 수 있다.

그러나 뉴로사이클을 시작한 지 단 4일 만에 팀은 깊이 잠자기 시작했다. 내가 이에 관해 묻자 팀이 한 대답이 나를 놀라게 했다. "박사님, 저는 기준이 되는 날을 좋아해요. 4일 차는 변화의 기준이 되는 날이라고 하셨죠. 넷째 날에 엄마의 도움으로 이런 변화가 생겼어요. 제가 잠을 자지 못하는 이유가 악몽 때문이라는 사실을 발견했어요. 그런데 제가 악몽을 쫓아낼 수 있고, 악몽이 더는 저를 통제할 수 없을 거란 느낌이 들기 시작했어요. 그러자 갑자기 잠이 들기 쉬워졌어요."

문제의 증상을 문제의 근원으로 여기고 초점을 맞추면 큰 그림을 놓칠 수 있다. 나는 진료 시 부모들에게 아이의 어려움을 빙산으로 보라고 자주 말한다. 당신은 단지 빙산의 일각만을 볼 수 있지만, 수면 아래는 훨씬 더 많은 일이 일어나고 있다. 이 책에서 내가 이야기하는 마음 관리 기법의 가장 큰 장점은 부모와 자녀가 빙산의 나머지 부분(또는 생각나무의 뿌리)을 볼 수 있도록 도와주어 자녀의 삶의 맥락과 그들이 어려움을 겪는 이유를 이해할 수 있다는 것이다. 이것이 지속적인 변화의 열쇠다.

하지만 여전히 궁금할 수 있다. 내 아이가 밤에 몇 시간 동안 자야 할까? 황금 수면 시간이 있을까? 19세기 후반부터 이 주제에 대한 대대적인 연구가 진행되었다. 그러나 이러한 모든 연구에도, 우리는 여전히 아이들이 매일 저녁 몇 시간의 수면이 필요한지에 대한 정확한 합의를 이루지 못했다.[14] 수면이 에너지와 집중력의 증가, 중요한 심리적, 생리학적 기능의 재생과 같은 여러 혜택과 연관되어 있다는 사실은 틀림없다.[15] 하지만 아이의 수면 시간에 관해 부모와 보호자에게 제공되는 많은 조언은 논쟁의 여지가 있다.[16] 즉, 황금 시간 같은 것은 없다! 당신의 자녀는 개인의 생리적, 신경학적, 심리적, 환경적 필요에 따라 고유한 수면 시간이 필요하다.

아이의 수면 패턴에 관해 이야기할 때 아이를 독특한 경험과 요구 사항을 가진 개인으로 대하는 것이 중요하다. 당신이나 아이가 스트레스를 받거나 두려움을 느낄 때, 올바른 수면 방법이나 수면 패턴은 없다는 사실을 기억하라. 실제로, 어린이들은 국가와 출신 지역에 따라 수면 패턴이 다르다. 예를 들어, 유럽의 어린이들은 평균적으로 미국 어린이보다 약 20-60분, 아시아 국가 어린이보다 약 60-120분 더 오래 잔다.[17]

게다가 수면은 전혀 지속적인 상태가 아니다. 새로운 연구에 따르면, 숙면은 방해받지 않는 수면 상태라는 공식은 잘못된 것으로 나타났다. 신경 전달 물질인 노르아드레날린과 노르에피네프린이 의기투합하여 밤에 100번 이상 우리를 깨우지만, 우리는 그 짧은 순간들을 알아차리지 못한다.[18] 노르아드레날린은 우리에게 활력을 주고 노르에피네프린은 우리를 깨운다. 이 조합은 우리가 다시 잠들 때 기억을 안정화할 수 있도록 뇌를 재설정하고, 푹 쉬고 일어날 수 있도록 도와준다. 본질적으로 우리가 마음을 더 많이 관리할수록 이러한 사이클을 통해 더 많은 이익을 얻을 수 있다.

수면 연구가 개인의 고유함을 인정하는 방향으로 계속 발전한다는 사실은 아이의 불면증 때문에 고민하는 부모에게 희망과 안도감을 준다. 나는 '수면에 대한 기대'를 제거하는 것이 수면을 둘러싼 모든 독성 스트레스와 불안을 제거하여, 자녀와 부모의 실제 수면의 질이 크게 향상될 수 있다고 생각한다. 매일 밤 일정한 시간 동안 자는 것에 대해 걱정하기보다, 아이가 자신만의 수면 패턴을 찾을 수 있도록 우리의 에너지와 관심을 집중하는 것이 좋다. 여기에는 아이가 수면에 관한 부정적 연관성을 어떻게 형성했는지, 그 이유는 무엇이며, 아이의 삶에서 무슨 일이 일어나고 있는지를 함께 살펴보는 것을 포함된다.

독성 스트레스와 수면

수면 장애와 잠들기가 어려워서 생기는 문제는 아이들에게 큰 스트레스가 될 수 있으며, 이는 눈덩이처럼 수면 문제를 악화할 수 있다. 관리되지 않은 스트레스가 뇌와 신체에 미치는 영향 중 하나는 뇌와 신체의 스트레스 조절부인 시상 하부-뇌하수체 축(옆의 그림)이 과도하게 활성화되는 것이다.[19] 그러면 코르티솔과 아드레날린의 수치가 증가하고 멜라토닌 수치가 감소하게 되는데,[20] 이는 결과적으로 아이가 갑자기 눈을 크게 뜨고 침대에서 깨어나게 만드는 공황 유도 아드레날린을 분비시킬 수 있다. 이런 일이 일정 기간 지속해서 발생하면 스트레스 반응으로 인해 불안, 우울, 공격적인 행동, 회피 행동 등이 증가할 수 있다.[21]

수면 부족과 관련된 부정적인 위험에 대한 정보에 계속 노출되면, 자녀의 수면 문제를 더욱 시급하고 부담스럽다고 느낄 수 있다.

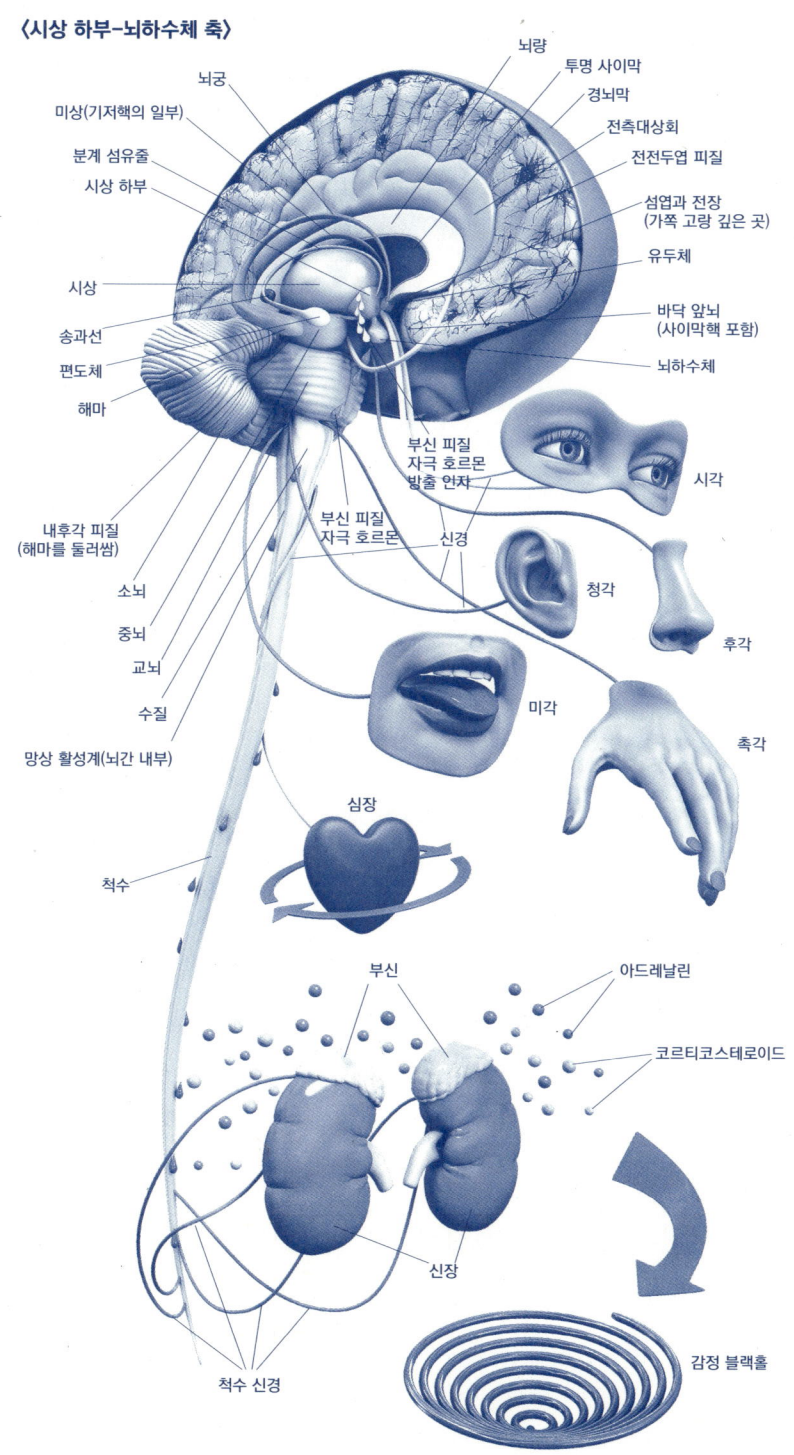

자녀의 수면 패턴을 끊임없이 걱정하고 아이에게 수면 장애가 있는 것으로 진단하고 꼬리표를 붙이는 것은, 실제로 자지 못하는 것보다 더 나쁠 수 있다. 왜냐하면 자녀의 수면 부족 자체보다 이에 관한 당신의 불안이 문제가 되기 때문이다. 일이 잘못될 것이라는 염려와 그에 따른 수면 문제는 신경망을 통해 뇌에 연결되며, 어느새 63일이 지나 수면 부족을 염려하는 것이 '습관'이 돼버린다!

이는 수면 문제가 실재하지 않거나 스트레스를 주지 않는다는 말이 아니다. 실제로 힘들다! 미국 소아과 학회(American Academy of Pediatrics)는 어린이의 25-50퍼센트가 수면 문제를 겪고 있다고 추정하며,22) 그 수치는 매년 계속해서 증가하고 있다. 수면 보조제 및 기타 치료법을 사용하여 수면 문제를 해결하는 데 많은 시간과 돈을 투자했는데도 여전히 문제가 해결되지 않은 채 남아 있다.23)

그러나 과도한 치료가 인간의 정상적인 상태를 바꾸는 경우 반드시 우리 자신이나 아이의 삶이 더 나아지는 것은 아니다. 이 책 전체를 통해 배웠듯이, 아이의 뇌는 신경 가소성에 따라 언제든지 변할 수 있다. 당신의 자녀는 브레이니의 초능력인 뉴로사이클을 사용하여 마음을 관리함으로써 특정한 어려움을 극복할 수 있다. 항상 희망은 있다.

아이의 수면 문제와 그에 따른 결과를 병리적 현상으로 보지 않고 아이의 삶에 어떤 일이 일어나고 있다는 경고 신호로 볼 때, 우리는 수면을 보는 방식을 재개념화하고 수면과 관련된 아이의 스트레스를 줄일 수 있다. 게다가, 팀의 이야기에서처럼 삶의 다른 영역에서 자녀와 함께 뉴로사이클을 진행하며, 아이의 수면 문제를 해결하는 데 도움을 줄 수도 있다. 모든 것이 연결되어 있다.

악몽

누구나 악몽을 꿀 수 있지만, 악몽은 특히 3-12세 어린이에게는 매우 흔한 것으로 보인다.[24] 악몽의 정확한 원인은 완전히 알려지지 않았지만, 어린이들이 악몽을 꾸는 데는 몇 가지 이유가 있다. 꿈은 렘수면(REM, rapid eye movement sleep) 중에 꾼다. 우리의 수면은 마음과 뇌가 외부 세계에 대한 처리를 중단하는 비렘수면(NREM, non-rapid eye movement sleep)으로 시작해서 마음과 뇌가 내면의 사고 생활을 처리하기 시작하는 렘수면으로 진행한다.[25]

1부에서 살펴본 것처럼 생각은 기억과 함께 마음, 뇌, 신체의 세 곳에 저장된다. 이러한 생각의 데이터와 얽힌 감정이 독성이 있거나 관리되지 않은 상태라면 마음과 뇌와 신체의 불균형을 초래하고 항상성을 붕괴시킬 수 있다. 악몽은 잠재적으로 이러한 엉킨 거미줄, 즉 트라우마와 같은 만성적인 문제나 형제와의 싸움과 같은 일상적인 문제로 발생할 수 있다.[26]

우리가 잠들어 있을 때, 무의식은 이러한 불균형을 정리하고 생각의 질서를 회복하려고 노력한다. 악몽은 마음이 우리의 경험을 이해하려고 시도하는 한 가지 방법으로 보인다. 뇌 스캔 결과, 마음이 감정적 인식을 처리할 때 매우 활성화되는 뇌의 영역인 편도체(또는 '도서관')는 악몽을 꾸면 거의 광란 상태가 되는데, 이는 마치 마음이 독성 불균형에 대처하는 것과 같다.[27] 그러나 편도체 균형을 맞추기 위해 반응하는 뇌 부위인 전전두엽 피질은 덜 활성화된다. 그 결과, 심리적으로 처리하지 못한 부정적 감정이나 억압된 생각과 트라우마는 의식적인 마음에서는 숨겨졌다가 잠들었을 때만 나타날 수 있다. 그래서 꿈의 패턴을 경고 신호와 메시지로 여기고 생각이 꿈에 반영되는 것을 알아내는 '생각 꿈 탐정'이 되는 것이 우리 자녀에게 가르쳐야 할 중요한 기술이다.

　아이마다 꾸는 꿈과 악몽이 다르다.[28] 일반적으로 아이의 관점, 상상력, 창의성은 꿈과 악몽 모두에서 표현된다. 자녀와 함께 뉴로사이클을 진행하면서 자녀의 삶에서 스트레스 요인들의 패턴을 알아차리기 시작하면, 자녀와 자녀의 꿈을 연결할 수 있을 것이다.

아이가 꼭 채워야 하는 황금 수면 시간이란 없다.
다양한 수면 일정에 아이가
어떻게 반응하는지 확인하며,
아이에게 가장 적합한 수면 시간을 알아보라.

23장
수면 장애와 뉴로사이클

직관에 반하는 것처럼 들릴 수 있지만, 자녀의 수면 준비를 돕는 일은 아침부터 시작된다. 기상하는 순간부터 아이가 마음을 어떻게 관리하는지가 생화학, 일주기 리듬(24시간의 주기로 나타나는 생체리듬), 의식과 뇌의 에너지 흐름에 영향을 미친다.[1] 이는 결과적으로 그날의 낮과 밤에도 영향을 미친다.

관리되지 않아 혼란스러운 마음과 뇌는 일과를 엉망진창으로

〈브레이니가 꿈을 꾸고 있어요.〉

〈브레이니가 악몽을 꾸고 있어요.〉

만든다(예를 들어, 수면 장애). 이런 이유로 자녀가 건강한 일상 습관을 형성하는 데 도움이 되는 '기상 수면 뉴로사이클'을 권장한다. 이는 몇 분 안에 완료할 수 있는 빠르고 쉬운 과정이다. 이 과정에 온 가족이 함께해도 좋다.

다시 설명하겠지만, 자녀가 수면에 어려움을 겪거나, 수면 패턴에 문제가 있는 경우, 기상 수면 뉴로사이클 외에도 63일 주기의 뉴로사이클을 수행하여 영향을 미치는 잠재적인 생각나무를 발견하도록 노력하라. 반복적이고 지속적인 악몽은 무의식에서 무언가가 나오려 한다는 표시이기에 몇 가지 뉴로사이클이 더 필요할 수 있다.[2]

필요한 경우, 전문가의 도움을 받으면서 뉴로사이클을 해볼 수도 있다. 자녀와 함께 이 과정을 진행하면서 뇌의 신경 네트워크를 풀고 다시 연결하여 건강하지 못한 생각나무를 건강하고 꽃이 만발한 생각나무로 만들도록 도와줄 수 있다. 이는 결과적으로 시상하부-뇌하수체 축을 진정시키는 데 도움이 되어 자녀의 취침, 숙면 능력이 향상될 것이다.

기상 수면 뉴로사이클

잠에서 깨어난 아이를 안고 뽀뽀하는 등의 재미있는 작은 루틴으로 기상 수면 뉴로사이클을 구성할 수 있다. 아이가 침대에 있는 동안 5단계를 모두 수행할 수도 있고, 아이를 일으켜 준비하는 동안 이 작업을 해야 할 수도 있다. 처음에는 서툴게 느껴질 수도 있지만, 몇 번 하다 보면 점점 더 쉬워지고 나중에는 1분 안에 할 수 있는 습관이 될 것이다. 기억하라. 당신은 자녀가 깨어나면서부터 스스로 관찰하고 자기 조절을 시작하도록 가르치고 있는데, 이는 앞에서 언급한 대로 뇌 건강을 개선하고 밤에 숙면할 수 있게 하는 훌륭한 방법이다. 또한 하루를 시작할 때 자녀와 소통하고 자녀를 더 깊이 알아갈 수 있는 좋은 방법이기도 하다. 아이는 당신이 귀를 기울이고 있다고 느낄 것이며, 이는 아이가 부모에게 마음을 열고 대화할 수 있는 안전한 공간을 만드는 데 도움이 된다.

1. 인식 모음

아이가 잠에서 깨어났을 때나 하루를 준비하는 동안, 몇 가지 질문을 부드럽게 던져 아이가 네 가지 경고 신호를 인식할 수 있도록 유도하라. 이러한 경고 신호는 잠에서 깨어나는 방법과 잠자는 방법과 모두 관련이 있다.

모든 연령의 아이에게 단어, 그림, 장난감을 적절하게 사용하여 다음처럼 질문하라.

"행복하니? 슬프니? 걱정되니? 신나니?"
"몸은 어때? 혹시 아프거나 불편한 곳이 있니?" (몸의 여러 부분을 가리키면서 대화하면, 자기 감정을 전하기가 더 쉬워진다.)

질문하는 동안 기상에 대한 아이의 관점과 태도를 주목하라. 아이가 불평하고 있는가? 행복해하는가? 아니면 신이 난 것처럼 보이는가? 또는 오늘 하루 기분이 어떨지, 어젯밤에 잘 잤는지를 물어보라.

2. 반영

간단한 질문을 던져 빠르게 반영 단계로 전환하라. "왜 그렇게 느끼니?" 아직 졸려서 말을 많이 하지 않을 수도 있으므로, 단어, 장난감, 그림을 먼저 보여줘야 할 수도 있다.

이 작업을 수행하는 동안 이 네 가지 신호가 연관되어 있다는 생각이 드는가? 이것이 자녀의 삶에서 일관된 패턴인가, 아니면 일회적인 상황인가?

아이가 이야기하고 싶은 꿈이나 악몽이 있다면, 꿈과 악몽이 명확한 설명이나 신호가 아니라 오히려 무의식이 다음 날을 대비해 마치 청소하듯이 뇌를 정돈하는 과정의 산물이라는 것을 기억하라. 아이의 꿈이나 악몽을 해석하려는 게 목적이 아니다. 아이가 어떤 언어, 몸동작, 감정, 태도를 표현하는지, 또는 거기에 일관된 주제가 있는지를 관찰하기 위한 것이다.

모든 아이가 자기 꿈을 기억하지 못한다는 점을 상기하는 것도 중요하며, 꿈을 기억하지 못해도 전혀 문제가 되지 않는다. 이러한 단계를 거치는 과정만으로도 자녀의 기분에 대한 통찰력을 얻을 수 있으며, 일상에서 자기 조절을 연습하도록 가르치는 훌륭한 방법이 될 수 있다. 비록 처음에는 아이의 반응이 거의 없고, 부모만 이야기하고 아이는 고개를 끄덕이거나 흔들기만 해서 아무 일도 일어나지 않는 것처럼 보이더라도 아이의 마음과 뇌에는 여전히 무언가가 일어나고 있다.

모든 연령대에 걸쳐 단어, 그림, 장난감을 적절하게 사용하여 다음과 같이 질문하라.

"왜 슬프거나 행복하거나 기분 나쁘거나 _____ 처럼 느끼니?"
"왜 그런 기분이 든다고 생각하니?"
"장난감이나 그림(브레이니 장난감이나 사진 등)으로 너의 느낌을 보여줄 수 있겠니?"

3. 쓰기, 놀기, 그리기

기상 수면 뉴로사이클은 몇 분밖에 걸리지 않기 때문에 자녀에게 자신이 느끼는 감정과 이유를 쓰거나 그리라고 말할 필요는 없다. 자신이 어떻게 느끼는지, 그리고 왜 그렇게 느끼는지 상상하고 설명하게 해서 이 단계를 시각화하도록 도울 수 있다.

3-5세 아이의 경우

이 단계를 시각화하도록 도움을 줄 그림 상자(네 개의 경고 신호 상자와 반영 상자)를 가져가서 아이들이 적절하다고 느끼는 그림을 하나 꺼내 들 수 있다. 또한 당신이나 아이가 무언가 그리고 싶어 할 경우를 대비해 펜과 종이를 준비하는 것도 추천한다. 때때로 아이가 너무 괴로워하거나 너무 피곤해서 말할 수 없을 때도 있기에, 그림을 그리는 것이 의사소통에 도움이 될 수 있다.

다음과 같이 질문할 수 있다.

"네 꿈에 관한 사진을 나에게 보여줄래?"
"무슨 꿈을 꿨는지 말해줄 수 있니?"

이 단계를 진행할 때, 이 장의 시작 부분에 있는 브레이니가 자면서 꿈꾸는 그림을 가리키며 아이에게 다음과 같이 말할 수 있다. "우리는 이렇게 잠자는 동안 들어온 생각들이 뇌를 통과하는 것을 포착하고 그것들을 고치려고 노력해야 해. 왜냐하면 그런 것들이 네가 자는 데 영향을 미칠 수 있기 때문이야." 그리고 나서 아이에게 브레이니처럼 꿈을 꾸었는지 물어보고, 가능한 한 많이 설명해달라고 부탁할 수 있다.

6-10세 아이의 경우

이 연령대에게는 3-5세에게 사용하는 질문과 유사하지만 더 많은 단어를 활용할 수 있다. "네 기분을 설명하는 데 도움이 되는 몇 가지 단어를 알려줄까?"와 같이 질문할 수 있다.

4. 재점검

재점검 단계에서는 1-3단계에서 아이가 말한 내용을 토대로 패턴을 찾을 수 있다. 아이는 3단계에서 시각화한 내용을 검토하고 추가하여 이 과정을 진행할 수 있다. 아이가 너무 피곤하거나 아무말도 하지 않는다면, 아이의 마음 상태를 관찰한 내용을 바탕으로 하루 동안 기억할 수 있는 격려와 사랑의 표현을 하여, 아이가 사랑받고 안전하다고 느낄 수 있게 하라. 이를 통해 스트레스 반응을 낮추고 다음 날 저녁에 숙면할 수 있도록 도울 수 있다.

3-5세 아이의 경우

3-5세의 경우 다음과 같이 말할 수 있다.

> "나는 항상 너를 돕기 위해 있어. 기분이 좋아지도록 안아줄까?" (포옹을 좋아하는 경우에만 이렇게 말하라.)
> "네 꿈이나 악몽을 말해주다니, 넌 정말 용감하구나! 난 정말 네가 너무 자랑스럽다! 오늘 밤에는 어떤 좋은 꿈을 꿀지 생각해볼까?"
> "오늘 너를 행복하게 해줄 여러 재미있는 활동을 할 거야! 우리 재미있는 일 몇 가지를 생각해보자."
> "나는 _____이 너를 괴롭히고 어젯밤 잠자는 데 좋지 않은 영향을 미쳤다는 것을 알고 있어. 기억하렴. 오늘 당장 모든 것을 해결하고 좋게 만들 필요는 없단다. _____한 노력을

통해 조금 더 나아지도록 하자. 알겠지?"

6-10세 아이의 경우

6-10세의 경우 위와 같이 말하거나 좀 더 구체적으로 설명할 수 있다. 예를 들어, 아이가 친구와 싸운 상황이라면, "네가 친구와 다툰 문제를 어떻게 해결해야 할지 모르는 건 알지만, 오늘 모든 것을 다 알 필요는 없어. 이 쿠키(또는 간식이나 선물)를 친구들에게 나눠주고, 친구들이 어떤 반응을 보이는지를 볼까? 그러면 상황이 나아질 수도 있고, 오늘 밤에 더 좋은 꿈을 꾸게 될 거야!" 또는 아이가 친구들이 자신을 놀리고, 이 때문에 악몽을 꾼다면 다음과 같이 말해보라. "친구들이 네가 이상하다고 많이 놀렸지만, 넌 이상하지 않아. 너는 독특하고 멋져! 너는 브레이니처럼(혹은 슈퍼 히어로 브레이니 사진을 보여주며) 독특한 생각을 하는 초능력을 가지고 있어. 오늘은 다른 사람들이 너에 대해 어떻게 생각하는지 걱정하는 대신 너 자신을 사랑하는 연습을 해보렴. 슬플 때는 내가 오늘 아침에 했던 말을 기억해봐. 넌 정말 대단해!"

5. 능동적 목표

아이가 해결 지향적인 문장을 온종일 연습할 수 있도록 도와주라. 4단계에서 당신이 사용한 문장을 다시 사용해도 좋다. 아이에게 온종일 기분 좋게 해주고 밤에 숙면할 수 있게 해주는 능동적 목표를 연습하라고 권한다.

3-5세 아이의 경우

3-5세 아이가 그날의 능동적 목표를 기억할 수 있게 그림을 그리도록 도와주라. 또는 스티커나 장난감(학교에도 가져갈 수 있는 물건인지 먼저 확인하기)을 주어 상기시킬 수도 있다.

6-10세 아이의 경우

원하는 경우 위의 권장 사항을 따를 수 있으며, 아이가 전자 기기를 가지고 있는 경우 능동적 목표 연습을 위해 알림을 설정하도록 도울 수 있다.

수면 장애 뉴로사이클

앞에서 언급했듯이, 아이가 수면에 어려움을 겪거나, 수면 패턴에 문제가 있는 경우 63일에 걸쳐 아래의 뉴로사이클을 수행하여 아이의 수면에 영향을 미치는 잠재적인 생각나무와 문제를 찾아내도록 노력하라.

1. 인식 모음

아이가 평소와 다른 수면 패턴을 보이고 있는지, 그리고 이것이 아이의 감정, 행동, 신체 감각 및 관점 경고 신호에 어떻게 나타나는지에 대한 인식(정보)을 수집하라. 앞에서 살펴본 기상 수면 뉴로사이클의 예를 사용할 수 있다. 가능한 한 이른 아침에 이 작업을 수행하라.

2. 반영

인식 모음의 1단계에서 자녀와 함께한 내용을 되돌아보며 간단히 자기 점검을 해보라. 아이를 어떻게 보고 있는가? 수면에 대한 부모의 경험이 자녀가 겪는 상황을 이해하는 데 영향을 미치는가? 정말로 자녀가 겪고 있는 상황에 동조하려고 노력하고 있는가?

아이의 수면 패턴을 당신이나 다른 가족 구성원의 경험과 비교하게 되면, 상황이 동일하든 그렇지 않든, 둘 다 문제가 된다고 여길 수 있다. 우리는 항상 자녀의 독특한 상황을 바탕으로 아이의 경험이 실시간으로 서로 연결되도록 노력해야 하며, 가능한 한 우리 자신의 편견에서 벗어나도록 노력해야 한다. 그렇지 않으면 관점이 왜곡될 위험이 있으며, 관련된 모든 사람이 더 많은 스트레스를 받을 수 있다.

아이가 짜증을 내고 잠을 거부할 때, 그것은 자신을 화나게 하거나 혼란스럽게 하는 것에 좌절했다는 표현이고, 그 사실을 부모에게 전달하려는 것일 수도 있다. 그러므로 단순히 훈육만 할 것이 아니라 아이가 드러내는 구체적인 경고 신호 뒤에 무엇이 있는지 생각해보는 것이 중요하다. 시간이 지남에 따라 이러한 경고 신호가 어떤 생각에 연결되어 있는지 아이들이 알 수 있도록 도와주어야 한다. 그러면 아이는 (1부와 2부에서 설명한 대로) 생각에 묶여 있는 기억을 끌어내어 생각나무를 재개념화하고 행동을 바꿀 수 있다.

나는 팀이 이에 관해 설명해준 방식이 마음에 든다. 그는 자신의 다양한 꿈과 악몽이 "바다에서 물고기를 잡는 것과 같다"라고 말했다. "가끔은 꿈이 너무 무서울 때도 있어요. 마치 어두운 바다에 아주 무서운 상어들이 가득한 것과 같아요. 제가 이 상어 중 한 마리를 죽이려면 엄마 아빠의 큰 도움이 필요해요. 하지만 때로는 꿈이 작은 꿈일 때도 있어요. 기분을 나쁘게 하지 않는 작은 물고기를 잡는 것처럼요. 물고기를 집으로 가져가서 키울 수 있다는 생각이 들어서 물고기 잡는 일이 신이 나요. 때로는 꿈이 너무 좋아서 돌고래가 주위를 헤엄치는 모습을 보는 것 같아서 너무 행복해요."

자녀에게 꿈과 악몽이 어떤 것인지, 왜 뉴로사이클을 함께하는지에 대한 이해를 도우려 할 때 이 예시를 사용할 수 있다. 아래에 설명할 생각나무 이미지를 사용하여 아이의 이해를 도울 수도 있다.

3-5세 아이의 경우

3-5세 아이에게는 나쁜 꿈이나 식은땀(또는 아이가 겪는 문제)이 뇌에 '작은 상처'가 난 것이나 생각나무의 잎과 가지가 부러진 것과 같다고 설명할 수 있다. 그림이나 단어, 장난감을 사용하여 이

야기하면, 이러한 생각나무의 뿌리에 도달하여 나무를 더 건강하고 좋게 만들 수 있으며, 더는 잠드는 것을 두려워하지 않도록 도와줄 수 있다. 15장에서 건강한 생각나무의 성장을 보며 기뻐하는 브레이니의 그림을 활용하면 도움이 될 것이다.

6-10세 아이의 경우

팀의 낚시 비유나 앞의 생각나무 이미지를 사용하거나, 자녀가 스스로 비유를 만들도록 도와줄 수 있다. 아이가 보고 있는 가지가 부러진(경고 신호) 생각나무가 그저 자신에 대해 이야기하는 것만으로도 약해지고 있다는 사실을 상기시키라. 경고 신호는 땅속에 숨어서(무의식) 해를 끼치는 것이 아니다. 아이가 건강하게 만들 수 있도록 밖으로 노출된 것이다.

3. 쓰기, 놀기, 그리기

이 단계에서는 위의 인식 모음 및 반영 단계에서 논의한 내용을 아이가 그림으로 그리거나 장난감을 활용해 표현하거나 사진을 사용하거나 글을 써서 시각화하도록 도와주라.

3-5세 아이의 경우

3-5세 자녀와 3단계를 진행하면서 아이가 겪고 있는 수면 문제

에 따라 다음과 같이 질문하고 말할 수 있다.

"너는 어떤 악몽을 꾸었니? 그림이나 장난감을 사용해서 보여줄래?"
"괜찮아. 이제 안전해. 내가 너와 함께 있잖아."
"지금은 말하지 않아도 돼. 이 문제는 나중에 얘기하자."
"다른 방에서 네 꿈에 대해 글도 써보고, 상황극을 해도 좋고, 그림도 그려보자. 네 침실에 있는 무서운 물건은 치워줄게."

6-10세 아이의 경우

6-10세의 경우, 아이가 겪고 있는 수면 문제에 따라 위의 설명과 질문을 사용할 수 있다. 또한 아이가 팀의 사례를 따르게 할 수도 있다. 팀은 더 잘 자기 위해서 엄마와 함께 꿈에 관한 뉴로사이클 기록지를 만들었는데, 이는 당신의 자녀에게 도움이 될 것이다. 팀은 재점검 단계와 능동적 목표 단계에서 사용하려고 이 기록지를 작성했다. 기록지에는 다음과 유사한 내용이나 그림을 쓰거나 그릴 수 있는 공간이 있다.

1. 어젯밤에 꾼 꿈은 _____한 기분이 들게 해서 마음에 들지 않았다.
2. 일어나지 않았으면 하는 일들은 다음과 같다. _____.
3. 다음은 내가 원하는 결말로 바꾼 그림이다.
4. 나는 꿈을 바꿀 수 있다. 왜냐하면 _____.

어젯밤에 꾼 꿈이 마음에 들지 않는다. 내가 원하는 꿈의 결말로 다시 그려볼 것이다.
다음은 내가 바꾸고 싶거나 벌어지지 나는 어떤 결말이든 선택할 수 있다.
않기를 바라는 일이다.

- _____
- _____
- _____
- _____
- _____

나는 내 꿈을 바꿀 수 있다.
왜냐하면 나는 꿈보다 강하기 때문이다.
그리고 ▓▓▓▓▓▓▓ 때문이다.

⟨꿈에 관한 팀의 뉴로사이클 기록지⟩

4. 재점검

이 과정에서는 아이의 의식적 경험에 연결된 다양한 기억이 생각나무 형태로 나타날 수 있다. 자녀를 돕는 핵심은 아이가 처리할 수 있는 범위 내에서 조각들을 조금씩 조립해보는 것이다. 앞서 진행한 1-3단계에서 얻은 정보를 활용하여 아이가 하루 내내 연습할 수 있는 문장을 만들어주는 것이 중요하다.

아이가 스트레스를 받거나 속상해하면 7장에 나온 뇌 준비 활동을 하도록 도우라.

3-5세 아이의 경우

이 단계에서는 아이가 3단계에서 쓰고, 그리고, 행동으로 표현하고, 시각화한 내용을 설명하고 이야기하게 하라. 이렇게 하면 아이들이 이해되지 않는 것을 더 잘 통제할 수 있다는 느낌을 받고, 상황을 더 좋아지게 하는 방법을 실행하려고 할 것이다(또는 생각나무를 재개념화하여 건강하게 만들 수 있다).

아이의 수면 문제를 고치려 하거나 꼬리표를 붙이는 대신, 아이와 함께하며 이야기를 들어주는 것만으로도 아이와 협력하고 서로 돕는 관계를 형성하는 데 도움이 된다.

6-10세 아이의 경우

팀은 자신이 잠자는 집을 상징하는 그림을 그려주었는데, 거기에는 굴뚝이 두 개 있었다. 한 굴뚝에는 검은 연기(무서운 악몽)가, 다른 굴뚝에는 옅은 연기(좋은 꿈)가 나왔다. 팀은 잠들 때마다 뉴로사이클을 하여, 악몽을 재점검하며 나쁜 이야기(어두운 연기)를 태워 좋은 이야기(옅은 연기)로 바꾸기로 하고, 그날 밤, 잠들 때 생각하는 연습을 할 것이라고 설명했다. 그 후 팀은 악몽이 무슨 의미인지를 부모님과 함께 이야기하며, 어릴 적 자신에게 무슨 일이 있었는지를 더 많이 이해하고자 했다. 그리고 다음 뉴로사이클을 하는 63일 동안 그 이야기를 더 기분 좋고 평온하며 덜 화가 나는 새로운 이야기로 만들었다.

당신도 아이와 함께 이와 비슷한 작업을 할 수 있다. 아이가 스스로 수면 이미지를 생각해낼 수도 있고, 독성 나무 사진을 사용할 수도 있다(1부 참고). 자기 전에 굴뚝 이미지를 생각하고 꿈이 자신에게 무엇을 말하는지 알아내 자기 이야기를 더 좋게 만들거나 생각나무를 건강하게 만들겠다고 다짐한 팀처럼 이 단계를 기억하고 적용하기 쉽도록 최대한 간단하게 유지하라. 아이와 함께 이 작업을 할 때 따뜻하게 위로하고 지지해주면서 "이 일로 기분이 나빠져서 정말 안타깝구나. 함께 이 문제를 더 좋게 만들기 위해 노력하자"와 같은 말을 하라.

이 단계에서 당신을 두렵게 하거나 악몽을 꾸게 하는 일에 어떻게 대처하는지와 나쁜 꿈을 꾸었을 때 어떻게 하는지를 자녀에게 말해줄 수 있다. 예를 들어, "나는 악몽을 꾸다 깨면, 항상 침대에 앉아 이 꿈은 사실이 아니고 내일이 되면 꿈이 무슨 의미인지 이해할 수 있을 거라고 되뇐단다. 지금은 잠자리에 들어도 안전하다는 것을 믿지. 그러면 불을 켜고 다시 차분해지고 졸릴 때까지 행복한 일을 생각하거나 재미있는 것을 읽거나 본단다." 이렇게 부모의 경험을 나누는 것은 자녀가 자신만의 방법을 생각해내는 데 도움이 되며, 아이는 부모의 방법을 활용해 능동적 목표를 세우고, 새롭고 건강한 생각나무를 키우기 위한 연습을 할 수 있다.

5. 능동적 목표

재점검 단계에서 당신과 자녀가 적은 문장 중 하나를 골라, 아이가 온종일 이를 상기하도록 글을 쓰거나 그림을 그리도록 격려하라(아이가 그리거나 쓸 때 도와줄 수 있다). 예를 들어, 팀은 꿈에 대한 뉴로사이클 기록지에서 능동적 목표를 선택하고 하루에 알람을 일곱 번 설정하여, 능동적 목표를 연습하는 시간을 마련했다.

아래는 모든 연령의 아이가 수면 문제를 관리하는 데 도움이 되는 훌륭한 능동적 목표의 예시다.

- 자녀가 잠들기 전에 "나는 안전해요. 우리 가족은 나를 지켜주려고 여기에 함께 있어줘요"와 같이 안전하고 평화로운 느낌을 연습하는 데 도움이 되는 문장을 만들도록 도와주라.
- 아이가 잠들 때 좋아하는 장난감이나 브레이니 장난감을 안으라고 격려하여, 악몽이나 다른 수면 문제보다 자신의 마음이 더 강하다는 것을 상기시키라.
- 자녀가 악몽이나 수면 문제에 대한 그림을 그리게 하고, 그것을 접은 뒤 닫거나 잠글 수 있는 상자에 넣는다. 낮 동안 그 문제에 대해 뉴로사이클을 수행할 준비가 되면 다시 열도록 하라. 지금 당장 모든 것을 더 좋게 만들 필요는 없다는 점을 알려주라. 시간이 지나면 상황은 좋아질 것이다.
- 아이가 자신의 방을 안전하고 재미있는 곳으로 느끼도록 만들라. 방에서 게임도 하고, 벽 전체에 그림을 그리고, 좋아하는 것으로 가득 찬 텐트를 만들어서 그 안에서 잠자게 하라. 좋아하는 음악을 틀거나 잠자는 곳을 멋지고 행복한 곳으로 만들어줄 일들을 다양하게 시도하라. 자신이 상황을 개선하기 위해 긍정적이고 건설적인 일을 하고 있다고 느낄 수 있도록 부모는 이런 일을 아이와 같이 실행하라.

- 자녀가 아침에 일어나자마자 침실을 안전한 장소로 여기고 용감하게 잠을 잔 것에 대해 보상하고 칭찬해주라. 동시에, 아이가 겁을 먹거나 걱정할 때면 언제든지 당신과 이야기할 수 있다는 점을 상기시키라.
- 잠자리에 들기 전에 행복한 이야기를 읽어주고, 눈을 감고 듣는 내용을 상상하게 하라. 이것은 아이가 행복한 생각과 이미지를 머리에 품고 잠들도록 도와줄 것이다.

아이가 수면 장애와 악몽에 시달릴 때 도움이 되는 또 다른 방법

다음은 아이가 수면 장애와 악몽 문제를 극복하기 위해 뉴로사이클을 할 때 도움이 될 수 있는 몇 가지 추가 정보다. 이는 또한 훌륭한 능동적 목표로 사용할 수 있는 예시 문장이 될 수 있다.

- 아이가 매일 밤 꼭 자야 하는 황금 수면 시간은 없다는 점을 기억하라. 자녀를 관찰하고, 여러 수면 시간을 시험해봐서 어떤 반응을 보이는지 확인하며, 시간을 들여 자녀에게 가장 적합한 방식이 무엇인지 알아보라. 사람에 따라 수면 시간이 더 필요한 경우도 있으니, 자녀의 수면 패턴을 다른 자녀나 다른 사람의 수면 패턴과 비교하지 말라.
- 일부 아이는 수면의 질을 높이기 위한 특정 조언이 자신에게 맞지 않는다고 생각할 수 있다. 이는 전혀 문제가 되지 않으며 정상이다. 실험을 통해 자녀에게 가장 적합한 방식이 무

엇인지 알아보라.
- 자녀가 수면 장애를 겪는 경우, 먼저 아이가 경험한 독특한 맥락에서 지금 겪고 있는 상황을 살펴보라. 수면에 영향을 미칠 가능성이 있는 일상의 문제가 있는가? 최근 아이의 삶에 큰 변화가 있었는가? 며칠 또는 몇 주에 걸쳐 이를 관찰해야 할 수도 있다.
- 수면 장애가 심해지거나 장기간 지속되면 수면 치료사나 전문가와 상담하라. 도움을 요청하기를 절대 부끄러워하지 말라. 수면 문제는 생물학적 또는 신경학적 문제와 관련이 있을 수 있으므로 조사해볼 가치가 있다.

**신경 가소성 과학은 우리가 자녀의
치유, 회복, 성장을 도울 수 있음을 보여준다.
삶의 어려움이 마음, 뇌 또는
신체의 영구적인 손상으로 이어질 필요는 없다.**

결론

 부모나 보호자로서 당신은 1부에서 언급한 것처럼 부정적이고 두려운 생각이 실제로 아이의 뇌 구조와 화학 작용을 변화시킨다는 사실을 알아야 한다. 이런 일이 아직은 어리고 발달하고 있는 뇌에서 일어나면, 그 영향은 청소년기와 성인기까지 이어질 수 있다.

 아동기의 부정적인 경험이 마음, 뇌, 신체, 정신 건강, 미래에 미치는 영향에 관해 광범위한 연구가 이루어졌으며, 그중 많은 부분을 이 책에서 인용했다. 앞서 언급했듯이, 아동기에 과도한 수준의 관리되지 않는 스트레스와 유해한 생각에 노출된다면, 신체 질환이나 장기적인 정신 건강 문제에 더 취약해질 수 있다. 우리는 정신 건강이 아이의 삶에 미치는 영향을 간과할 수 없다.

 그러나 희망이 더 많다는 사실에 초점을 맞추어야 한다. 신경 가소성 과학은 우리가 자녀의 치유, 회복, 성장을 도울 수 있음을 보여준다. 삶의 어려움이 마음, 뇌, 신체의 영구적인 손상으로 이어질 필요는 없다. 마음 관리를 통해 자녀는 자기 삶을 통제하는 방법을 배울 수 있다. 당신은 자녀에게 자신만의 이야기를 쓰도록 가르칠 수 있다.

이는 우리 아이에게 이미 일어난 일을 없앨 수 있다거나, 해가 될 만한 모든 위협에서 아이를 보호한다는 의미는 아니다. 우리가 아무리 간절히 원해도, 그것은 불가능하다. 내가 이 책 전반에 걸쳐 언급했듯이, 우리는 아이에게 일어난 일을 절대 바꿀 수 없다. 그러나 우리는 아이의 마음, 뇌, 신체가 그 일을 어떻게 받아들이는지 그리고 그 경험이 미래에 어떻게 전개될지는 바꿀 수 있다. 이것이 바로 자녀가 혼란스러운 마음을 정돈하도록 돕는 기술이다.

우리는 자녀에게 삶은 단지 괴로운 생각을 없애려고 노력하는 것이 아니라 인간으로서 필연적으로 경험하게 되는 정신적 혼란을 정리하는 것이라고 가르칠 수 있다. 이는 자녀가 자기 생각의 배후에 숨겨진 원인과 이러한 생각이 삶에서 어떻게 나타나는지를 파악하도록 돕는 것을 의미한다. 그런 다음 우리는 아이가 이미 일어난 일을 받아들이고 평화를 찾도록 도울 수 있다.

이 책에서 당신은 뉴로사이클을 자녀와 함께 수행하는 방법을 배웠다. 이 모든 시스템은 아이가 자기만의 독특한 이야기를 받아들이고 형성하도록 돕기 위해 고안되었다. 이렇게 함으로써, 우리는 자녀가 자신의 모든 인간성을 포용하는 법을 배우도록 돕는다. 또 자기 조절 능력, 자율성, 회복력을 키우고, 정체성을 확립하며, 자신감을 높이고, 스트레스와 불안을 관리하도록 돕는다. 이것이 바로 정신 건강의 기초다. 우리는 자녀에게 브레이니처럼 정신 건강의 슈퍼히어로가 되는 법을 가르치고 있다!

감사의 말

내가 지금까지 읽고 배운 모든 것을 가르쳐준 연구자, 과학자, 철학자, 스승에게 감사를 전한다. 인류를 회복하고 치유하기 위한 변화를 일으키는 데 우리가 미래를 향해 내딛는 작은 발걸음은 앞선 거인들의 어깨에 달려 있기 때문이다.

너무나 멋진 내 세 딸을 전임 연구원으로 두고 함께 일하는 특권을 누린 사실에 감사한다. 내 막내딸이자 연구 조교인 알렉시(Alexy)는 말 그대로 몇 시간 동안 함께 토론하고, 이 거대한 분야에 대한 끝없는 아이디어와 연구를 계획하고 이해하도록 도와주었다. 딸은 명료함과 과학적 정확성을 위해 내가 쓴 모든 단어를 꼼꼼히 점검해주었다. 딸아이의 통찰력은 경이롭고 현명하며 매우 귀중했다. 큰딸 제시카(Jessica)는 고객 응대 및 앱 기술 지원, 뉴스레터, 블로그를 총괄하고 있으며 자신이 하는 모든 일을 매우 효율적으로 수행하고 있다. 딸은 나의 다소 임상적이고 과학적인 글쓰기 방식을 훌륭하게 편집하여, 글을 쓴 당사자인 나조차도 흥미롭게 읽을 수 있는 이해하기 쉬운 글로 바꿔주었다. 뛰어난 팟캐스트 프로듀서이자 마케팅 및 비즈니스 개발 책임자인 나의 둘째 딸 도미니크(Dominique)는 책 개발 과정을 포함한 모든 프로젝트에서 개념을 만들어내는 탁월한 기술을 보유했으며, 최종 원고에서 강조해야 할 핵심 포인트를 뽑아내어 글 전체를 응집력 있게 만들어주었다.

우리 연구팀에 속해 있으며 레이아웃을 정리하고 끝없는 참고 목록을 올바른 순서와 형식으로 수정하는 일을 탁월하게 해준 개비(Gabby)에게 감사를 전한다. 이는 세부 사항을 보는 안목이 필요한 힘든 작업이다. 그녀는 놀라운 일을 해냈다.

나는 팀과 그의 새엄마, 새아빠가 이 책에 그들의 감동적인 이야기를 실을 수 있는 영광을 준 것에 대해 감사한다. 약점을 드러내는 일은 쉽지 않다. 그러나 그들의 이야기는 독자들에게 도움과 희망을 주리라는 것을 알고 있다.

베이커북스(Baker Books)의 편집자 브라이언(Brian)에게 감사한다. 그는 한발 물러서서 큰 그림을 보고, 항상 탁월한 능력으로 원고의 흐름을 개선하는 다양한 의견을 제시해주었다. 그리고 2013년부터 함께 일한 베이커 팀의 나머지 팀원들에게도 감사드린다. 그들은 친절하고 재미있으며, 항상 전문적으로 임해주었고, 나를 격려해주었다.

훌륭한 스토리텔러이자 작가인 내 아들 제프리(Jeffrey)는 이 책에 나온 브레이니의 모험을 다룬 동화책을 공동 집필했다. 그 책에서 브레이니는 양자 영역이라는 신비한 장소로 옮겨져, 고대의 초능력인 뉴로사이클을 사용하는 법을 배우고, 모든 사람의 마음을 장악하고 세상을 파괴하겠다고 위협하는 독성 사고 괴물에 맞서 승리한다. 아이들의 정신 건강을 관리하도록 뉴로사이클을 하며 이 이야기를 함께 읽으면 좋을 것 같다.

육아에 대해 많은 것을 가르쳐주고 나의 가장 큰 팬이신 어머니 앤(Anne)에게 감사드린다.

나는 이 책에 나오는 브레이니 캐릭터를 25년 전에 고안했다. 일러스트레이터 사라이아(Saraia)는 25년 된 브레이니를 참신하게 바꿔주었고, 브레이니에 대한 나의 상상력을 완전히 새로운 수준으로 끌어올리는 놀라운 일을 해냈다. 그리하여 당신과 당신의 자녀가 브레이니와 한 팀이 되어 마음 건강을 관리할 수 있는 여정을 떠날 수 있도록 도와주었다.

수년 동안 환자의 눈으로 도전, 고통, 치유를 볼 수 있도록 도와준 내 모든 환자에게 감사를 표한다. 나는 모든 사람이 쉽고 편하게 정신 건강을 관리할 수 있도록 계속 연구할 것이다. 이 특권을 절대 가볍게 여기지 않고 영광스럽게 생각한다.

책을 쓰는 오랫동안 나를 웃게 해주고 안아주며 위로해준 나의 시추 강아지, 심바와 날라에게 사랑의 마음을 전한다.

그리고 마지막으로 우리 회사의 CEO인 남편 맥(Mac)에게 감사한다. 남편은 내가 늦은 저녁까지 일한 다음 날 아침 식사를 만들어 침대로 가져다주는 것부터 시작해서, 가능한 모든 방법으로 나에게 무조건적인 지지와 사랑을 끊임없이 보내주었다. 여보, 당신이 나와 내가 하는 일을 믿어주었기 때문에 나는 강해질 수 있었어요. 영원히 당신을 사랑해요.

주

서문

1) "The State of Mental Health in America," Mental Health America, 2022년 8월 25일 검색, https://www.mhanational.org/issues/state-mental-health-america.
2) "U.S. Surgeon General Issues Advisory on Youth Mental Health Crisis Further Exposed by COVID-19 Pandemic," U.S. Department of Health & Human Services, 2021년 12월 7일, https://bit.ly/45KR7PI
3) Mental Health Million Project, "Mental State of the World 2021," Sapien Labs, 2022년 8월 25일 검색, https://sapienlabs.org/wp-content/uploads/2022/03/Mental-State-of-the-World-Report-2021.pdf.
4) "Stress Effects on the Body," American Psychological Association, 2018년 11월 1일, https://www.apa.org/topics/stress/body.
5) Rae Jacobson, "Metacognition: How Thinking About Thinking Can Help Kids," Child Mind Institute, 2021년 8월 15일, https://childmind.org/article/how-metacognition-can-help-kids/.

1장. 마음, 뇌, 신체의 연결

1) Ralph Lewis, "What Actually Is a Thought and How Is Information Physical?," *Psychology Today*, 2019년 2월 24일, https://www.

psychologytoday.com/us/blog/finding-purpose/201902/what-actually-is-thought-and-how-is-information-physical.

2) Arlin Cuncic, "What Happens to Your Body When Your Brain is Thinking?," VeryWellMind, 2019년 7월 17일, https://www.verywellmind.com/what-happens-when-you-think-4688619.

3) "Mental Illness and the Family: Recognizing Warning Signs and How to Cope," Mental Health America, 2022년 8월 25일 검색, https://www.mhanational.org/recognizing-warning-signs.

4) Kendra Cherry, "What Is Neuroplasticity?," VeryWellMind, 2022년 2월 18일, https://www.verywellmind.com/what-is-brain-plasticity-2794886.

5) Giorgio A. Ascoli, *Trees of the Brain, Roots of the Mind* (Cambridge, MA: MIT Press, 2015).

6) Danielle Pacheco and Heather Write, "How Do Dreams Affect Sleep?," Sleep Foundation, 2022년 3월 18일, https://www.sleepfoundation.org/dreams/how-do-dreams-affect-sleep.

7) Zamzuri Idris, "Quantum Physics Perspective on Electromagnetic and Quantum Fields Inside the Brain," *Malaysian Journal of Medical Sciences* 27, no. 1 (2020): 1-5, https://www.ncbi.nlm.nih.gov/pmc/articles/PMC7053547/.

8) Caroline Leaf 외, "The Development of a Model for Geodesic Learning: The Geodesic Information Processing Model," *The South African Journal of Communication Disorders* 44 (1997): 53-77. 더 많은 정보를 위해 이 책도 보라. Caroline Leaf, *Think, Learn, Succeed: Underdstanding and Using Your Mind to Thrive at School, the Workplace, and Life* (Grand Rapids: Baker Books, 2018), 22장.『생각하고 배우고 성공하라』(순전한나드)

9) Emma Young, "Lifting the Lid on the Unconscious," *New Scientist*, 2018년 7월 25일, https://www.newscientist.com/article/mg23931880-400-lifting-the-lid-on-the-unconscious/; Leaf 외, "The Development of a Model for Geodesic Learning."

10) Matt James, "Conscious of the Unconscious," *Psychology Today*, 2013년 7월 30일, https://www.psychologytoday.com/us/blog/focus-forgiveness/201307/conscious-the-unconscious.

11) Caroline Leaf, "Why Mind-Management Is the Solution to Cleaning Up Your Mental Mess: White Paper," 2022년 9월 13일 검색, https://cdn.shopify.com/s/files/1/1810/9163/files/General_White_Paper_100720_final_version.pdf?v=1602124109.
12) Greg Lukianoff and Jonathan Haidt, *The Coddling of the American Mind: How Good Intentions and Bad Ideas Are Setting Up a Generation for Failure* (New York: Penguin, 2018), 24. 『나쁜 교육』(프시케의숲)
13) Nassim Nicholas Taleb, *Antifragile: Things That Gain from Disorder* (New York: Random House, 2012). 『안티프래질』(와이즈베리)

5장. 도움이 되는 지침

1) Raising Children Network, "3-4 Years: Preschooler Development," Raising Children: The Australian Parenting Website, 2022년 12월 13일 검색, https://raisingchildren.net.au/preschoolers/development/development-tracker/3-4-years; ACT, "Cognitive and Social Skills to Expect from 3 to 5 Years," American Psychological Association, 2022년 12월 13일, https://www.apa.org/act/resources/fact-sheets/development-5-years.
2) Grupo MContigo, "From the Subconscious Mind to the Conscious Mind," *Exploring Your Mind* (blog), 2017년 12월 9일, https://exploringyourmind.com/subconscious-mind-conscious-mind/.
3) Raising Children Network, "5-6 Years: Preschooler Development," Raising Children: The Australian Parenting Website, 2022년 12월 13일 검색, Wendy Wisner, "5-Year-Old Child Development Milestones," VeryWellFamily, 2022년 2월 3일, https://www.verywellfamily.com/5-year-old-developmental-milestones-620713.
4) Raising Children Network, "6-8 Years: Child Development," Raising Children: The Australian Parenting Website, 2022년 12월 13일 검색, https://raisingchildren.net.au/school-age/development/development-tracker/6-8-years; Wendy Wisner, "7-Year-Old Child Develop-

ment Milestones," VeryWellFamily, 2022년 3월 15일, https://www.verywellfamily.com/7-year-old-developmental-milestones-620704.
5) Elisa Cinelli, "9-Year-Old Child Development Milestones," VeryWellFamily, 2022년 3월 14일, https://www.verywellfamily.com/9-year-old-developmental-milestones-620731; Centers for Disease Control and Prevention, "Middle Childhood(9-11 Years of Age)," CDC Child Development, 2021년 9월 23일, https://www.cdc.gov/ncbddd/childdevelopment/positiveparenting/middle2.html.

6장. 자기 조절 능력

1) Marianne Stein, "When Mom and Child Interact, Physiology and Behavior Coordinate," ScienceDaily, 2021년 11월 11일, https://www.sciencedaily.com/releases/2021/11/211111130301.htm.

8장. 1단계: 인식 모음

1) New York University, "Young Children's Sense of Self Is Similar to That of Adults," ScienceDaily, 2017년 8월 24일, https://www.sciencedaily.com/releases/2017/08/170824110614.htm.

12장. 5단계: 능동적 목표

1) I. G. Sarason, "Anxiety, Self-Preoccupation and Attention," *Anxiety Research* 1, no. 1 (1988): 3-7.

13장. 뉴로사이클의 주기

1) Srini Pillay, "Your Brain Can Only Take So Much Focus," *Harvard Business Review*, 2017년 5월 12일, https://hbr.org/2017/05/your-brain-can-only-take-so-much-focus; Megan Reitz and Michael Chaskalson, "Mindfulness Works but Only If You Work at It," *Harvard Business Review*, 2016년 11월 4일, https://hbr.org/2016/11/mindfulness-works-but-only-if-you-work-at-it?registration=success.

2) Emily Swaim, "7 Reminders to Carry with You on Your Trauma Recovery Journey," Healthline, 2022년 5월 25일, https://www.healthline.com/health/mental-health/trauma-recovery.

3) Ben D. Gardner, "Busting the 21 Days Habit Formation Myth," *Health Chatter* (blog), 2012년 6월 29일, https://blogs.ucl.ac.uk/bsh/2012/06/29/busting-the-21-days-habit-formation-myth/.

4) Society for Personality and Social Psychology, "How We Form Habits, Change Existing Ones," ScienceDaily, 2014년 8월 8일, https://www.sciencedaily.com/releases/2014/08/140808111931.htm. 이 책도 참고하라. Caroline Leaf, *Cleaning Up Your Mental Mess: 5 Simple, Scientifically Proven Steps to Reduce Anxiety, Stress, and Toxic Thinking* (Grand Rapids: Baker Books, 2021), 10장.

5) Lou Whitaker, "How Does Thinking Positive Thoughts Affect Neuroplasticity?," Meteor Education, 2022년 9월 14일 검색, https://meteoreducation.com/how-does-thinking-positive-thoughts-affect-neuroplasticity/.

6) Courtney E. Ackerman, "23 Amazing Health Benefits of Mindfulness for Body and Brain," *Positive Psychology* (blog), 2017년 3월 6일, https://positivepsychology.com/benefits-of-mindfulness/.

7) Jerry Fodor, "Précis of The Modularity of Mind," *Behavioral and Brain Sciences* 8 (1985): 1-42, https://media.pluto.psy.uconn.edu/Fodor%20modularity%20precis%20w%20comment.pdf.

8) Eddie Harmon-Jones, Philip A. Gable, and Tom F. Price, "The Influence of Affective States Varying in Motivational Intensity on Cognitive Scope," *Frontiers in Integrad tive Neuroscience* 6 (2012년 9월 10일): 73, https://

www.ncbi.nlm.nih.gov/pmc/articles/PMC3437552/.

14장. 트라우마

1) "Complex Trauma: Effects," The National Child Traumatic Stress Network, accessed 2022년 9월 14일 검색, https://www.nctsn.org/what-is-child-trauma/trauma-types/complex-trauma/effects.
2) Jasmine Purnomo, "Wired for Danger: The Effects of Childhood Trauma on the Brain," BrainFacts, 2020년 10월 19일, https://bit.ly/3rZXZek.
3) Nathan H. Lents, "Trauma, PTSD, and Memory Distortion," *Psychology Today*, 2016년 5월 23일, https://www.psychologytoday.com/us/blog/beastly-behavior/201605/trauma-ptsd-and-memory-distortion.
4) Neuroscience Center, "The Brain and Common Psychiatric Disorders," *Psychology Today*, 2022년 9월 14일 검색, https://www.psychologytoday.com/us/basics/neuroscience/the-brain-and-common-psychiatric-disorders.
5) Erin Maynard, "How Trauma and PTSD Impact the Brain," VeryWellMind, 2020년 2월 13일, https://www.verywellmind.com/what-exactly-does-ptsd-do-to-the-brain-2797210.
6) David Waters, "Memphis Scientists Treat Young Trauma Victims by 'Training' Their Brain Waves," The Institute for Public Service Reporting Memphis, 2019년 9월 13일, https://www.psrmemphis.org/part-2-memphis-scientists-treat-young-trauma-victims-by-training-their-brain-waves.
7) Leigh G. Goetchius 외, "Amygdala-Prefrontal Cortex White Matter Tracts Are Widespread, Variable and Implicated in Amygdala Modulation in Adolescents," *Neuroimage* 191 (2019), https://www.ncbi.nlm.nih.gov/pmc/articles/PMC6440813/.
8) Leaf, "Why Mind-Management Is the Solution."
9) Min Jin Jin 외, "An Integrated Model of Emotional Problems, Beta Power of Electroencephalography, and Low Frequency of Heart Rate Variabili-

ty after Childhood Trauma in a Non-Clinical Sample: A Path Analysis Study," *Psychiatry* 8 (2018년 1월 22일), https://www.frontiersin.org/articles/10.3389/fpsyt.2017.00314/full.
10) Children's Welfare Information Gateway, "Parenting a Child Who Has Experienced Trauma," *Fact Sheet for Families*, 2014년 11월, https://www.childwelfare.gov/pubpdfs/child-trauma.pdf.
11) Leah K. Gilbert 외, "Childhood Adversity and Adult Chronic Disease: An Update from Ten States and the District of Columbia," *American Journal of Preventive Medicine* 48, no. 3 (2015년 3월 1일): 345-349, https://doi.org/10.1016/j.amepre.2014.09.006.
12) Rachel A. Vaughn-Coaxum 외, "Associations between Trauma Type, Timing, and Accumulation on Current Coping Behaviors in Adolescents: Results from a Large, Population-Based Sample," *Journal of Youth and Adolescence* 47 (2018): 842-858, https://doi.org/10.1007%2Fs10964-017-0693-5.
13) Leaf, "Why Mind-Management Is the Solution."

16장. 정체성 문제

1) University of Zurich, "Every Person Has a Unique Brain Anatomy," Science Daily, 2018년 7월 10일, https://www.sciencedaily.com/releases/2018/07/180710104631.htm.
2) Johanna Kehusmaa 외, "The Association between the Social Environment of Childhood and Adolescence and Depression in Young Adulthood: A Prospective Cohort Study," *Journal of Affective Disorders* 305 (2022년 5월 15일): 37-46, https://www.sciencedirect.com/science/article/pii/S0165032722002166#s0090/.
3) Bob Cunningham, "The Importance of Positive Self-Esteem for Kids," Understood, 2022년 9월 14일 검색, https://www.understood.org/en/articles/the-importance-of-positive-self-esteem-for-kids.
4) Lauren Di Maria, "The Importance of a Child's Social Identity," VeryWell-

Mind, 2022년 4월 25일, https://www.verywellmind.com/the-importance-of-a-childs-social-identity-1066758.

5) John Sciamanna, "Increased Suicide Rates among Children Aged 5 to 11 Years in the U.S.," Child Welfare League of America, 2022년 9월 14일 검색, https://www.cwla.org/increased-suicide-rates-among-children-aged-5-to-11-years-in-the-u-s/.

6) Peter Sterling and Simon Laughlin, *Principles of Neural Design* (Cambridge, MA: MIT Press, 2015).

7) Journal of the American Medical Association, "Levels of Certain Hormones May Be Increased by Stress," ScienceDaily, 2004년 8월 3일, https://www.sciencedaily.com/releases/2004/08/040803094422.htm.

8) Paul Fitzgerald and Brendon Watson, "Gamma Oscillations as a Biomarker for Major Depression: An Emerging Topic," *Translational Psychiatry* 8, article 177(2018년 9월 4일), https://www.nature.com/articles/s41398-018-0239-y; Sang-Choong Roh 외, "EEG Beta and Low Gamma Power Correlates with Inattention in Patients with Major Depressive Disorder," *Journal of Affective Disorders* 204 (2016년 11월 1일): 124-130, http://dx.doi.org/10.1016/j.jad.2016.06.033.

9) Jaskanwal Deep Singh Sara 외, "Mental Stress and Its Effects on Vascular Health," *Mayo Clinic Proceedings* 97, no. 5 (2022년 5월 1일): 951-990, https://www.mayoclinicproceedings.org/article/S0025-6196(22)00104-5/fulltext; Jiongjiong Wang 외, "Perfusion Functional MRI Reveals Cerebral Blood Flow Pattern under Psychological Stress," *Proceedings of the National Academy of Sciences of the United States of America* 102, no. 49 (2005년 11월 23일): 17804-9, https://doi.org/10.1073%2Fpnas.0503082102.

10) Rammohan V. Rao and Dale E. Bredesen, "Misfolded Proteins, Endoplasmic Reticulum Stress and Neurodegeneration," *Current Opinions in Cellular Biology* 16, no. 6 (2004년 12월): 653-662, https://www.ncbi.nlm.nih.gov/pmc/articles/PMC3970707/.

11) Fulvio D'Acquisto, "Affective Immunology: Where Emotions and the Immune Response Converge," *Dialogues in Clinical Neuroscience* 19, no. 1 (2017년 3월): 9-19, https://www.ncbi.nlm.nih.gov/pmc/articles/

PMC5442367/.
12) Asuka Sawai 외, "Influence of Mental Stress on the Plasma Homocysteine Level and Blood Pressure Change in Young Men," *Clinical and Experimental Hypertension* 30, no. 3 (2008): 233-241, https://doi.org/10.1080/10641960802068725.
13) Elizabeth Blackburn and Elissa Epel, *The Telomere Effect: A Revolutionary Approach to Living Younger, Healthier, Longer* (New York: Grand Central, 2017). 『늙지 않는 비밀』(RHK)
14) Walaa Elsayed, "The Negative Effects of Social Media on the Social Identity of Adolescents from the Perspective of Social Work," *Heliyon* 7, no. 2(2021년 2월), https://www.sciencedirect.com/science/article/pii/S2405844021004321.
15) Eva Lazar, "How Parents Can Foster Autonomy and Encourage Child Development," *Good Therapy* (blog), 2018년 7월 4일, https://www.goodtherapy.org/blog/how-parents-can-foster-autonomy-encourage-child-development-0704184.
16) Kendra Cherry, "Why Parenting Styles Matter When Raising Children," VeryWell-Mind, 2020년 4월 14일, https://www.verywellmind.com/parenting-styles-2795072.
17) Rae Jacobson, "Teaching Kids about Boundaries," Child Mind Institute, 2022년 9월 14일 검색, https://childmind.org/article/teaching-kids-boundaries-empathy/.
18) Katherine Lee, "How to Set Healthy Boundaries for Kids," VeryWellFamily, 2021년 4월 1일, https://www.verywellfamily.com/whos-the-boss-how-to-set-healthy-boundaries-for-kids-3956403.
19) Jason Rafferty, "Gender Identity Development in Children," Healthy Children, 2022년 9월 14일 검색, https://www.healthychildren.org/English/ages-stages/gradeschool/Pages/Gender-Identity-and-Gender-Confusion-In-Children.aspx.
20) Rebecca Fraser-Thrill, "Major Domains in Child Development," VeryWellFamily, 2021년 11월 27일, https://www.verywellfamily.com/definition-of-domain-3288323#toc-cognitive-development.

21) New York University, "Young Children's Sense of Self."
22) American Academy of Pediatrics, "Healthy Communication with Your Child," Cradle thru College Care, 2022년 9월 14일 검색, https://www.cradlethrucollege.com/Healthy-Communication-With-Your-Child.
23) Amy Morin, "5 Major Problems with Helicopter Parenting," *Psychology Today*, 2018년 2월 19일, https://www.psychologytoday.com/us/blog/what-mentally-strong-people-dont-do/201802/5-major-problems-helicopter-parenting.
24) Kaitlin Luna, "Helicopter Parenting May Negatively Affect Children's Emotional Well-Being, Behavior," American Psychological Association, 2018년 6월 18일, https://www.apa.org/news/press/releases/2018/06/helicopter-parenting.
25) Joel L. Young, "The Effects of Helicopter Parenting," *Psychology Today*, 2017년 1월 25일, https://www.psychologytoday.com/us/blog/when-your-adult-child-breaks-your-heart/201701/the-effects-helicopter-parenting.
26) Leon F. Seltzer, "From Parent-Pleasing to People-Pleasing (Part 2 of 3)," *Psychology Today*, 2008년 7월 25일, https://www.psychologytoday.com/us/blog/evolution-the-self/200807/parent-pleasing-people-pleasing-part-2-3.
27) Carrie Barron, "Hands-Off Parenting for Resilient, Resourceful Children," *Psychology Today*, 2016년 4월 28일, https://www.psychologytoday.com/us/blog/the-creativity-cure/201604/hands-parenting-resilient-resourceful-children.

17장. 정체성 문제와 뉴로사이클

1) Krischa Esquivel 외, "3.2: How Children Develop Identity," *The Role of Equity and Diversity in Early Childhood Education*, 2021년 1월 4일, https://bit.ly/407VseP.
2) D. Pepler and K. Bierman, "With a Little Help from My Friends: The Im-

portance of Peer Relationships for Social-Emotional Development," Robert Wood Johnson Foundation, 2018년 11월 1일, https://www.rwjf.org/en/library/research/2018/11/with-a-little-help-from-my-friends--the-importance-of-peer-relationships-for-social-emotional-development.html.

18장. 사회적 상호 작용

1) Richard Armitage, "Bullying in Children: Impact on Child Health," *BMJ Paediatrics Open* 5, no. 1 (2021), https://doi.org/10.1136%2Fbmjpo-2020-000939.
2) Gokmen Arslan, Kelly-Ann Allen, and Ahmet Tanhan, "School Bullying, Mental Health, and Wellbeing in Adolescents: Mediating Impact of Positive Psychological Orientations," *Child Indicators Research* 14 (2021): 1007-1026, https://link.springer.com/article/10.1007/s12187-020-09780-2.
3) Francesc Sidera, Elisabet Serrat, and Carles Rostan, "Effects of Cybervictimization on the Mental Health of Primary School Students," *Frontiers in Public Health* (2021년 5월 24일), https://doi.org/10.3389/fpubh.2021.588209.
4) Gokmen Arslan, Kelly-Ann Allen, and Ahmet Tanhan, "School Bullying, Mental Health, and Wellbeing in Adolescents: Mediating Impact of Positive Psychological Orientations," *Child Indicators Research* 14 (2021), https://link.springer.com/article/10.1007/s12187-020-09780-2.
5) Sidera, Serrat, and Rostan, "Effects of Cybervictimization."
6) Gary Drevitch, "How Children Develop Empathy," *Psychology Today*, 2019년 5월 19일, https://www.psychologytoday.com/us/blog/smart-parenting-smarter-kids/201905/how-children-develop-empathy.
7) Ugo Uche, "Empathy Promotes Emotional Resiliency," *Psychology Today*, 2010년 5월 18일, https://www.psychologytoday.com/us/blog/promoting-empathy-your-teen/201005/empathy-promotes-emotional-resiliency.
8) Laura Howard, "Why Is Empathy Important for Kids? Tips to Build Empathy in Children," Atlanta Innovative Counseling Center, 2020년 4월

29일, https://www.atlantainnovativecounseling.com/aicc-blog/why-is-empathy-important-for-kids-tips-to-build-empathy-in-children.

9) Kathy Reschke, "Who Am I? Developing a Sense of Self and Belonging," Zero to Three, 2020년 4월 10일, https://www.zerotothree.org/resources/2648-who-am-i-developing-a-sense-of-self-and-belonging.

10) Ross Thompson and Emily Newton, "Baby Altruists? Examining the Complexity of Prosocial Motivation in Young Children," *Infancy* 18, no. 1 (2012): 120-133, https://onlinelibrary.wiley.com/doi/abs/10.1111/j.1532-7078.2012.00139.x.

11) Fatima Malik and Raman Marwaha, "Developmental Stages of Social Emotional Development in Children," *StatPearls*, 2022년 5월 10일, https://www.ncbi.nlm.nih.gov/books/NBK534819/.

12) Ioana Lepadatu, "How Children See Their Parents: A Short Intergeneration Comparative Analysis," *Procedia: Social and Behavioral Sciences* 187 (2015): 5-9, https://www.sciencedirect.com/science/article/pii/S1877042815017954/pdf?md5=ee7f31c5aafff4f4580380d53e40e034&pid=1-s2.0-S1877042815017954-main.pdf&_valck=1.

13) National Society for the Prevention of Cruelty to Children, "Attachment and Child Development," NSPCC Learning, 2021년 8월 10일, https://learning.nspcc.org.uk/child-health-development/attachment-early-years#heading-top.

14) National Society for the Prevention of Cruelty to Children, "Attachment and Child Development."

15) Anna Freud National Centre for Children and Families, "Attachment and Child Development," Mentally Healthy Schools, 2022년 9월 22일 검색, https://www.mentallyhealthyschools.org.uk/mental-health-needs/attachment-and-child-development/.

16) Madeline Harms 외, "Instrumental Learning and Cognitive Flexibility Processes Are Impaired in Children Exposed to Early Life Stress," *Developmental Science* 21, no. 4 (2017년 10월 19일), https://doi.org/10.1111/desc.12596.

20장. 라벨링: 꼬리표 붙이기

1) National Institute of Mental Health, "Attention-Deficit/Hyperactivity Disorder," U.S. Department of Health and Human Services, 2022년 9월 14일 검색, https://www.nimh.nih.gov/health/statistics/attention-deficit-hyperactivity-disorder-adhd.
2) Christel Renoux 외, "Prescribing Trends of Attention-Deficit Hyperactivity Disorder (ADHD) Medications in UK Primary Care, 1995-2015," *British Journal of Clinical Pharmacology* 82, no. 3 (2016년 5월 4일): 858-868, https://doi.org/10.1111%2Fbcp.13000.
3) Jane Costello, William Copeland, and Adrian Angold, "The Great Smoky Mountains Study: Developmental Epidemiology in the Southeastern United States," *Social Psychiatry and Psychiatric Epidemiology* 51, no. 5 (2016년 3월 24일): 639-646, https://doi.org/10.1007%2Fs00127-015-1168-1.
4) Allen J. Frances, "Keith Connors, Father of ADHD, Regrets Its Current Misuse," *Psychology Today*, 2016년 3월 28일, https://www.psychologytoday.com/intl/blog/saving-normal/201603/keith-connors-father-adhd-regrets-its-current-misuse.
5) Jimena Tavel, "ADHD Meds Don't Lead to Higher Grades or More Learning, FIU Study Finds," *Miami Herald*, 2022년 5월 24일, https://www.miamiherald.com/news/local/education/article261714172.html.
6) Yunhye Oh, Yoo-Sook Joung, and Jinseob Kim, "Association between Attention Deficit Hyperactivity Disorder Medication and Depression: A 10-Year Follow-Up Self-Controlled Case Study," *Clinical Psychopharmacology and Neuroscience* 20, no. 2 (2022): 320-329, https://www.cpn.or.kr/journal/view.html?volume=20&number=2&spage=320#B19.
7) Peter C. Gøtzsche, "A Hopelessly Flawed Seminar in 'The Lancet' about Suicide," *Mad in America*, 2022년 6월 1일, https://www.madinamerica.com/2022/06/flawed-lancet-suicide/.
8) Sami Timimi, *Insane Medicine: How the Mental Health Industrd Creates Damaging Treatment Traps and How You Can Escape Them* (self-published, 2021).
9) Peter Simons, "Researchers Question the 'Adequacy and Legitimacy' of

ADHD Diagnosis," *Mad in America*, 2017년 9월 5일, https://www.madinamerica.com/2017/09/researchers-question-adequacy-legitimacy-adhd-diagnosis/.

10) Caroline Leaf, "Mind-Mapping: A Therapeutic Technique for Closed-Head Injury" (master's thesis, University of Pretoria, 1990). 또 이 논문도 보라. Caroline Leaf, "The Mind-Mapping Approach: A Model and Framework for Geodesic Learning" (DPhil diss., University of Pretoria, 1997).

11) Caroline Leaf, "Switch on Your Brain 5-Step Learning Process: Classroom Results," Dr.Leaf.com, 2013, https://cdn.shopify.com/s/files/1/1810/9163/files/Web-page-AA-research-project.pdf?134.

12) Corinne Rees, "Childhood Attachment," *British Journal of General Practice* 57, no. 544 (2007): 920-922, https://www.ncbi.nlm.nih.gov/pmc/articles/PMC2169321/.

13) Gøtzsche, "A Hopelessly Flawed Seminar."

14) Paula Caplan, "Psychiatry's Bible, the DSM, Is Doing More Harm Than Good," *Washington Post*, 2012년 4월 27일, https://www.washingtonpost.com/opinions/psychiatrys-bible-the-dsm-is-doing-more-harm-than-good/2012/04/27/gIQAqy0WlT_story.html. 또 이 글도 보라. Paula J. Caplan, "How Do They Decide Who Is Normal? The Bizarre, but True, Tale of the DSM Process," *Canadian Psychology/Psychologie Canadienne* 32, no. 2 (1991): 162-170.

15) Juho Honkasilta, "Voices behind and beyond the Label: The Master Narrative of ADHD (De)constructed by Diagnosed Children and Their Parents," *Jdväskdlä Studies in Education, Psdchologd and Social Research* 553 (2016), https://jyx.jyu.fi/handle/123456789/49720.

16) Julie Allan, "Problem Behaviour in Children Is Not Always a Mental Disorder," *The Conversation*, 2014년 6월 11일, https://theconversation.com/problem-behaviour-in-children-is-not-always-a-mental-disorder-22379.

17) Martin Whitely 외, "Influence of Birth Month on the Probability of Western Australian Children Being Treated for ADHD," *The Medical Journal of Australia* 206, no. 2 (2017년 2월 6일): 85, https://www.mja.com.au/

journal/2017/206/2/influence-birth-month-probability-western-australian-children-being-treated-adhd.

18) Timimi, *Insane Medicine*.

19) Allen Frances, "The Epidemic of Attention Deficit Disorder: Real or Fad?," *Psychiatric Times*, 2011년 5월 19일, https://www.psychiatrictimes.com/view/epidemic-attention-deficit-disorder-real-or-fad.

20) Peter Simons, "Lancet Psychiatry's Controversial ADHD Study: Errors, Criticism, and Response," *Mad in America*, 2017년 5월 15일, https://www.madinamerica.com/2017/05/lancet-psychiatrys-controversial-adhd-study-errors-criticism-responses/.

21) Benedict Carey, "Keith Conners, Psychologist Who Set Standard for Diagnosing A.D.H.D., Dies at 84," *New York Times*, 2017년 6월 13일, https://www.nytimes.com/2017/07/13/health/keith-conners-dead-psychologist-adhd-diagnosing.html.

22) Frances, "Keith Connors."

23) Eric Maisel, "Sami Timimi on ADHD, Autism and Children's Mental Health," Psychology Today, 2016년 4월 1일, https://www.psychologytoday.com/us/blog/rethinking-mental-health/201604/sami-timimi-adhd-autism-and-childrens-mental-health.

24) Maisel, "Sami Timimi."

25) Sami Timimi, *Naughty Boys: Anti-Social Behaviour, ADHD and the Role of Culture* (New York: Red Globe Press, 2005); Sami Timimi, Neil Gardner, and Brian McCabe, *The Myth of Autism: Medicalising Men's and Boys' Social and Emotional Competence* (New York: Red Globe Press, 2010); Timimi, *Insane Medicine*.

26) Sami Timimi, *A Straight Talking Introduction to Children's Mental Health Problems* (Wyastone Leys, UK: PCCS Books, 2013), 129-131.

21장. 꼬리표와 뉴로사이클

1) Amanda Penn, "Positive Labels: Why They're Actually Hurting Your

Kids," Shortform, 2020년 1월 11일, https://www.shortform.com/blog/positive-labels/.
2) Raunak Pillai, Carrie Sherry, and Lisa Fazio, "How Repetition Affects What Kids and Adults Believe," *Frontiers for Young Minds*, 2021년 4월 9일, https://kids.frontiersin.org/articles/10.3389/frym.2021.582203.

22장. 수면 장애

1) Yankun Sun 외, "The Bidirectional Relationship between Sleep Duration and Depression in Community-Dwelling Middle-Aged and Elderly Individuals: Evidence from a Longitudinal Study," *Sleep Medicine* 52 (2018년 12월): 221-229, https://linkinghub.elsevier.com/retrieve/pii/S1389945718300856.
2) Rob Newsom, "Trauma and Sleep," Sleep Foundation, 2022년 4월 29일, https://www.sleepfoundation.org/mental-health/trauma-and-sleep.
3) Amy Licis, "Sleep Disorders: Assessment and Treatment in Preschool-Aged Children," *Child and Adolescent Psychiatry Clinics of North America* 26, no. 3 (2017년 7월): 587-595, https://pubmed.ncbi.nlm.nih.gov/28577611/.
4) Kevin Carter 외, "Common Sleep Disorders in Children," *American Family Physician* 89, no. 5 (2014): 368-377, https://www.aafp.org/afp/2014/0301/p368.html.
5) "Pediatric Obstructive Sleep Apnea," Mayo Clinic, 2022년 9월 15일 검색, https://www.mayoclinic.org/diseases-conditions/pediatric-sleep-apnea/symptoms-causes/syc-20376196.
6) "Sleep Terrors and Sleepwalking," Nationwide Children's Hospital, 2022년 9월 15일 검색, https://www.nationwidechildrens.org/conditions/sleep-terrors-and-sleepwalking.
7) "Nightmares and Night Terrors," Stanford Medicine Children's Health, 2022년 9월 15일 검색, https://www.stanfordchildrens.org/en/topic/default?id=nightmares-and-night-terrors-90-P02257.
8) Alexa Fry, "How Blue Light Affects Kids' Sleep," Sleep Foundation,

2022년 4월 18일, https://www.sleepfoundation.org/children-and-sleep/how-blue-light-affects-kids-sleep.

9) Julia Rodriguez, "Does Pre-Bed Video Gaming Ruin Your Sleep?," Advanced Sleep Medicine Services, 2022년 9월 15일 검색, https://www.sleepdr.com/the-sleep-blog/does-pre-bed-video-gaming-ruin-your-sleep/.

10) Christopher Curley, "Only Half of U.S. Children Get Enough Sleep: Why That's a Serious Problem," Healthline, 2019년 10월 24일, https://www.healthline.com/health-news/children-lack-of-sleep-health-problems.

11) "Sleeplessness," *British Medical Journal* 2, no. 1761 (1894): 719, http://www.jstor.org/stable/20229974.

12) Danielle Pacheco and Nilong Vyas, "Children and Sleep," Sleep Foundation, 2022년 3월 11일, https://www.sleepfoundation.org/children-and-sleep; Harvard Medical School, "Changes in Sleep with Age," Healthy Sleep, 2022년 9월 15일 검색, http://healthysleep.med.harvard.edu/healthy/science/variations/changes-in-sleep-with-age.

13) Matthew J. Wolf-Meyer, "Myths of Modern American Sleep: Naturalizing Primordial Sleep, Blaming Technological Distractions, and Pathologizing Children," *Science as Culture* 24, no. 2 (2014년 8월 19일): 205-226, http://dx.doi.org/10.1080/09505431.2014.945411.

14) Lisa Anne Matricciani 외, "Never Enough Sleep: A Brief History of Sleep Recommendations for Children," *Pediatrics* 129, no. 3 (2012): 548-556, https://publications.aap.org/pediatrics/article-abstract/129/3/548/31684/Never-Enough-Sleep-A-Brief-History-of-Sleep?redirectedFrom=fulltext.

15) Anjolii Diaz 외, "Children's Sleep and Academic Achievement: The Moderating Role of Effortful Control," *International Journal of Behavioral Development* 41, no. 2 (2017년 3월): 275-284, https://www.ncbi.nlm.nih.gov/pmc/articles/PMC5327793/.

16) Julie C. Lumeng, "Future Directions for Research on Sleep Durations in Pediatric Populations," *Sleep* 33, no. 10 (2010년 10월): 1281-1282, https://academic.oup.com/sleep/article/33/10/1281/2454437?log-

in=true; Doris Erwin, "An Analytical Study of Children's Sleep," *The Pedagogical Seminary and Journal of Genetic Psychology* 45, no. 1 (2012년 9월 11일): 199-226, https://www.tandfonline.com/doi/abs/10.1080/08856559.1934.10534255.

17) Tim Olds 외, "The Relationship between Sex, Age, Geography, and Time in Bed in Adolescents: A Meta-Analysis of Data from 23 Countries," *Sleep Medicine Reviews* 14, no. 6 (2010년 12월): 371-378, https://doi.org/10.1016/j.smrv.2009.12.002.

18) University of Copenhagen, "Stress Transmitter Wakes Your Brain More Than 100 Times a Night—and It Is Perfectly Normal," ScienceDaily, 2022년 7월 14일, https://www.sciencedaily.com/releases/2022/07/220714103016.htm.

19) Scott Kinlein 외, "Dysregulated Hypothalamic-Pituitary-Adrenal Axis Function Contributes to Altered Endocrine and Neurobehavioral Responses to Acute Stress," *Frontiers in Psychology* 6, no. 31 (2015년 3월 13일), https://www.frontiersin.org/articles/10.3389/fpsyt.2015.00031/full.

20) Michael J. Breus, "The Effects of Cortisol on Your Sleep," *Psychology Today*, 2020년 4월 10일, https://www.psychologytoday.com/us/blog/sleep-newzzz/202004/the-effects-cortisol-your-sleep.

21) Sarah Khan and Rafeeq Alam Khan, "Chronic Stress Leads to Anxiety and Depression," *Annals of Psychiatry and Mental Health* 5, no. 1 (2017년 1월 27일): 1091, https://www.jscimedcentral.com/Psychiatry/psychiatry-5-1091.pdf.

22) Pacheco and Vyas, "Children and Sleep."

23) "Size of the Sleep Economy Worldwide from 2019 to 2024," Statista, 2022년 7월 27일, https://www.statista.com/statistics/1119471/size-of-the-sleep-economy-worldwide/.

24) Valérie Simard 외, "Longitudinal Study of Bad Dreams in Preschool-Aged Children: Prevalence, Demographic Correlates, Risk, and Protective Factors," Sleep 31, no. 1 (2008년 1월 1일): 62-70, https://www.ncbi.nlm.nih.gov/pmc/articles/PMC2225564/.

25) Eric Suni and Alex Dimitriu, "Dreams," Sleep Foundation, 2022년 3월

18일, https://www.sleepfoundation.org/dreams.

26) "Nightmares in Children," Cleveland Clinic, 9월 15일 검색, https://my.clevelandclinic.org/health/articles/14297-nightmares-in-children.

27) Tore Nielsen, "The Twenty-Four-Hour Mind: The Role of Sleep and Dreaming in Our Emotional Lives (Review)," *Sleep* 34, no. 4 (2011년 4월 1일): 549-550, https://www.ncbi.nlm.nih.gov/pmc/articles/PMC3065266/.

28) University of Adelaide, "Want to Control Your Dreams? Here's How You Can," ScienceDaily, 2017년 10월 19일, https://www.sciencedaily.com/releases/2017/10/171019100812.htm.

23장. 수면 장애와 뉴로사이클

1) "A Healthy Night's Sleep Starts the Moment You Wake Up," National Sleep Foundation, 2022년 3월 13일, https://www.thensf.org/a-healthy-nights-sleep-starts-the-moment-you-wake-up/.

2) Eleesha Lockett, "Why Do We Have Recurring Nightmares?," Healthline, 2019년 1월 28일, https://www.healthline.com/health/healthy-sleep/recurring-nightmares.

부록

〈부록 1. 슈퍼히어로 브레이니〉

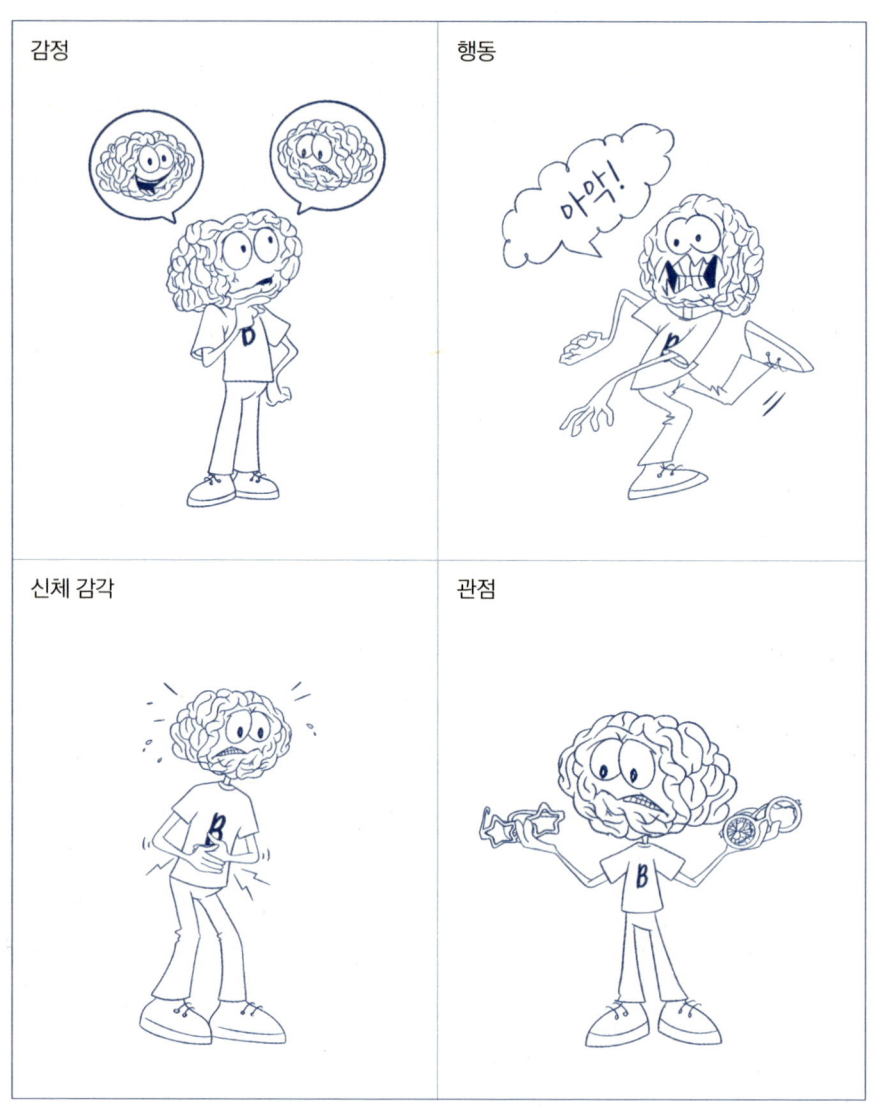

〈부록 2. 네 가지 경고 신호〉